祝 颖 ◎ 著

必要共同诉讼类型化研究

知识产权出版社
全国百佳图书出版单位
—北京—

图书在版编目（CIP）数据

必要共同诉讼类型化研究/祝颖著. — 北京：知识产权出版社，2024.7. — ISBN 978-7-5130-9394-1

Ⅰ.D925.04

中国国家版本馆CIP数据核字第2024KZ4000号

内容提要

本书从民事实体法与程序法相互衔接的视角，围绕必要共同诉讼类型划分的理论与实践展开分析，以"必要共同诉讼类型轴"为思维工具，动态观察"合一确定必要性"和"共同诉讼必要性"之具体内涵和变动关系，重构具有理论正当性与实践解释力的必要共同诉讼三分法类型体系，精细剖析"诉讼进行统一"与"裁判资料统一"审理规则的程序内涵及其在特定类型必要共同诉讼中的差异化适用规则。

本书适合法学研究人员和法学专业师生阅读。

责任编辑：王　辉　　　　　　　　　责任印制：孙婷婷

必要共同诉讼类型化研究
BIYAO GONGTONG SUSONG LEIXINGHUA YANJIU

祝　颖　著

出版发行：知识产权出版社有限责任公司	网　　址：http:// www.ipph.cn
电　　话：010—82004826	http:// www.laichushu.com
社　　址：北京市海淀区气象路50号院	邮　　编：100081
责编电话：010—82000860转8381	责编邮箱：laichushu@cnipr.com
发行电话：010—82000860转8101	发行传真：010—82000893
印　　刷：北京中献拓方科技发展有限公司	经　　销：新华书店、各大网上书店及相关专业书店
开　　本：720mm×1000mm　1/16	印　　张：15
版　　次：2024年7月第1版	印　　次：2024年7月第1次印刷
字　　数：240千字	定　　价：89.00元

ISBN 978-7-5130-9394-1

出版权专有　侵权必究

如有印装质量问题，本社负责调换。

目　　录

绪　论 …………………………………………………………001

第一章　必要共同诉讼类型化的中国现状 ……………………018
第一节　我国必要共同诉讼类型化的规范现状 ……………018
第二节　我国必要共同诉讼类型化的实践现状 ……………028
第三节　我国必要共同诉讼类型化的学理现状 ……………042

第二章　必要共同诉讼类型化历史的比较法考察 ……………050
第一节　必要共同诉讼的类型形成 …………………………050
第二节　必要共同诉讼类型化的二分法传统 ………………057
第三节　必要共同诉讼类型化理论与实践的新发展 ………069
第四节　比较法视野下必要共同诉讼类型化的经验与问题 …074

第三章　必要共同诉讼类型化基准的层次分析 ………………078
第一节　必要共同诉讼类型化的外部基准剖析 ……………078
第二节　必要共同诉讼类型化的内部基准解析 ……………090
第三节　必要共同诉讼类型化的前提基准反思 ……………100

第四章　必要共同诉讼类型的体系重构 ………………………116
第一节　必要共同诉讼类型体系重构的理论前提 …………116
第二节　必要共同诉讼类型体系的基本框架 ………………123
第三节　必要共同诉讼类型体系的适用 ……………………143

第五章　类型化视野下的必要共同诉讼审理规则 ……………177
第一节　必要共同诉讼审理程序的规制原理 ………………177
第二节　必要共同诉讼的一般审理规则 ……………………183
第三节　类型化必要共同诉讼的特殊审理规则 ……………201

结　　语 …………………………………………………………218
参考文献 …………………………………………………………220
后　　记 …………………………………………………………233

绪　论

一、研究背景

现代社会的民事纠纷构成日趋复杂,主要表现在两个方面,即纠纷主体范围越来越大和纠纷主体之间的法律关系越来越复杂。共同诉讼制度作为回应社会对复杂形态纠纷解决需要而生成的一项程序制度,具有避免矛盾裁判、保障当事人实体利益与程序利益、扩大诉讼解决纠纷功能、提升程序效率等重要价值。该制度不仅被世界范围内不同民事诉讼立法例广泛承认,而且在司法实践中也具有普遍的适用性。与"一对一"的简单诉讼形态相比,共同诉讼涉及多数当事人,且当事人间实体法律关系呈现出相互交织、彼此牵连的状态。因此,在实现共同诉讼制度功能的同时,如何科学设计共同诉讼程序规则,是民事诉讼理论研究的传统核心命题,也是现代民事诉讼立法、理论和实践所面临的共同难题。大陆法系民事诉讼理论通常是在共同诉讼类型划分的二元结构下,将必要共同诉讼作为普通共同诉讼的特别规定来予以理解。共同诉讼类型划分的实质意义体现在不同类型共同诉讼审判程序规则不同,普通共同诉讼承认各共同诉讼人之程序主体独立地位和行为效力的独立性,必要共同诉讼坚持各必要共同诉讼人间诉讼行为相互制约的规则。有鉴于此,类型化视角下的必要共同诉讼制度研究,焦点集中在以下两方面:一是在共同诉讼类型划分的二元框架下,厘定必要共同诉讼的识别标准,重新归整必要共同诉讼的类型体系;二是在必要共同诉讼类型体系重构的基础上,精细设计不同类型必要共同诉讼之审判程序规则。

从类型化视角出发,《中华人民共和国民事诉讼法》(以下简称《民事诉讼法》)第55条关于必要共同诉讼制度的规定,并未对必要共同诉讼进行类型细分,而是以"诉讼标的共同"为标准,界定必要共同诉讼的构成要素和适用要件,并以"全体共同诉讼人一致同意"为条件,判断部分必要共同诉讼人的诉讼行为效力。可见,现行法律层面关于必要共同诉讼审判程序的规范尚显粗略。最高人民法院先后出台多部司法解释,对特定类型民事纠纷的适格当事人确定予以合理化改革,较为详细地规范了适用必要共同诉讼的具体情形。如《最高人民法院关于适用〈中华人民共和国民事诉讼法〉的解释》(以下简称《民诉法解释》)第66条纠正了长期以来连带保证责任纠纷中适格当事人确定的错误,赋予原告充分的选择权,可以选择将主债务人或连带保证人作为单独被告起诉,也可以选择将主债务人和连带保证人作为共同被告起诉。司法解释中类似规定的积极意义在于,吸收了民事诉讼理论研究关于必要共同诉讼类型再细分的思想,丰富和拓展了我国法律上必要共同诉讼的类型,实质上引入了类似必要共同诉讼类型。然而,《民诉法解释》第67条规定,在被监护人致害责任纠纷中,应将监护人和被监护人作为共同被告;《关于审理道路交通事故损害赔偿案件适用法律若干问题的解释》(以下简称《道交案件解释》)第22条规定,在机动车交通事故保险责任纠纷中,应将机动车一方和承担交强险的保险公司列为共同被告。仔细分析司法解释关于被监护人致害责任纠纷和机动车交通事故保险责任纠纷的诉讼构造规定,应当肯定的是,必要共同诉讼形态的强制性适用可以最大限度地促进彻底的纠纷解决。但是,从民事诉讼规范的体系化视角分析,无论是《民诉法解释》第67条还是《道交案件解释》第22条,均无法与"诉讼标的共同"这一必要共同诉讼法定识别标准形成体系化的正当解释,存在动摇《民事诉讼法》第55条关于必要共同诉讼构成要件基本规定之疑。

伴随着民事责任形态的丰富和民事实体法体系的完善,富于创造力的民事司法实践,基于纠纷一次性解决和查清案件事实的现实考量,早已超越了"诉讼标的共同"的法定框架限制,存在着必要共同诉讼扩张适用的现象。但无论是我国实定法层面必要共同诉讼的单一类型,还是大陆法系必要共同诉讼的二分法传统理论,都无法为复数诉讼标的作必要共同诉讼类型处理的实践运用提供合理的理论阐释。此外,又因不同法院对必要共同诉讼识别标准中"诉讼标的"之内涵的理解差异,必要共同诉讼的类型适用又呈现出不一致的状态。比如,在雇佣责任、一般保证责任、监护人责任和机动车交通事故保险责任等具体责任形态的案件中,不同法院对同一民事责任主体(如雇佣责任纠纷中的雇主、一般保证责任纠纷中的保证人和监护人责任纠纷中的被监护人)的诉讼角色认识不统一,呈现出普通共同诉讼人、必要共同诉讼人和无独立请求权第三人等不同认定,进而在是否适用依职权追加必要共同诉讼人的程序规则上不统一,最终对案件实

体裁判结果产生重要影响。❶

与必要共同诉讼制度层面规定的粗陋和司法实践层面适用的差异化状态相并存,目前我国必要共同诉讼制度研究的理论观点可谓百花齐放。随着民事诉讼理论研究的不断深化,对必要共同诉讼的理论研究,虽然早已跳出对必要共同诉讼的概念、特征、构成条件及适用情形的教科书研究范式,而是以必要共同诉讼的制度规范为分析对象,从对"诉讼标的共同"规定的解释论切入,展开了有益的规范分析,取得了较为丰硕的成果,形成了应当将必要共同诉讼类型进一步细化的基本理论共识。然而,"诉讼标的共同"这一形式上看似非常确切的法条语词,实质上包括了两个定义域"诉讼标的"和"共同"。虽然从文义解释的视角来看,"共同"乃是对诉讼标的之质与量的规定性要求,意味着诉讼标的相同且单一,但是,基于"诉讼标的"识别理论自身的复杂性和学说的多样性❷,形式上看起来极具确定性的"诉讼标的共同"标准,在实际判断"诉讼标的是否同一"时❸,却呈现出极大的不确定性,从而导致对必要共同诉讼类型理解与司法适用的理论分歧。

整体观察我国必要共同诉讼的制度立法、实践运用与理论研究的现状,令人遗憾的是,在必要共同诉讼类型的划分标准、具体类型的概念表述、类型体系的

---

❶ 以"监护人责任"作为案由检索关键词,将检索的起始时间限定为2015年2月4日,即《最高人民法院关于适用〈中华人民共和国民事诉讼法〉的解释》最初正式实施的时间,在中国裁判文书网上抽取了近200份民事判决书作为分析监护人责任纠纷诉讼形态的样本。统计结果表明,在抽样文书中约8%的案件适用监护人单独被告形态;5%左右的案件适用被监护人单独被告形态。可见,虽然《最高人民法院关于适用〈中华人民共和国民事诉讼法〉的解释》第67条意图统一监护人责任纠纷的适格当事人,但该规定并未改变监护人责任纠纷诉讼形态司法适用的不一致状态,目前仍然存在着被监护人单独被告、监护人单独被告和监护人与被监护人共同被告三种形态。

❷ 传统观点认为我国立法、理论与实务形成了诉讼标的识别标准的通说是旧实体法说。另有研究通过若干案例的比较分析后指出,我国司法实务中存在着诉讼标的1.0、2.0、3.0版本操作模式差异,并不如传统观点所主张的那般已形成实体法说的通说与共识,而是出现诉讼标的相对化的新范式。陈杭平.诉讼标的的理论的新范式——"相对化"与我国民事审判实务[J].法学研究,2016(4):170.

❸ 我国也有学者直接表达为"诉讼标的同一",与大陆法系必要共同诉讼前提性标准"诉讼标的同一性"相比较,其内涵所指并无实质性差异,均指诉讼标的在数量上相同且单一。田平安.民事诉讼法学[M].北京:中国政法大学出版社,2015:99.笔者对"诉讼标的共同"与"诉讼标的同一"不加以区别对待,为与我国民事诉讼法之规定相衔接,仅在讨论我国《民事诉讼法》关于必要共同诉讼识别标准之法定表达时采用"诉讼标的共同"的表达方法,其余地方为行文统一需要均使用"诉讼标的同一"的概念表达。

构建等诸多重要问题上缺乏基本共识。必要共同诉讼类型划分成为当前我国民事诉讼理论研究无法回避的一个"新"问题,迫切需要赋予该制度新的内涵。有鉴于此,本书以必要共同诉讼理论类型划分及其实践运用为研究对象,一方面,借助"类型化"方法,对必要共同诉讼内部体系构筑的两项重要标准——"共同诉讼必要性"与"合一确定必要性"之关系进行重新思考,动态观察"合一确定必要性"之内涵,以期重构必要共同诉讼的理论类型体系;另一方面,与民事实体法规定相互衔接,以民法请求权基础理论为衔接点,重点研究多数人之债纠纷适用必要共同诉讼的正当性及其具体类型归属,并从类型化视野出发,讨论必要共同诉讼审理程序的一般规律,以及不同类型必要共同诉讼审理程序的特殊规则。

研究的意义与价值体现在:第一,从理论层面厘清必要共同诉讼识别标准的层次体系,提取出必要共同诉讼识别标准的两项规范性要素——"共同诉讼必要性"与"合一确定必要性",构建类型化的思考工具——"必要共同诉讼类型轴",观察识别要素在类型轴上的可能变动范围,重新确定必要共同诉讼理论类型的三分法体系,以为我国必要共同诉讼制度的立法完善提供理论支持;第二,提炼必要共同诉讼类型的划分标准,为司法实践中出现的非典型必要共同诉讼形式进行类型化的理论阐释;第三,精细设计与必要共同诉讼类型相适应的差异化审理程序规则,在法院职权追加必要共同诉讼人、部分必要共同诉讼人的行为效力和法院判决对各必要共同诉讼的法律效力等方面,为必要共同诉讼的司法适用提供理论参考,促进必要共同诉讼制度功能的实现。

二、研究综述

(一)国外关于必要共同诉讼类型化研究的现状

必要共同诉讼是大陆法系国家民事诉讼法明文规定的一种共同诉讼类型,但无论是《日本民事诉讼法》还是《德国民事诉讼法》,在法典中并未精确地描述何为必要共同诉讼,而仅是就必要共同诉讼适用的大致条件进行简单规定。更关键的是,在德国和日本等民事诉讼立法例中,并未对必要共同诉讼识别的法定标准——"合一确定必要性"的内涵和外延进行明文规范。因此,大陆法系必要共同诉讼的类型划分及识别标准的精确描述就成为德、日民事诉讼法学界所共识的研究命题,德、日民事诉讼理论研究不仅对必要共同诉讼的识别标准分歧颇多,而且对必要共同诉讼类型称谓也存在诸多争议,研究成果颇为丰富。现将有关研究成果综述如下。

在德国,民事诉讼理论界一般以《德国民事诉讼法》第62条的规定为基础,将必要共同诉讼称为"合一确定共同诉讼或特别共同诉讼",进而再细分为"诉讼法上的必要共同诉讼"和"实体法上的必要共同诉讼"两种类型。在日本,民事诉讼法学界一般将具有"合一确定必要"的共同诉讼称为必要共同诉讼,再通过对《日本民事诉讼法》第40条规定的学理解释,以是否有"共同诉讼必要"为标准将必要共同诉讼再区分为两种类型,名曰"固有必要共同诉讼"与"类似必要共同诉讼"。整体上看,虽然大陆法系民事诉讼理论界在必要共同诉讼具体类型的名称概括上存在不同认识,在特定类型纠纷的必要共同诉讼形态归属问题上分歧较大,如对涉及合伙作为被告的诉讼,究竟应归属于何种必要共同诉讼具体类型就存在争议。❶但是,大陆法系民事诉讼法学界对必要共同诉讼理论研究的重点,都是围绕着"共同诉讼必要性"与"合一确定必要性"的内涵展开。首先,关于"共同诉讼必要性"的判断标准,主要形成了实体法说、诉讼法说、实体法与诉讼法结合说三种观点。在判断各利害关系主体是否具有共同诉讼之必要的问题上,三种学说的差异在于考量依据的认识不同——实体法规定还是诉讼政策因素,实质上反映出对"共同诉讼必要性"识别标准理解视角与思考方式的差异。其次,关于"合一确定必要性"的判断标准,主要形成了实体法上的合一确定与诉讼法上的合一确定两种不同理论。以中村英郎为代表的少数学者主张,若于同一基础事实关系上形成的各个共同诉讼人之诉讼请求,并不能判断为法律上应当合一确定情形,而是一种于理论上应当加以合一确定的关系,法律应作特别的规定,在共同诉讼的二元框架下实际上存在着一种共同诉讼的特别类型,并谓之"准必要共同诉讼"的名称。❷在诉讼法上合一确定标准的理解中,主流观点认为

---

❶ 关于民法上合伙的必要共同诉讼形态归属问题,德国主流观点认为,此属于诉讼法上原因的必要共同诉讼。但德国学者穆泽拉克认为,因为"民法上的外部合伙具有权利能力和当事人能力",所以民法上的合伙成员之间由于合伙之内部关系而产生的诉讼,应当归类为实体法上原因的必要共同诉讼。参见汉斯-约阿希姆·穆泽拉克.德国民事诉讼法基础教程[M].周翠,译.北京:中国政法大学出版社,2005:139.

❷ 中村英郎.新民事诉讼法讲义[M].陈刚,译.北京:法律出版社,2001:81.

应以既判力主观范围扩张来解释"合一确定必要性"标准。如德国学者罗森贝克（Rosenberg）明确指出,若前诉与后诉无论存在多方既判力延伸还是单方既判力延伸的情形,都可以认定为符合诉讼上原因的必要共同诉讼之既判力延伸要求；但仅有诉讼标的共同不足以构成必要共同诉讼。❶另有少数观点认为,反射效扩张也可以成立类似必要共同诉讼。对此,学者新堂幸司提出批评认为,如果某共同诉讼人就共通争点做出不利行为,那么事实上也将会对其他共同诉讼人产生不利影响,即便将其作为存在合一确定之要求的情形,同样也会存在着产生这种事实上不利益的担忧,并不能阻止其他共同诉讼人做出不利益行为；然而,如果否认各个共同诉讼人对于诉讼对象的处分机能（如独自作出请求的放弃、认诺、撤诉等）,就显得过于脱离了实体法的原则；即便未在所有共同诉讼人间做出统一的解决,也可以在相当程度上避免审判的重复或裁判的矛盾。❷

值得注意的是,大陆法系民事诉讼法学界关于必要共同诉讼类型化的研究出现的两种新动向。一是弹性化处理固有必要共同诉讼主张。如学者小岛武司提出"固有必要共同诉讼再构"观点,主张不能根据实体法上法律关系的特点来决定共同诉讼必要性,而应基于诉讼上的考虑,以实体权及具体纠纷的状态为素材,来确定是否适用共同诉讼,如在涉及共同所有的纠纷中,对共同所有关系并不存在实质性争议的共同所有者,就没有必要将其作为共同诉讼者的必要。❸二是共同诉讼流动化主张。如学者高桥宏志指出,应当坚持承认共同诉讼分类的基本范式,在实体法赋予权利人独自行使处分权时,必要共同诉讼的适用概率会降低,但固有必要共同诉讼的适用还应当考虑除实体法规定以外的其他因素,如具体纠纷解决中有统一解决的需求,若能比较容易地将利害关系人全体纳入共同诉讼时,则合一确定的必要性反而会提升；而且应该尽量地追求这一可能性,不能轻易地倾向于个别诉讼。同时,为避免因这样的流动化理解方式对判断标准的非确定性,有必要在基本分类标准的基础上,通过解释论的具体展开,使得必要共同诉讼的适用更具有建设性。❹

---

❶ 罗森贝克.德国民事诉讼法（上）[M].李大雪,译.北京：中国法制出版社,2007：308.
❷ 新堂幸司.新民事诉讼法[M].林剑锋,译.北京：法律出版社,2008：546.
❸ 小岛武司.诉讼制度改革的法理与实证[M].陈刚,译.北京：法律出版社,2001：80-82.
❹ 高桥宏志.重点讲义民事诉讼法[M].张卫平,译.北京：法律出版社,2007：185.

绪　论

在英美法系国家,强制当事人合并制度(compulsory joinder)可以视为《美国联邦民事诉讼规则》中与我国必要共同诉讼制度相类似的程序制度。美国民事诉讼学理上一般将需要强制合并的当事人再细分为"必须的当事人"(necessary parties)和"必不可少的当事人"(indispensable parties)两种类型。在美国学界,对强制当事人合并规则的研究重点主要从三个方面展开。一是围绕如何认定和识别"必须"和"必不可少"的决定性因素——利益的"联合性"与"可分性"而展开。如弗里尔(Freer)认为强制性合并作为一种打破原告诉讼安排的制度,要求缺席者的诉求与诉讼标的存在利益关联,该利益应是为法律上保护之权益且不仅仅是一种经济利益或方便利益,合并可以明确避免伤害某人包括缺席者和被告。❶二是以美联邦各地区民事诉讼规则为基础,关于强制当事人合并制度的地方规则研究。如从20世纪七八十年代开始,学者多萨尼奥(Dorsaneo)、莱西(Lacy)、曼格姆(Mangum)分别对得克萨斯州、路易斯安那州和俄勒冈州强制性合并当事人的地方规则的研究。❷三是以实证研究方法为主,对《联邦民事诉讼规则》第19条在司法实践中的不当适用情况及未来改进策略的研究。如里德(Reed)在20世纪50年代中后期的研究中指出,强制合并原则在某些类型案件中可以形成特定信赖,在实践中基本不做严谨的审查工作而只是草率地重复;❸埃夫隆(Effron)指出联邦规则所宣称的当事人合并规则,无论"同一交易事件"还是"基于相同法律或事实上问题"的判断标准均不够明晰,事实上赋予了法官在司法实践中对是否符合合并条件的自由裁量权;❹弗里尔(Freer)认为对强制性合并规则的探讨必须基于个案进行分析,避免基于下意识的反应而形成答案,必须要体会法院为何可能撤销原告当事人安排,其背后的政策考量因素是什么。❺

不仅两大法系关于必要共同诉讼的制度规定存在差异,而且两大法系必要共同诉讼的理论研究也表现出较大分歧。正如两大法系必要共同诉讼及其类似制度的名称差异所反映的那样,这种观点分歧根源于,两大法系民事诉讼理论关

---

❶ 理查德·D. 弗里尔. 美国民事诉讼法[M]. 张利民,译. 北京:商务印书馆,2013:792.

❷ KELLEY MANGUM. Compulsory joinder:the real thing down in Louisiana[J]. Louisiana law review,1981(42):141;FRANK R. LACY. Indispensable parties under ORCP 29[J]. Oregon law review,1983(62):317.

❸ JOHN W. REED. Compulsory joinder of parties in civil actions[J]. Michigan law review,1957(55):483.

❹ ROBIN J. EFFRON. The shadow rules of joinder[J]. The Georgetown law journal,2012(100):759.

❺ 理查德·D. 弗里尔. 美国民事诉讼法[M]. 张利民,译. 北京:商务印书馆,2013:795.

于必要共同诉讼制度研究的思路不同,大陆法系必要共同诉讼理论以"合一确定必要性"为核心命题展开研究,争议集中体现在对"合一确定必要性"判断标准的分歧;而美国法上却是从诉讼标的是否存在利益关系角度,思考有无强制合并当事人的需要,更加关注是否将利害关系主体纳入同一诉讼程序解决纠纷,即是否有"共同诉讼必要性"。必须说明的是,现代美国民事诉讼标的理论的最新发展表明,在平衡纠纷一次性解决目标与弹性化的诉讼容量判断标准可能引发的裁量权滥用之间的矛盾时,英美法系对"诉讼标的"的认识,放弃了对纠纷事件界定的确定性要求,追求特定程序场域中基于各种政策性考量因素的具体判断方式,选择以"纠纷事件"作为概念工具,在诉的合并领域为实现诉讼经济与诉讼效率提升,最为宽泛地理解了诉讼标的的外延。❶这与我国传统民事诉讼理论通说坚持实体法说,以实体法律关系为判断标准的一般理解,进而相对性的纠纷解决观念存在着较大差异。因此,从民事诉讼理论体系的完整性角度而言,以诉讼标的概念作为民事诉讼理论之基石,就法律规则的移植和法学理论的学习路径来看,借鉴大陆法系必要共同诉讼制度与理论的可行性显然更高。毋庸置疑的是,大陆法系关于固有必要共同诉讼弹性化处理方式中"共同诉讼必要性"的扩大化动向以及"准必要共同诉讼"理论的提出,美国民事诉讼法上对"诉讼标的利益关联"标准的理解与实践方式,均给未来我国必要共同诉讼类型化研究提供了最大启示,即如何把握必要共同诉讼识别标准的关键性概念——"共同诉讼必要性"与"合一确定必要性",以及它们之间的相互关系,尤其是在坚持实体法说作为诉讼标的识别标准的民事诉讼理论体系中,如何准确地界定"合一确定必要性"之具体内涵,就成为突破必要共同诉讼类型研究的可能思考方向。

(二)国内关于必要共同诉讼类型化研究的现状

我国《民事诉讼法》第55条的立法规定简单,造成必要共同诉讼制度司法实践适用的困境重重,引起了民事诉讼法学理论研究的高度关注。以1991年《民事诉讼法》的正式实施为起点,按照时间顺序,可以将国内关于必要共同诉讼制度的研究简要地分为以下三个阶段。

---

❶ ROBIN J EFFRON. The shadow rules of joinder[J]. The Georgetown law journal, 2012(100):777.

绪　论

第一阶段研究(1991—2000年)。以《民事诉讼法》和《最高人民法院关于适用〈中华人民共和国民事诉讼法〉若干问题的意见》为基础,此时期对必要共同诉讼制度的理论研究,主要采用教科书式的论证方式,从必要共同诉讼的内涵、特征、构成条件及适用具体情形等方面展开。如谭兵教授在反对大陆法系必要共同诉讼二分法的基础上,主张必要共同诉讼适用于"诉讼标的共同"和"诉讼标的具有牵连性"两种具体情形。[1]

第二阶段研究(2001—2010年)。该阶段对必要共同诉讼的研究,大部分是从对策论和立法完善的视角展开,反思我国必要共同诉讼识别标准的缺陷,剖析法官依职权追加必要共同诉讼人实践的弊端,形成再划分必要共同诉讼类型的主流共识。如学者肖建华指出,必要共同诉讼分类具有保障诉权、发现真实和缓和当事人适格要件、扩大纠纷解决功能的实践意义,并从共同诉讼的实体根据与程序根据两方面标准出发,将必要共同诉讼分为"固有必要共同诉讼"与"类似必要共同诉讼"两种类型。这是我国学界较早提出借鉴大陆法系二元类型划分观点的学者。[2]段厚省博士和章武生教授先后提出必要共同诉讼的三分法观点,即除大陆法系传统的两种类型必要共同诉讼外,主张新类型必要共同诉讼的成立——"诉讼标的牵连型必要共同诉讼"。[3]随后,在以共同诉讼为主题的博士学位论文中,对必要共同诉讼的分类标准和审理程序等问题展开更深入的讨论。[4]如胡震远博士提出的"准必要共同诉讼"概念,意指虽无共同诉讼必要但争点判断需要合一的必要共同诉讼类型。[5]但囿于论文主题的限制,对必要共同诉讼类型化的建构显得较为粗略,并未形成体系化的划分标准与类型描述,对不同类型

---

[1] 谭兵.民事诉讼法学[M].北京:法律出版社,1997:219.

[2] 肖建华.论共同诉讼分类理论及其实践意义[M]//陈光中,江伟.诉讼法论丛(第6卷).北京:法律出版社,2001:350.

[3] 段厚省.共同诉讼形态研究——以诉讼标的理论为方法[M]//陈光中,江伟.诉讼法论丛(第11卷).北京:法律出版社,2006:267;章武生,段厚省.必要共同诉讼的理论误区与制度重构载[J].法律科学,2007(1):111.

[4] 王嘎利.民事共同诉讼制度研究[M].北京:中国人民公安大学出版社,2008:81;卢正敏.共同诉讼研究[M].北京:法律出版社,2008:146.

[5] 胡震远.共同诉讼制度研究[D].上海:复旦大学,2009:79.

必要共同诉讼的具体程序规定适用也未有深层次的分析。

第三阶段研究(2011年以后)。随着民事诉讼法学基础理论研究的深化,以及对实体与程序协同研究理念的重视,关于必要共同诉讼的理论研究也朝着更为精细、更有实践指导意义的方向发展。一是对必要共同诉讼类型识别标准——"合一确定"概念内涵的研究。如段文波教授对德日"合一确定"概念的内涵变迁及借鉴意义展开了较为详尽的比较法研究;[1]张宇博士在大陆法系必要共同诉讼类型的传统二分法框架下,对类似必要共同诉讼判断标准"合一确定"概念内涵的中国界定进行了专门研究。[2]二是对理解必要共同诉讼类型划分的单一程序法视角展开反思。如学者王亚新提出从诉讼标的与"主体"(复数当事人)和"客体"(案件实体内容)之相互关系角度来理解共同诉讼,应在"完全可分"与"完全不可分"两极之间具体地把握可能存在着的若干共同诉讼形态;[3]蒲一苇教授提出解决必要共同诉讼泛化问题,应当调整其立法模式,从程序与实体相互协同的视角出发,借鉴"合一确定必要"为基准限定必要共同诉讼适用。[4]三是以特定纠纷类型为切入点,研究必要共同诉讼的适用范围。如尹伟民、罗恬漩、肖建国、宋春龙、张永泉、卢佩、张海燕等学者针对连带责任纠纷、不真正连带责任纠纷、补充责任纠纷、共有财产纠纷与债权人代位权纠纷等特定案件是否适用必要共同诉讼,以及属于何种类型必要共同诉讼展开了专题研究。但研究结论并未形成共识,呈现出百花齐放之势。有的主张扩大类似必要共同诉讼适用范围,可以扩张适用于诉讼标的牵连型和既判力局部扩张型案件中;[5]有的主张类似必要共同诉讼的适用必须坚持既判力主观范围扩张的传统判断标准,从而限定适用范围。[6]以连带责任案件为例,在是否适用必要共同诉讼,以及适用何种必要共同诉讼类型的问题上,目前形成了普通共同诉讼说、固有必要共同诉讼说和类似

---

[1] 段文波.德日必要共同诉讼合一确定概念的嬗变与启示[J].现代法学,2016(2):149.
[2] 张宇.类似必要共同诉讼研究[D].重庆:西南政法大学,2017:85.
[3] 王亚新."主体/客体"相互视角下的共同诉讼[J].当代法学,2015(1):59.
[4] 蒲一苇.诉讼法与实体法交互视域下的必要共同诉讼[J].环球法律评论,2018(1):39.
[5] 汤维建.类似必要共同诉讼适用机制研究[J].中国法学,2020(4):240.
[6] 任重.反思民事连带责任的共同诉讼类型——基于民事诉讼基础理论的分析框架[J].法制与社会发展,2018(6):137

必要共同诉讼说和诉讼标的牵连型必要共同诉讼四种相互对立的学术观点。❶

我国台湾地区民事诉讼理论界关于必要共同诉讼的类型化研究,以台湾地区必要共同诉讼有关规定的学理解释和司法适用为焦点,主要从两个方面展开。

第一方面,关于类型划分标准的研究。主流观点是以台湾地区关于必要共同诉讼的有关规定为基础,坚持"必须合一确定性"为识别标准判断是否属于必要共同诉讼,又再以"共同诉讼必要性"为标准,进一步区分必要共同诉讼的两种子类型。但在如何理解"合一确定必要性"与"共同诉讼必要性"两项标准之具体内涵方面存在诸多分歧。对"共同诉讼必要性"的内涵理解,存在着管理处分权说、利益衡量说两种不同观点;对"合一确定必要性"的研究结论,存在着实体法上的合一确定与诉讼法上的合一确定两种对立立场。在近年来的必要共同诉讼理论研究中,还出现了一些与大陆法系民事诉讼法学界必要共同诉讼流动化主张相类似的新观点。如学者李木贵认为,在必要共同诉讼二分法下,类似必要共同诉讼的概念界定应采用更为模糊化的方式,以扩大类似必要共同诉讼范围。他指出如果将类似必要共同诉讼之定义,限于既判力扩张及于其他未起诉或被诉之人,那么,二人以上共同起诉或共同被诉时,虽有合一确定之必要,但理论上既判力却不及于未起诉或未被诉之人时,就无法归类为固有必要共同诉讼或类似必要共同诉讼。可是,若归类为普通共同诉讼,又发现不单在法律上必须合一确定,在理论上也要合一确定,如何分类随即成为难题。所以,不能将类似必要共同诉讼的识别限定地理解为既判力扩张的范围内。从"合一确定必要性"标准之要求的应然效果出发,假设其中任何一共同诉讼人不列为被告,根据判决效判断是否应扩张及于该不被列为被告之人,从而更妥适地认定是否有合一确定必要;而且,于类似必要共同诉讼的判决效力判断而言,判决效的内涵不能纯粹地

---

❶ 尹伟民.补充责任诉讼形态的选择[J].江淮论坛,2011(4):103.罗恬漩,王亚新.不真正连带责任诉讼问题探析[J].法律适用,2015(1):56.肖建国,黄忠顺.数人侵权诉讼模式研究[J].国家检察官学院学报,2012(4):129.宋春龙.《侵权责任法》补充责任适用程序之检讨[J].华东政法大学学报,2017(3):183.张永泉.必要共同诉讼类型化及其理论基础[J].中国法学,2014(1):211.卢佩.判决效力视野下的诉讼主体制度——以交通事故侵权案件为例[J].社会科学辑刊,2021(1):125.张海燕.民事补充责任的程序实现[J].中国法学,2020(6):183.

固化为判决之既判力,还包括其他判决效力应否及于未参加诉讼之人。同时,参考准必要共同诉讼理论,根据实际案件中的实体法律关系定位,具体地确定是否属于类似必要共同诉讼类型。❶又如学者邱联恭提出了共同诉讼阶段性理论,采用了层次性方式,流动地理解诉讼进程中的"合一确定必要性",即,第一层次无合一确定的必要,适用普通共同诉讼人独立原则;第二层次应强化主张共通原则适用,修正普通共同诉讼人独立原则,如主债务人与保证人一起成为被告时,在共同被告间扩大主张共通原则的适用;第三层次是最好尽可能统一地解决之合一确定情形,如类似必要共同诉讼;第四层次是必须完全彻底地合一确定情形。❷

  第二方面,关于具体种类划分及称谓的研究。学者陈荣宗认为,在将共同诉讼区分为两种类型后,必要共同诉讼类型的再细分,在用语之学理上并无特别意义可言;学理上有价值的探讨应是关注不同类型必要共同诉讼之"必要"的具体内涵,固有必要共同诉讼之必要在于多数人共同追诉之必要,类似必要共同诉讼之必要并无共同追诉之必要,实为裁判效力于多数人合一确定之必要。❸我国台湾学者姚瑞光认为,必要共同诉讼应当在传统的两种类型之外,还存在一种"特别的固有必要共同诉讼",所谓"特别"系指诉讼标的层面而言并不存在着合一确定的"绝对必要";原告对共同被告不必须为同一的诉之声明,而是分别为不同的"应受判决事项之声明";法院对共同被告的最后判决不必须同胜同败,而是存在着一胜一败的可能。❹我国台湾学者杨建华认为,从共同诉讼体系的整体分类出发,因法律关系的多元化,共同诉讼亦有多元化的情形,根据诉讼标的之实体法律关系的性质,应有特殊形态的共同诉讼存在。其特殊性表现为,无论是传统理论中的固有必要共同诉讼,还是通说中的类似必要共同诉讼形态,均无法完全概括该类型共同诉讼之特征。❺

---

❶ 李木贵.民事诉讼法[M].台北:元照出版有限公司,2007:8.
❷ 邱联恭.口述民事诉讼法讲义(二)[M].许士宦,整理.台北:元照出版有限公司,2015:315.
❸ 陈荣宗,林庆苗.民事诉讼法(修订八版)[M].台北:三民书局股份有限公司,2016:196.
❹ 姚瑞光.民事诉讼法论[M].北京:中国政法大学出版社,2011:117.
❺ 杨建华.民事诉讼法要论[M].北京:北京大学出版社,2013:87.

必要共同诉讼理论研究的文献梳理表明,我国民事诉讼法学界并未脱离大陆法系必要共同诉讼理论和二分法传统,形成了区分固有必要共同诉讼和类似必要共同诉讼的基本共识,但是,必要共同诉讼研究的系统性与深度还有所欠缺。反思我国必要共同诉讼类型化理论研究,在以下几方面还存在着可能进一步探索的空间:一是关于必要共同诉讼识别标准问题的既有研究显得薄弱,有关类型化标准研究的专题文献鲜见,且从研究视野和研究方法来看,多停留在对大陆法系国家必要共同诉讼识别标准——"合一确定必要性"的资料性介绍层面,无法满足与我国民事实体法规定相契合的目标;二是对必要共同诉讼子类型的再划分标准——"共同诉讼必要性"以及其与"合一确定必要性"之相互关系缺乏深入的论证,必要共同诉讼类型划分的体系化和合理性值得再思考;三是对特定民事案件作必要共同诉讼形态处理的实践探索,仍缺乏有力的理论解释。随着民事实体法规范的逐步完善,形成了内容复杂且形式多样的多数人债务形态体系。为实现纠纷的彻底解决目标,司法实践的行动策略是,普遍地将不同民事责任形态的复数责任主体认定为共同被告,如机动车肇事案件中的保险公司与机动车驾驶人、借用机动车肇事案件中的借用人与出借人、一般保证案件中的保证人与债务人、教育机构责任案件中的直接侵权人与学校。但是,司法实践却忽视了共同诉讼形态的具体类型归属和类型不同带来的审理程序差异问题。回应多数人债务纠纷解决实践的需要,科学地确定数人侵权责任中复数责任主体的诉讼地位以及形成与多数人债务形态的实体法规范相契合的诉讼法理论阐释就显得十分必要。

三、研究方法

"工欲善其事,必先利其器。"[1]本书从实体法规定在程序法层面的表达与实现视角出发,关注多数人债务体系理论研究最新动态,回应复杂民事纠纷对诉讼形态的现实需要,以判决效力理论和诉讼标的理论为理论支撑,思考必要共同诉讼理论类型的合理划分及其实践应用问题,以提升类型划分的理论正当性与实践合理性。主要采用的研究方法有以下几种。

---

[1]《论语·卫灵公》。

(一)比较研究法与历史分析法

在不同国家和地区的民事诉讼立法上,必要共同诉讼类型化的具体规范模式呈现出个体特色和细微差异。运用比较研究法,分析大陆法系必要共同诉讼类型化标准的立法模式,并比较大陆法系民事诉讼理论关于必要共同诉讼识别标准的不同观点,揭示出大陆法系必要共同诉讼制度的异同,以为我国必要共同诉讼类型化标准的确定和类型体系的建构,提供比较法层面可资借鉴的有益知识。与此同时,现实是历史的延续,制度的历史合理性必须放置于特定的历史语境中予以理解,"对制度进行历史的研究于制度研究而言是十分重要的。"[1]因此,在比较研究过程中,穿插运用历史研究方法,分析必要共同诉讼的类型形成、类型划分标准及立法模式的历史演进,以为我国必要共同诉讼类型识别标准的确立与类型体系的重构,提供更契合我国实际需要的比较法资源。

(二)实证分析法与规范分析法

必要共同诉讼作为我国现行民事诉讼制度体系的构成部分,为民事司法实践中复杂民事纠纷的解决提供了基本的制度供给。运用实证分析方法,对当前我国司法实践中必要共同诉讼制度运作现状予以经验分析,即通过对我国必要共同诉讼实务现状的理论阐释,发现我国司法实践中必要共同诉讼类型适用的困境,梳理司法实践扩张适用必要共同诉讼之行动策略的合理性,并反思既有的必要共同诉讼类型化理论对实践的解释效果。规范分析法主要是对我国必要共同诉讼规范(包括法律层面及司法解释层面)的逻辑分析,揭示出我国必要共同诉讼制度的内在规范逻辑与立法缺陷,突出本书在制度层面的问题意识,为我国必要共同诉讼类型的归纳与整理,尤其是为不同类型必要共同诉讼审理程序规则的建构确定分析的基础。

(三)类型化研究方法

成文法是一套高度抽象化的概念体系,尤其是一些"模糊概念"具有"摇摆不

---

[1] 张卫平.民事诉讼法学研究与教育方法论[M].北京:法律出版社,2017:44.

定"的波段宽度。❶因此,要适应复杂的司法实践,就必须突破概念局限,将分析的眼光转向更宽广的脉络,在涵摄过程中应当以含有评价性质的利益衡量为基础,致力于规范与事实之间的彼此适应与调和。"类型"成为现代社会科学研究普遍运用的一种经典工具,"法学研究就是类型塑造以及具体化等方法来展开的"。❷运用类型化方法研究必要共同诉讼,就是通过对必要共同诉讼判断基准的"规范性特征"与"经验性因素"的结合研究,更好地描述、发现和把握法学理论与法律现实中必要共同诉讼的具体类型,并将具体必要共同诉讼类型予以概念化和抽象化,形成必要共同诉讼类型谱系,以为不同类型必要共同诉讼程序规则的精细化奠定分析框架。

四、研究进路

以问题意识为导向,坚持理论与实践相一致、程序与实体相协调、概念与类型相结合的原则,本书的研究主题是必要共同诉讼类型划分及其实践运用问题,旨在发现我国必要共同诉讼类型化实践中的问题与需求,借鉴和吸收必要共同诉讼类型化研究的最新理论动态,重新思考必要共同诉讼类型化基准和类型体系构成。

传统的概念思维在阐释某一研究对象时,将概念作为分析工具,通过概括基本特征、抽象构成要件、确定分类标准等方法,展开化繁为简的归纳式研究,采用"是与不是"的简单二分法,满足构成要件的全部要求则可划分为某种类,否则就无法实现种类归属。作为一种弥补概念思维方法过度抽象缺陷的分析方法,类型思维虽然也以对研究对象一般特征的要素化抽象为基础,以体系化的整体类型归整为出发点。但是,类型思维更注重以具有本原性的具体社会事实和社会关系为基础面向,通过对研究对象构成要素的动态掌握来描述具体类型,承认各个构成要素在不同情况可有不同方式、不同强度的结合,甚至在特定情况下某一构成要素可完全欠缺,承认与"典型类型""基本类型"相区别的"中间类型""混合类型"等特定形态的存在空间与可能,形成了"开放的"和"可变的"类型体

---

❶ 卡尔·拉伦茨.法学方法论[M].陈爱娥,译.北京:商务印书馆,2004:45.
❷ 卡尔·拉伦茨.法学方法论[M].陈爱娥,译.北京:商务印书馆,2004:48.

系。[1]与"特征—要件—种类"的概念思维过程不同,按照"要素—类型—体系"的类型化思维展开,最终的类型归整就更能反映和适应社会生活关系纷繁复杂的现实状态。当然,必要共同诉讼类型体系的塑造,也并不是完全否定概念化思维。"概念的作用在于特定价值之承认、共识、储藏,从而使之构成特定文化的一部分,产生减轻后来者为实现该特定价值所必需之思维,以及说服的工作负担。"[2]为避免类型化描述方式的流动性特点,导致司法实践中必要共同诉讼类型具体适用的可行性降低,必要共同诉讼的类型化研究,在抽象出必要共同诉讼识别标准的两项规范性特征基础上,以"共同诉讼必要性"与"合一确定必要性"作为"必要共同诉讼类型轴"建构的基本观察要素,充分考虑两项规范性特征的结合方式及强弱程度之不同,整理、概括和描述必要共同诉讼的不同形态,并依据约定俗成的某些概念,将具体必要共同诉讼类型概念化,以形成必要共同诉讼类型谱系。通过典型必要共同诉讼类型与非典型必要共同诉讼类型的区分,更深刻地理解连带责任案件、道路交通事故责任案件、安全保障义务责任案件、一般保证责任案件、雇主责任案件中必要共同诉讼的司法实践,形成对必要共同诉讼形态之理性选择的有力理论解释框架。

本书运用多种研究方法,采用"演绎—归纳—再演绎"的基本逻辑,按"问题梳理—理论建构—实践应对"的思路展开研究:第一步,从制度规范、司法实践与学理阐释三个层面剖析必要共同诉讼类型化的现状,在制度、实践与理论三个维度,发现和总结我国必要共同诉讼类型化存在的问题,通过比较法的穿插运用,展开必要共同诉讼类型化历史分析,总结必要共同诉讼类型化的比较法经验与问题;第二步,回到理论层面,从外部基准、内部基准和前提基准三个层次,分析必要共同诉讼类型划分的基准要素,厘定我国必要共同诉讼类型化的基准,整理和归纳出必要共同诉讼的类型体系;第三步,以必要共同诉讼类型体系为基础,

---

[1] 埃塞尔将类型体系区分为"封闭的体系"与"开放的体系"。根据科恩的观点,所谓"开放的体系"是指借助概念、价值而形成的推论脉络,对个案决定作合理的事实审查,并将所有决定组成一个体系,没有一种体系可以演绎式地支配全部问题,必须维持其开放性。参见卡尔·拉伦茨.法学方法论[M].陈爱娥,译.北京:商务印书馆,2004:45.

[2] 黄茂荣.法学方法与现代民法[M].北京:法律出版社,2007:70.

分别讨论不同类型必要共同诉讼的实践应用范围及其审理程序规则。本书的研究思路可以用图0-1所示简洁表达。

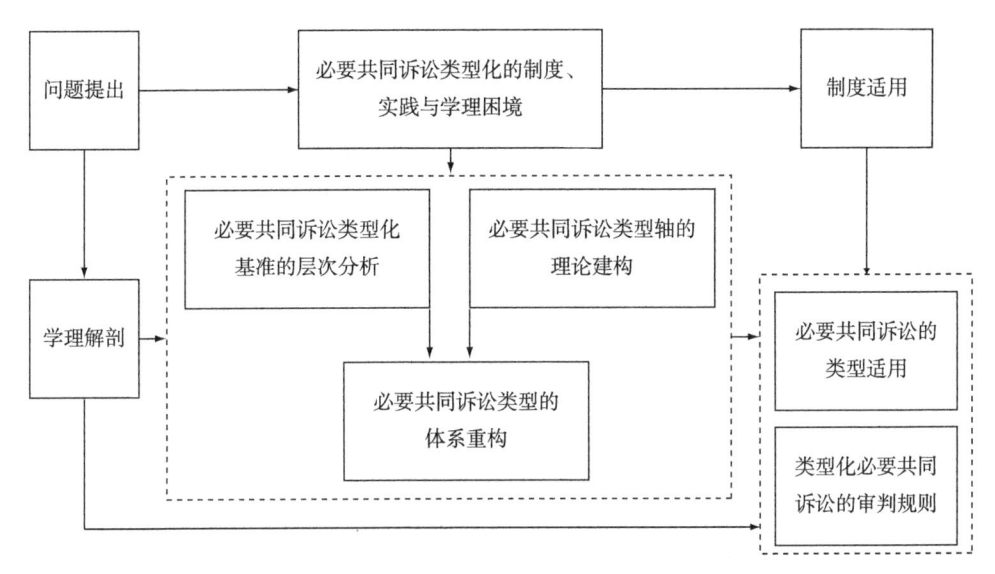

图 0-1 本书研究思路图

第一章 必要共同诉讼类型化的中国现状

必要共同诉讼制度作为我国民事诉讼法规范体系的重要制度构成,被广泛应用于复杂民事纠纷解决的司法实践。必要共同诉讼类型化研究,其核心是类型划分问题。因类型划分标准涉及诉讼标的和既判力等程序法基础理论,可谓是重要的诉讼法理论问题;又因类型归属不同会影响不同类型必要共同诉讼的审理程序规则,可谓是重要的诉讼实务问题。问题是科学研究的逻辑起点。❶"以中国问题为指向,关注中国制度的实际运行状况,是法学研究中不可或缺的一种学术态度。"❷因此,必要共同诉讼类型化研究,就必须以发现中国问题为出发点,以寻找中国答案为归宿点,不仅应当重视规范层面的制度规定,还必须认真对待实务层面的实际情况。有鉴于此,本章将观察我国必要共同诉讼类型划分的基本规定、实践运作与学理解释的现状,以发现必要共同诉讼类型划分存在的问题,以期为后文关于类型化标准确定与类型体系的重构,在立法、理论与实务多个维度奠定更具理论正当性与实践合理性之共识基础。

第一节 我国必要共同诉讼类型化的规范现状

"规范"是约定俗成或明文规定的标准。❸民事诉讼法学语境中广义意义上的规范包括民事诉讼法典、民事诉讼法的司法解释、指导性案例等。于必要共同诉讼的理论研究而言,无论是法律层面还是司法解释层面,实质民事诉讼法规范中有关必要共同诉讼的制度规定均应成为研究的重点和中心。对必要共同诉讼类型的规范分析就是要从"必要共同诉讼是什么"的分析中反思"必要共同诉讼应该是什么",以为必要共同诉讼类型划分标准的确定和类型体系的完善提供知识依据。

---

❶ 陈瑞华.论法学研究方法[M].北京:法律出版社,2017:154.

❷ 傅郁林.改革开放四十年中国民事诉讼法学的发展——从研究对象与研究方法相互塑造的角度观察[J].中外法学,2018(6):1423-1448.

❸ 吕叔湘,丁声树,等.现代汉语词典[M].七版.北京:商务印书馆,2018:490.

一、我国必要共同诉讼类型化制度的规范考察

(一)法律层面必要共同诉讼类型的基本框架

"必要共同诉讼"并非我国民事诉讼法典上的法律术语,《民事诉讼法》第55条只是以"诉讼标的"为识别标准,采用概念界定的立法方式,明确了"诉讼标的共同的"与"诉讼标的同种类的"两种共同诉讼形态。但自1982年《中华人民共和国民事诉讼法(试行)》伊始,在对我国民事诉讼法律条文的理论解释或官方释义中,依据多数当事人与诉讼标的间关系为标准,"必要共同诉讼"成为指称"诉讼标的共同"之共同诉讼类型的概念共识。❶1991年《民事诉讼法》正式施行后,在迄今三十余年的时间里,虽然经历过2007年、2012年、2017年、2021年和2023年五次修改,但是,除条文顺序发生变化外,关于必要共同诉讼制度的文本表述并未发生任何改变。《民事诉讼法》第55条、第135条是必要共同诉讼制度规范的集中体现。就条文位置来看,处于第一编第五章第一节的第55条,系有关当事人制度的规定,主要是从适格当事人的视角,对必要共同诉讼正当当事人判断的要件规范;第二编第十二章第二节的第135条,系审理前准备制度的规范,是从诉讼程序流程视角,对法院可依职权追加必要共同诉讼人的审前程序工作的具体规定。学界通说认为,我国的必要共同诉讼类型仅可解读为"实则相当于大陆法系的固有必要共同诉讼",其依据就在于前述第55条的"协商一致原则"行为效力规则和第135条"职权追加必要共同诉讼人"规则。❷少数意见认为,从条文的文义解释来看,"诉讼标的共同"并不明确排斥部分共同诉讼人作为当事人起诉或应诉,"含蓄地规定了大陆法系的类似必要共同诉讼"。❸

厘清立法层面我国必要共同诉讼法定种类划分的基本框架,发现和总结我国必要共同诉讼类型划分的问题与根源,可行的路径应当回到《民事诉讼法》的法律文本,对相关法律条文进行法教义学的规范研究。《民事诉讼法》第55条的

---

❶ 另有主张将"诉讼标的共同"的共同诉讼概为"特别共同诉讼",与"诉讼标的同种类"的"一般共同诉讼"相对应;但更为通说的术语是"必要共同诉讼"。参见唐德华.民事诉讼法问题解答[M].长沙:湖南人民出版社,1982:65;唐德华.新民事诉讼法条文释义[M].北京:人民法院出版社,1991:101;杨荣新.新民事诉讼法释义[M].北京:北京出版社,1991:62.

❷ 蒲一苇.诉讼法与实体法交互视域下的必要共同诉讼[J].环球法律评论,2018(1):40.

❸ 兰仁迅.我国必要共同诉讼类型再思考[J].华侨大学学报,2011(4):67.

字面用语已毋庸置疑地确立了"普通共同诉讼"与"必要共同诉讼"的共同诉讼类型二元体系结构，但法律层面却未对"诉讼标的共同"的必要共同诉讼进行类型再细分。就法条内容和规范结构而言，第55条采用特征归纳和概念定义的方式，将必要共同诉讼高度抽象概括为"诉讼标的共同"，同时也确立了我国法上必要共同诉讼的唯一构成要件或识别标准。诉讼标的术语自身的抽象性导致诉讼标的识别理论的多元性，这也影响了必要共同诉讼判断标准的稳定性。但是，根据我国民事诉讼理论和司法实践的通识观点，诉讼标的是争议双方向法院请求审理并作出裁判的民事权利义务关系，"共同"的立法用语表明诉讼标的数量单一，共同诉讼人间实质上仅存在同一个民事权利义务关系。由此，《民事诉讼法》第55条遵循"概念—特征—构成要件"的思维模式，对必要共同诉讼构成要件进行了单一化设定，确立了立法层面单一化的必要共同诉讼类型格局。若以"诉讼标的共同"构成要件是否得到满足为标准，区分为是或者不是必要共同诉讼，必要共同诉讼已再无类型细分的必要性与可能性，也不可能通过民事诉讼理论的再解释方式，形成如大陆法系所共识的必要共同诉讼类型体系的二元结构。

类型化视角下民事诉讼立法层面必要共同诉讼制度的最大特色就在于，构成要件的单一化规定造就了类型体系的单一化格局。更重要的问题是，在职权主义色彩较为浓厚的民事诉讼模式下，依职权强制追加必要共同诉讼人的程序规则，叠加于诉讼标的共同的构成要件规则之上时，必要共同诉讼制度适用的重心就有可能产生漂移，重在强调凡当事人间争议法律关系同一的案件则必须共同参与诉讼。这样的程序规则要求，最终司法实践中形成的程序应对模式，可能简单化地表现为"诉讼标的共同"→"必要共同诉讼"→"必须全体共同参与诉讼"→"依职权追加未参与诉讼的必要共同诉讼人"。对此，由唐德华主编的《新民事诉讼法条文释义》一书，整理归纳了民事司法实践中常见的六类诉讼标的共同而应适用必要共同诉讼的案件类型，同时又特别指出：共有财产若因合同或侵权关系而与他人发生争议的，若仅有部分共有人起诉的，人民法院应当通知其他共有权人，无论是按份共有还是共同共有；但是，其他共有权人是否参加诉讼由其自由决定，人民法院不必强行作为必要共同诉讼处理，不得强制性地将其他共有权人列为当事人；在共同赡养案件中，如果老年人原告只起诉部分赡养义务人，而另一部分义务人已经履行了赡养义务的，不必将另一部分义务人同时列为共同被告。❶虽然,《新民事诉讼法条文释义》一书并非最高人民法院经法定程序出台的司法解释,但是,作为1991年《民事诉讼法》颁布之时的权威解读,实质上表明,对必要共同诉讼实行强制全体利害关系人参加的程序规则,最高人民法院保留不同的看法,也反映出必要共同诉讼类型有更精细化的实际需要。

(二)司法解释层面必要共同诉讼类型的创新发展

司法解释是"在法律实践操作过程中最高司法机关对具体法律问题的一种法律解释形式"。❷因其充分体现了具体法律规范的理解和适用中最高人民法院的裁判观点、司法价值取向等,在我国法律渊源体系中具有极强的权威性,对地方各级法院审判实践的指导作用就不言而喻。因此,制度层面必要共同诉讼类型化规范的分析对象,无论是最高人民法院关于民事诉讼程序的综合性司法解释,还是针对特定事项的专项性司法解释,凡涉及共同诉讼制度的现行有效的司法解释均应包括其中。❸梳理相关司法解释关于必要共同诉讼制度的规定,其主要特点在于:

其一,司法解释层面对必要共同诉讼予以更精细的类型划分。从司法解释关于必要共同诉讼制度规范所使用的语言来看,有区别地采用了"应当作共同被告"和"可以列为共同被告"等类似用语的条文表述。❹体系性地分析司法解释文

---

❶ 六类案件包括:因共有财产发生纠纷提起的诉讼、因连带债权或连带债务而产生的诉讼、因共同侵权致人损害而产生的共同诉讼、因共同赡养抚养关系发生诉讼、因共同继承遗产发生的诉讼和以合伙组织作为当事人发生的诉讼。参见唐德华.新民事诉讼法条文释义[M].北京:人民法院出版社,1991:101.

❷ 卓泽渊.法学导论[M].北京:法律出版社,1997:77.

❸ 关于必要共同诉讼制度规定的规范性文本主要有《最高人民法院关于适用〈中华人民共和国民事诉讼法〉的解释》《最高人民法院关于适用〈中华人民共和国民法典〉有关担保制度解释》《最高人民法院关于适用〈中华人民共和国公司法〉的解释》《最高人民法院关于审理人身损害赔偿案件适用法律若干问题的解释》《最高人民法院关于审理道路交通事故损害赔偿案件适用法律若干问题的解释》《最高人民法院关于审理会计师事务所在审计业务活动中民事侵权赔偿案件的若干规定》《最高人民法院关于审理存单纠纷案件的若干规定》《最高人民法院关于适用〈中华人民共和国民事诉讼法〉执行程序若干问题的解释》《最高人民法院关于审理民间借贷案件适用法律若干问题的规定》等。

❹ 除此以外,在司法解释中涉及共同诉讼规定时,还采用的表达方式有"为共同被告""应当列为共同被告""应当追加为共同被告""应当通知参加诉讼""应当一并提起诉讼""可以追加为共同被告""可以根据案件具体情况决定是否追加""可以合并审理"。

本的字面外观表明,司法解释层面根据共同被告是否必须参与诉讼为标准,实际上将必要共同诉讼类型已精细地分为"必须共同诉讼"和"可以共同诉讼"两种类型。最典型例证如《最高人民法院关于审理民间借贷案件适用法律若干问题的规定》(以下简称《民间借贷规定》),根据该规定第4条关于适格当事人的规范,在连带保证责任案件中,原告仅起诉借款人的,可以不追加保证人为共同被告;然而,在一般保证责任案件中,原告仅起诉保证人的,应当追加借款人为共同被告。

其二,最高人民法院通过司法解释创新发展了必要共同诉讼在特定案件中的类型适用。《道交案件解释》第22条规定,道路交通事故损害赔偿案件中承保交强险的保险公司与机动车肇事侵权一方应列为共同被告。显然,保险合同关系和侵权法律关系在性质上分别属于两种不同类型的法律关系,难以成立同种类的诉讼标的,更不可能成立同一诉讼标的。但是该司法解释却认为因其事实上和法律上存在较为密切牵连性,也应作为必要共同诉讼处理。

"必须共同诉讼"与"可以共同诉讼"的必要共同诉讼类型划分方式,体现了最高人民法院反对一刀切的程序处理方式,重申了必要共同诉讼是否必须一律追加共同诉讼人的司法态度:即使在实体法律关系同一的案件中,全体利害关系人也并非绝对地应当作为必要共同诉讼人共同参与同一诉讼程序。同时,在特定类型案件法律适用的司法解释中,对是否适用追加必要共同诉讼人的规定,其意在对该特定类型案件中正当当事人确定的明确规范,但可以明显解读出对大陆法系国家二分法划分传统所坚持的"共同诉讼必要性"标准的借鉴与吸收;尤其是在部分司法解释中,创新性地将分属于不同性质实体法律关系之复数诉讼标的也识别为必要共同诉讼类型,可谓是根据司法实践的现实需要而进行的一种法律续造。

二、我国必要共同诉讼类型化制度存在的问题与原因

(一)我国必要共同诉讼类型化规范存在的问题

我国《民事诉讼法》第55条的必要共同诉讼制度规范,采用"概念—特征"式的立法表述方式,看似确立了简单明确的单一识别标准——诉讼标的共同,实际

上既未全面地涵盖必要共同诉讼构成要件的本质要求,又因为"诉讼标的"自身识别标准的复杂性,造成民事诉讼立法层面必要共同诉讼类型化的缺失,无法适应具体案件中复杂多变的实际需要。同时,以"诉讼标的共同"为判断标准,强制性地要求实体法律关系所涉及的数个利害关系人共同参与诉讼,并未注意到"必须共同诉讼"和"诉讼标的共同",二者本质上是两个不同层次的问题:"诉讼标的共同"是必要共同诉讼类型构成的前提条件之一,"必须共同诉讼"则是对必要共同诉讼当事人适格的要求。若将法律层面与司法解释层面的必要共同诉讼类型化规范纳入整体分析框架,还可以发现,司法解释实质上超越了《民事诉讼法》必要共同诉讼类型化的基本制度框架,存在着诸多值得商榷的问题。

第一,突破了法律层面关于必要共同诉讼构成要件的明文规定,对民事诉讼法律规范的体系性与一致性产生冲击。根据我国民事诉讼理论和实践的通常认识,所谓必要共同诉讼之"诉讼标的共同",实质上是指必要共同诉讼的复数当事人间诉讼标的唯一。但是,最高人民法院的多部司法解释却规定,一般保证责任案件中的借款人与一般保证人、道交损害赔偿案件中的交强险保险公司与机动车侵权一方、商品房担保贷款合同案件中的商品房买受人与商品房担保贷款合同的保证人、健康权侵权案件中的安全保障义务人与侵权人均为共同被告。❶毋庸置疑,以实体法律关系来考察上述案件当事人间的诉讼标的,均不符合必要共同诉讼的法定构成要件要求,一般保证责任案件的诉讼标的是数量为复数的两种类型的合同法律关系,分别是出借人(原告)与借款人(共同被告)之间的借款合同关系、出借人(原告)与一般保证人(共同被告)之间的保证合同关系;在道交损害赔偿案件中的侵权受害人(原告)与机动车驾驶人(被告)之间的诉讼标的是健康权侵权法律关系,而受害人(原告)与交强险公司之间的诉讼标的是交强险保险合同关系,双方当事人间的诉讼标的既不是共同也非同种类。显然大陆法系传统的两种必要共同诉讼类型均无法解释道路交通事故中机动车交强险的保险公司、侵权人与被侵权人间的诉讼关系,仅因为保险公司和侵权人的赔偿责任

---

❶ 参见《最高人民法院关于适用〈中华人民共和国民法典〉有关担保制度的解释》第26条、《最高人民法院关于审理民间借贷案件适用法律若干问题的规定》第4条第2款、《最高人民法院关于适用〈中华人民共和国民事诉讼法〉的解释》第66条、《最高人民法院关于审理道路交通事故损害赔偿案件适用法律若干问题的解释》第22条、《最高人民法院关于审理人身损害赔偿案件适用法律若干问题的解释》第2条。

在事实上和法律上存在较为密切的牵连关系,就不拘泥于必要共同诉讼类型的传统区分方式,做必要共同诉讼处理的最大理由应当是降低矛盾判决的风险。最高人民法院扩大化适用固有必要共同诉讼方式的处理思路,虽然未对该类型案件中的必要共同诉讼类型予以概念化界定,但无论是从传统大陆法系必要共同诉讼的构成要件还是我国法上的单一构成要件来看,诉讼标的量上的复数与质上的差异已经远远突破了必要共同诉讼构成要件的规定性要求,司法解释关于诉讼标的不同一案件也"应当列为共同被告"的程序规定,事实上已创造出一种无法为传统必要共同诉讼类型所涵盖的新类型必要共同诉讼形态,在我国民事诉讼法上共同诉讼的二元类型结构体系中也无法寻找到可能的契合点。

第二,司法解释体系内部对必要共同诉讼识别标准的认识不一致,容易导致必要共同诉讼制度实践的不统一,影响司法解释对实践操作的指导性意义。对最高人民法院司法解释所使用规范语言的体系性考察表明,在司法解释中已基本确立了"必须共同诉讼"与"可以共同诉讼"相区分的必要共同诉讼类型,在"可以共同诉讼"的必要共同诉讼类型中,当事人适格要求的严格性降低。但以连带责任案件为例,在不同诉因产生的连带责任纠纷是否适用必要共同诉讼问题上,不同司法解释的立场与态度却大不相同。一种立场是作"必须共同诉讼"类型处理,如《最高人民法院关于审理人身损害赔偿案件适用法律若干问题的解释》(以下简称《人身损害赔偿解释》)第2条通过对法院追加其他共同侵权人之职权赋予的方式,从程序上笼统地将共同侵权案件中应当承担连带责任的全体共同侵权人均作为必要共同诉讼的共同被告对待。❶又如《最高人民法院关于审理存单纠纷案件的若干规定》(以下简称《存单案件规定》)第8条明确规定,因存单而引发的连带责任案件属于"必须共同诉讼"的必要共同诉讼类型,如利用存单骗取他人财产且金融机构对虚假存单开具有过错而应承担连带责任的,存单持有人与开具存单的金融机构为共同被告。❷另一种态度是作"可以共同诉讼"类型理

---

❶《人身损害赔偿解释》第2条规定,赔偿权利人起诉部分共同侵权人的,人民法院应当追加其他共同侵权人作为共同被告。

❷《存单案件规定》第8条规定,利用存单骗取或占用他人财产的存单持有人以金融机构开具的、未有实际存款或与实际存款不符的存单进行质押,以骗取或占用他人财产的,存单持有人对侵犯他人财产权承担赔偿责任,开具存单的金融机构因其过错致他人财产权受损,对所造成的损失承担连带赔偿责任;若接受存单质押的人起诉的,该存单持有人与开具存单的金融机构为共同被告。

解。如《民诉法解释》第66条、《民间借贷规定》第4条均规定,连带保证责任案件属于"可以共同诉讼"类型,连带保证人与借款人并非必须共同进行诉讼的当事人,而是尊重出借人的起诉意愿,法院可以在出借人仅起诉保证人或借款人时,灵活地确定是否追加借款人或者保证人为共同被告。

第三,必要共同诉讼类型化适用的程序规定与实体制度的矛盾与冲突,造成诉讼程序与实体规则之间的脱节。以连带责任案件为例,根据《民法典》第178条和连带责任原理,权利人对全部或部分连带责任人有请求权,但连带债权债务关系的整体消灭,既可因连带债务人中一人承担连带债务,也可基于全体连带债务人的履行。债权人向连带债务人的请求权是独立的,可以选择向全体债务人一并提起诉讼,也可以选择向部分债务人提起诉讼,均不影响连带债务案件的当事人适格。因此,连带责任承担规则表明,连带责任案件并不具有适用《民事诉讼法》上所规定"诉讼标的同一"的必要共同诉讼类型之实体基础,应当允许连带债权人单独起诉或连带债务人单独被诉。《民间借贷解释》和《民诉法解释》将连带债务案件解释为"可以共同诉讼"的规定,相较于《存单案件规定》和《人身损害赔偿解释》之"必须共同诉讼"的程序处理,更合乎实体法原理与制度。但在共同侵权案件中,根据《民法典》第1168条至第1172条,共同侵权因其侵权行为与结果之因果关系和责任承担方式不同而有多种类型。❶显然,《人身损害赔偿解释》不区分数人侵权责任体系的不同责任实现形式,强制性地规定共同侵权案件必须追加全部侵权人为必要共同诉讼人的做法,未能回应不同实体责任形态对共同诉讼类型的程序要求。虽然该解释通过法院释明的程序机制和减轻部分被起诉共同侵权人责任份额的实体规定,肯定了赔偿权利人的程序处分权和起诉意愿自由,反映出该司法解释协调连带责任案件实体原理与程序规则的制度努力,其正当性毋庸置疑,还会从制度层面反向激励赔偿权利人行使程序选择权,将所有共同侵权人一并作为共同被告起诉。然而还应当正视的是,根据《民法典》第178条连带责任承担的一般性规定,为更彻底地解决连带责任人间可能因责任份额而产生的内部纠纷,从查清案件事实和确定连带责任人责任份额的裁判要

---

❶ 根据我国侵权法理论,一般将数人侵权体系类型化为承担连带责任的狭义意义上的共同侵权、承担连带责任的无意思联络数人侵权、承担按份责任的无意思联络数人侵权、承担连带责任的共同危险行为等不同情形。参见程啸.侵权责任法[M].北京:法律出版社,2015:334.

求来看,法院的连带责任判决实际上不仅要确定连带责任的对外法律关系,还应当确定连带责任人之个人份额的内部分担关系。因此,可能的解释是,连带责任的外部承担规则与连带责任的内部分摊规则相结合的实体法规定,催生了追加所有共同侵权人程序规则的实践需要,也促使共同侵权连带责任案件向"必须共同诉讼"的必要共同诉讼类型靠拢。

总体而言,从民事诉讼立法层面必要共同诉讼类型的单一化,到司法解释层面必要共同诉讼类型的多样化,考察我国制度层面必要共同诉讼的类型划分,还有值得深入探讨的空间:第一,必要共同诉讼的成立根据是否应当坚持诉讼标的共同这一前提性条件?在我国法的框架下《民事诉讼法》第55条规定中的"诉讼标的"应当作何理解?第二,在我国民事实体法与程序法的框架下,涉及共同侵权、共有财产、连带保证责任等类型化案件中是否有必要共同诉讼形态的适用空间?上述类型化案件中必要共同诉讼形态的适用如何与民事实体法原理与制度相协调?第三,对必要共同诉讼人未能一并参加诉讼的正当化程序处理方式为何?未参加的必要共同原告与必要共同被告的程序处理方式是否应当一致?在民事诉讼朝着强调尊重当事人诉讼主体地位的模式转型过程中,以发现案件事实真相为出发点的职权追加必要共同诉讼人规则的正当性何在?

(二)必要共同诉讼类型化制度存在问题的原因

深刻检讨制度层面必要共同诉讼类型化现状的原因所在,主要受到以下几方面因素的影响。

第一,就立法背景和制度源流来看,我国民事诉讼立法的理论准备不足,且受宜粗不宜细的立法思想指导,加之受历史和政治因素影响,民事诉讼立法较多来自苏联,必要共同诉讼制度规定也不例外。1964年《苏俄民事诉讼法典》未在立法上明确共同诉讼的种类,也未在立法上明示共同诉讼的成立根据,仅是在第35条规定"诉讼可以由几个原告人共同提出或者向几个被告人提出",以笼统的立法语言描述了多人诉讼形态。同时,其第141条规定,审判员准备案件时必须解决共同被告人是否参加案件的问题和共同原告人参加案件的问题。[1]苏联学者多勃洛沃里斯基的学理解释认为,《苏俄民事诉讼法典》第35条所规定的共同

---

[1] 苏俄民事诉讼法典[M].梁启明,邓曙光,译.刘家辉,校.北京:法律出版社,1982:13-51.

诉讼,其形成根据是具有许多个有权利的主体或者有责任的主体的实体法律关系,当发生争议的法律关系的各个权利主体的共同权利或者发生争议的法律关系的一些主体的共同义务,根据法律关系的实质或者依照法律,法院的判决可能涉及其他没有参加该案件的人的权利和法律保护的利益时,如果不能同时确定法律关系中其他主体的权利(或义务),就不能解决其中一个主体的权利(或义务)问题,法院就必须把这一发生争议的法律关系的所有主体都吸收进诉讼,传唤他们作为共同被告人参加诉讼,或者通知这些人可以作为共同原告人参加诉讼,这种情况就叫做必要共同诉讼。❶可见,受苏联民事诉讼必要共同诉讼制度之立法与理论的影响,无论是必要共同诉讼制度的立法语言表述,还是制度内容的规定实质都有其深刻烙印。在这样的立法范式下,司法解释作为最高人民法院对司法实践中法律规范具体适用问题的解释,为满足司法裁判的实际需要,就不可避免地会在一定程度上冲破民事诉讼法规范的既定框架,进而不仅造成司法解释与民事诉讼法之间的矛盾,甚至出现不同司法解释相互之间对特定案件是否适用必要共同诉讼问题的分歧。

第二,就我国传统的诉讼模式和诉讼理念来看,制度层面必要共同诉讼规范受到我国传统上职权主义诉讼模式和客观真实诉讼理念的极大影响。无论是民事诉讼立法还是司法解释,规范必要共同诉讼制度的基本思路,均是从当事人适格角度对具体类型案件中正当当事人的明文规定,但是在单一化的必要共同诉讼类型体例下,对应纳入同一诉讼程序的必要共同诉讼人并未参加诉讼这一特殊情形的处理,并未继续遵循当事人适格与否的裁判思路——以当事人不适格为由作出驳回诉讼的程序处理思路。相反,我国是从发现案件真相的视角,另辟蹊径地赋予了法院追加未参与诉讼的必要共同诉讼人之职权,以实现将本案实体法律关系所涉及的多个主体均纳入同一审理程序。这样的程序处理思路受追求案件客观真实诉讼理念的影响和职权主义诉讼模式的支配,固然可以在更大程度上增加发现案件事实真相的诉讼资料来源,但也是以牺牲当事人程序选择权和处分权为代价的,进而也削弱了必要共同诉讼类型再划分的可能性与必要性。

---

❶ 多勃洛沃里斯基.苏维埃民事诉讼[M].李衍,译.常怡,校.北京:法律出版社,1985:65.

第二节　我国必要共同诉讼类型化的实践现状

考察我国民事司法实务中类型化必要共同诉讼的运作实践，目的在于总结和剖析法院在判断具体案件是否属于必要共同诉讼时的司法态度及司法规律。有鉴于此，本书的实证考察并非简单地以《民事诉讼法》第55条规范为出发点，剖析和评述必要共同诉讼制度适用的正确与错误，更重要的是打破以现行制度为据的体系化和规范化思维方式，从当前民事司法的具体实践和局部操作中，从民事实体法与民事诉讼法相协调的视角出发，对我国必要共同诉讼制度运作的真实场景予以类型化描述，以期发现我国必要共同诉讼类型化实践存在的问题，挖掘我国民事司法实务对必要共同诉讼制度的需求。通过理论的总结与反思，本书期望架构起制度与实践之间的沟通桥梁，以我国问题意识为出发点，发展我国必要共同诉讼类型化理论，弥合"制度—实践—理论"之间可能存在的分歧与矛盾。

一、我国必要共同诉讼类型化实践的整理与描述

民事司法实践中必要共同诉讼制度适用的案件类型多样，数量庞大，素材丰富，限于人力、物力和时间等客观条件的限制，不可能对司法实践中适用必要共同诉讼制度的各种案由类型的案例予以全面分析。可行的路径只能是以真实案例作为直观素材，利用权威数据库中收录的民商事案件作为案例来源，以机动车交通事故责任纠纷、借款担保合同纠纷、侵害知识产权责任纠纷、个人提供劳务责任纠纷等典型纠纷类型为例，从诉讼中双方当事人就是否应当追加必要共同诉讼人产生争议的案件，或者是否就法院遗漏必要共同诉讼人提出程序异议或上诉的案件作为重点分析对象而切入，整理并筛选中国裁判文书网等权威数据库中所载录的并可以作为有效分析样本的案件。❶为行文表述便利的需要，以个案为分析基础和样本，根据具体案件的裁判文书中所表明的适用必要共同诉讼之实际原因作为考量因素，对实践中真实存在的必要共同诉讼予以类型化的整

---

❶ 作为我国司法公开三大平台之一，中国裁判文书网上公开的案件裁判文书浩如烟海，鉴于人力、物力和检索分析工具的限制，对适用必要共同诉讼制度的案件进行全样的量化统计与分析可行性很低。因此，本书仅以"必要共同诉讼""共同被告""必须参加诉讼的当事人""追加当事人"等作为关键词，并从中筛选出有效样本，对必要共同诉讼制度适用进行定性分析。

理与描述。

(一)规范型必要共同诉讼

【案例一】司机雷某驾驶一辆重型半挂牵引车追尾碰撞前方车辆导致邹某和罗某死亡。死者邹某和罗某的近亲属邹某甲等五人向福建省龙岩市新罗区法院提起诉讼请求陈某(机动车所有人)和A联合运输公司(肇事机动车挂靠单位)承担赔偿责任。经法院调解后,陈某和A联合运输公司同意赔偿邹某甲等五人请求的全部赔偿金额,法院作出(2015)龙新民初字第3282号民事调解书。随后,邹某甲等五人又向新罗区法院提起诉讼,请求中国人民财产保险股份有限公司厦门市某支公司、中国平安财产保险股份有限公司厦门公司等十三家保险公司在交强责任限额范围内承担其相应的赔偿责任。新罗区法院以重复诉讼为由裁定驳回起诉。原告不服提出上诉,龙岩市中级人民法院二审维持原裁定,驳回上诉。邹某甲等五人又向福建省高级人民法院申请再审,再审法院认为根据《中华人民共和国道路交通安全法》和《机动车交通事故责任强制保险条例》的规定,承保交强险的保险公司对第三人的责任性质是法定责任而非合同责任,一审法院在审理3282号案件时应依法追加涉案的相关保险公司作为3282号案件的共同被告,而且邹某甲等五原告对保险公司提出的损害赔偿请求已隐含在3282号案件中。福建省高级人民法院以当事人实质相同、诉讼请求部分实质相同为由,裁定邹某甲等五原告请求十三家保险公司承担损害赔偿责任的诉讼与3282号案件构成重复诉讼,驳回再审申请。❶

【案例二】刘某(17岁)和王某(16岁)、赵某甲(16岁)、赵某乙(16岁)向段某(16岁)勒索财物,将段某带至某超市楼顶实施殴打,造成段某左脚骨折,经鉴定构成十级伤残。段某向新疆芳草湖垦区法院提起诉讼,要求被告刘某、王某、赵某甲和赵某乙承担侵权损害赔偿责任。经一审法院调解,原被告双方达成调解协议,法院作出(2015)芳垦民一初字第801号调解书。随后,经原审法院审判委

---

❶ 本案来源于中国裁判文书网,(2016)闽民申480号,https://wenshu.court.gov.cn/website/wenshu/181107ANFZ0BXSK4/index.html?docId=LjHnnZi8Y08UonqzFLTiKOkrLl1FD1y/ZAttVMspzikD4VrLew7fnZ/dgBYosE2gxr0sAgkxjhl41FziveLtlxYaQmZViCBkfpB7YGkxAtAkF3z075JSJEX4H5EzUqD3,2024年5月21日最后访问。

员会讨论，认为原生效调解书有错误，决定依职权启动再审程序。再审审理中，法院根据《民诉法解释》第六十七条的规定，准许段某追加四名未成人被告的监护人作共同被告的申请，并判决撤销原审801号民事调解书，刘某等四名未成人被告及其监护人承担相应的赔偿责任。[1]

案例一中，福建省高级人民法院虽然是从重复诉讼之构成要件角度作出驳回再审申请的裁定，但在再审审查裁定书的裁判理由论证中，法院明确指出"根据《最高人民法院关于审理道路交通事故损害赔偿案件适用法律若干问题的解释》第25条第一款之规定，一审法院在审理3282号案件时未依法将相关涉案车辆的交强险承保公司追加为共同被告，存在程序瑕疵。"案例二中，原审法院依职权启动再审的核心理由就是"原审调解书未将原审四名限制民事行为能力人被告的监护人列为赔偿责任人，属于违反法律规定，应予撤销"，并在再审程序中纠正原审未将四名未成年人被告之监护人列为共同被告的程序错误。显然，在案例一机动车交通事故责任纠纷和案例二监护人责任纠纷的正当当事人认定实践中，适用必要共同诉讼形态的惯常做法，是以《道交案件解释》第25条和《民诉法解释》第67条关于适格当事人的明确规定为直接依据。[2]虽然，前述两部司法解释与我国《民事诉讼法》关于必要共同诉讼的基本立法框架有所背离。但是，从法律渊源上看，司法解释属于实质意义上的民事诉讼法律规范，同时考虑到最高人民法院司法解释在我国民事审判实践中的重要地位。本书将以广义上的民事诉讼法规范为依据，适用必要共同诉讼形态审理的案件类型，概括为"规范型必要共同诉讼"。

---

[1] 本案来源于中国裁判文书网，(2017)兵0603民再1号，https://wenshu.court.gov.cn/website/wenshu/181107ANFZ0BXSK4/index.html?docId=ptoWRfcCOK+79Uvqyoz+o9Ov6cIfZ9fj3BQS2bWInPyMVZJU2ulUdJ/dg-BYosE2gxr0sAgkxjhl41FziveLtlxYaQmZViCBkfpB7YGkxAtBoNz3jTwZG1vxPNk8GUpcq，2024年5月21日最后访问。

[2] 最高人民法院《关于审理道路交通事故损害赔偿案件适用法律若干问题的解释》在2020年12月29日修正后，第25条的条文内容虽未发生变化，但条文顺序变为第22条。鉴于本案审理时间在该司法解释修正之前，因此本书分析时仍然列举的是审理当时有效文本的条文序号，特此说明。

(二)政策型必要共同诉讼

【案例三】原告甲公司以乙公司(制造商)和丙公司(销售商)共同侵害其对某款空调产品所享有的实用新型专利权为由,向广东省高级人民法院提出诉讼,请求两被告承担损害赔偿责任。审理过程中,双方当事人的争议焦点是,被诉侵权产品的制造商乙公司和销售商丙公司是否构成必要共同诉讼被告。乙公司主张甲公司起诉乙公司的被诉侵权行为包括制造、销售和许诺销售案涉侵权产品,起诉丙公司的被诉侵权行为仅为销售案涉侵权产品,不仅客观上被诉侵权行为不同,而且两被告在主观上也无共同侵权的故意或意思联络,不应作为共同诉讼。最高人民法院二审判决认为,案涉侵权产品的制造商的制造行为和销售商的销售行为均指向同一被诉侵权产品,尽管制造商和销售商分别实施了侵权行为,但其侵权行为密切关联,制造商制造并销售被诉侵权产品后,下游销售商的销售行为属于制造商的制造和销售行为的自然延伸,均为该产品的专利保护范围,侵权结果部分重叠,从而形成诉讼标的部分相同,作为共同诉讼处理,可以有效防止冲突裁判,还能减轻原告的维权成本以及当事人和法院的诉讼成本。因此,制造商和销售商构成必要共同诉讼被告。[1]

最高人民法院曾专门出台了有关专利纠纷审理程序与实体问题的司法解释,在多个侵权行为人分别实施专利侵权行为造成损害结果叠加时,规定制造者与销售者均具有适格的被告资格,同时赋予了专利权人仅起诉侵权产品的制造者或者一并起诉制造者和销售者的选择权。[2]然而,在案例三中,最高人民法院更明确表达了专利侵权纠纷领域识别必要共同诉讼成立标准的一般性司法观点:一是专利侵权案件的诉讼标的应当是专利权保护的整体范围作为标准,而不限于某种具体的侵权行为引发的侵权关系,即使侵权行为源自不同侵权主体的行为,但因不同主体间侵权行为的紧密联系,也可能构成诉讼标的相同;二是认

---

[1] 本案来源于中国裁判文书网,(2018)最高法民辖终93号,https://wenshu.court.gov.cn/website/wenshu/181107ANFZ0BXSK4/index.html?docId=ctuPvqzO3k5v3fS/JDv1rywwgvt/VSb2rdlb6AyrpYihx4H7AVoWh5/dgBYosE2gxr0sAgkxjhl41FziveLtlxYaQmZViCBkfpB7YGkxAtDxE2d9grkH5BZ9wuDBMQwT,2024年5月21日最后访问。

[2] 根据《最高人民法院关于审理专利纠纷案件适用法律问题的若干规定》第6条第1款规定,专利权人有以制造者与销售者为共同被告起诉的选择权。

为除诉讼标的相同原因的必要共同诉讼外,还可因为某些政策性因素的价值考量,为避免专利权人分别起诉制造商和销售商时可能造成的双重得利,有效防止裁判冲突,减轻专利权人的维权成本、当事人的诉讼成本和法院的审理成本,应将制造商和销售商作为必要共同诉讼一并审理。因此,本书将基于"防止冲突""保护当事人利益"等政策性因素考量而适用必要共同诉讼的情形,根据其形成原因概括为"政策型必要共同诉讼"。

(三)事实型必要共同诉讼

【案例四】原告D集团公司的股东徐某(持有D集团公司股权24%)、徐某甲(持有D集团公司股权15%)向江苏省扬州市中级人民法院提起诉讼,请求判令A公司、B公司、C公司对E公司(D集团的下属子公司)进行增资的民事行为无效,并将股权结构恢复登记增资前的状态。本案的争议焦点有两个。一是A公司、B公司和C公司是否构成本案的共同被告?三被告主张原告的诉讼请求涉及三被告增资主体对E公司的三项增资行为,分别为A公司对E公司的增资行为、B公司对E公司的增资行为和C公司对E公司的增资行为,构成三个不同法律关系,不属于法律规定的必要共同诉讼,应当分案处理。二是原告主张本案的讼争对象虽然表现为三被告增资、股权转让、出资、合资等数个民事行为,但各民事行为互相牵连且不可分割,共同构成一个完整的生活事实,实质上是损害D集团公司及其股东利益的同一事件,诉讼标的实质上是一个共同侵权行为。

一审法院认为,"原告徐某和徐某甲的诉讼请求隐含多个法律事实,分别属于不同种类的独立法律关系,对应不同的民事主体,应当分案处理,但经释明后原告不同意分案起诉",作出(2014)扬商辖初字第00025号裁定驳回起诉。原告徐某和徐某甲对一审裁定不服,向江苏省高级人民法院提出上诉。二审法院认为,"虽然本案涉及A公司、B公司和C公司三个不同主体对E公司的增资,但相关增资行为构成同一法律事实,徐某和徐某甲对三被告一并提起诉讼并无不当",作出(2014)苏商辖终字第00204号裁定,撤销一审法院原裁定,指令扬州市中级人民法院继续审理。一审被告A公司、B公司和C公司不服江苏省高级人民法院的终审裁定,向最高人民法院申请再审。最高人民法院再审审查认为,本案系股东损害公司利益诉讼,虽然存在多个法律关系,但均为与涉案公司诉讼相关的法律关系。徐某、徐某甲起诉提供的江苏省扬州市工商行政管理局的公司登记资料可以证明同一个股东会决议和同一次变更公司登记的事实。因此,本案虽然涉及A公司等三个不同主体对E公司的增资行为,但系同一法律事实,原告对A公司等三被告作为共同被告一并提起诉讼并无不当。❶

【案例五】江某、陈某、甲电缆公司、乙电缆公司、丙环保公司五原告向云南省高级人民法院提出诉讼,请求被告何某、陈某1返还五原告向两被告归还借款时超额支付部分的款项。诉讼过程中,双方争议的焦点是,是否能将原被告双方间几十笔民间借款关系合并在同一诉讼中起诉?原告主张起诉所涉借款数额系2012—2014年间,五原告共同向被告何某、陈某1的几十笔借款累积而成,双方对账目往来已无法清楚核对,只能按照借款总额与还款总额统一结算。被告称案涉借款金额的确由几十笔民间借贷构成,并且未进行过全面结算,但基于合同的相对性,应按实际的借款关系分案起诉,不能在同一案件中进行起诉,应将涉案借款拆分后确定相应的管辖法院,并向云南省高级人民法院提出管辖权异议,云南省高级人民法院作出(2016)云民初96号裁定,驳回被告的管辖权异议。被告何某不服云南省高级人民法院作出的驳回管辖权异议裁定,向最高人民法院提出上诉。最高人民法院认为,双方当事人诉辩意见中均承认,案涉借款数额系几十笔借款累计而成,借款发生后,原告多次从各自账户向被告归还借款,且归还款项时未明确所归还的每一笔款项的用途,也未约定归还的款项对应的是何笔借款,现在既无必要也无可能拆分到单笔借款中逐一主张,将本案作为必要的共同诉讼予以受理,有助于查清案件事实,避免矛盾裁判结果的产生,有利于纠纷的妥善解决。❷

---

❶ 本案来源于中国裁判文书网,(2015)民申字第514号,https://wenshu.court.gov.cn/website/wenshu/181107ANFZ0BXSK4/index.html?docId=nDOpmgTtekxXgOXvh+JvmShzIcoNWR+VwB0TuVHlTcqlAtPDbk8YDp/dgBYosE2gxr0sAgkxjhl41FziveLtlxYaQmZViCBkfpB7YGkxAtCY5mo/G5wCqLZI2PfnH30Y,2024年5月21日最后访问。

❷ 本案来源于中国裁判文书网,(2017)最高法民辖终136号,https://wenshu.court.gov.cn/website/wenshu/181107ANFZ0BXSK4/index.html?docId=2Fh5SZQZfVAGqnptkBwJloVPH6arB/gkySyWreJClbh12g5ht8ceiZ/dgBYosE2gxr0sAgkxjhl41FziveLtlxYaQmZViCBkfpB7YGkxAtDBOn9AncY877b9TuLNMSDa,2024年5月21日最后访问。

案例四损害公司利益责任纠纷中,法院以关于增资的股东会决议和公司股权变更工商登记的同一性为由,将三个不同增资主体的增资行为拟制为互相牵连、不可分割的同一事实,从而将三个不同增资主体列为必要共同被告;案例五不当得利纠纷中,法院以每次通过银行转账方式还款时均未对还款内容进行特别说明且无法拆分各笔借款与还款关系为由,将数个借款人共同提出的返还不当得利诉讼请求作为必要共同诉讼受理。虽然前述两案的具体事实与争议法律关系均不相同,但在程序操作层面却作出了相同的策略选择,即不关注形成双方当事人间法律关系之法律事实的多数性与复杂性,在法律层面将双方当事人争议的法律关系作一体化处理,在事实层面化繁为简地将引发双方当事人间法律关系的法律事实作整体认定,从而适用必要共同诉讼。具体而言,在案例四中,原告的诉讼请求并不是对确认股东会决议和股权变更工商登记无效,而是确认三个增资主体的增资无效并恢复股权结构的工商登记,但法院以增资决议系由同一股东会决议作出且股权变更系同一次工商登记中完成为由,对三个增资主体的具体增资的法律事实并不审查,在事实层面将三个增资主体的增资行为拟制为一个生活事实;案例五中法院对原被告在数年间形成的几十笔借款关系的事实及原告多次向被告归还所借款项的事实均不作具体审查,而是基于借款与还款时间交错且还款内容不明的现实困境,以无法一一对应借款与还款的款项、无法拆分认定各次还款的具体内容为由,就双方的借款数额与还款数额及其差额作为一个整体法律关系处理。无论是将诸多同类事实拟制为同一生活事实,还是诸多同类事实根本无法查清,上述案例反映出我国司法审判实务中,以便于查清案件事实为由,将案件作必要共同诉讼处理的客观事实。故,本书将此类以查清案件事实为导向,适用必要共同诉讼的情形,概括为"事实型必要共同诉讼"。

(四)责任分担型必要共同诉讼

【案例六】武某受雇于武某1的建筑施工队,在为覃某修建房屋时,因预制板断裂,从在建房屋的二楼跌落造成重伤。武某向四川省宣汉县人民法院提出诉讼,请求判决被告武某1、覃某承担赔偿责任。审理过程中,法院认为原告武某受伤的直接原因虽然是预制板断裂,但预制板断裂又有两方面原因,一是保养期未到即上房使用,二是直接在其上砌筑墙体超过了预制板的最大荷载能力。预制板销售商张某虽然对被告覃某、武某1履行了预制板保养期未到的告知义务,但在明知预制板保养期未到的情况下进行销售,也应当承担相应的民事赔偿责任。法院依职权追加张某作为本案共同被告参加诉讼,并判决张某承担20%的损害赔偿责任。❶

【案例七】在湖北宜城A机动车驾驶员培训学校学习期间,严某驾驶车辆撞伤了贾某。贾某向湖北省宜城市人民法院提起诉讼,请求判令严某、宜城A机动车驾驶员培训学校、B保险公司湖北分公司承担因机动车交通事故造成的损害赔偿责任。经宜城法院和襄阳市中级人民法院两级法院审理后,作出(2017)鄂06民终1802号终审判决。B保险公司湖北分公司不服,根据湖北中真司法鉴定所出具"鄂中司鉴2018法鉴字第00630号"鉴定意见(该鉴定意见认定交通事故发生后,为贾某治疗的宜城市人民医院未能根据术后病情变化作出有效处理,导致贾某出现骨髓炎,其伤情与交通事故和医疗事故均存在因果关系),向湖北省高级人民法院申请再审,请求医院承担50%的按份责任。再审审查中,湖北省高级人民法院就B保险公司提交的新证据之真实性、关联性,询问了双方当事人的意见,裁定贾某的人身损害后果由交通事故和医疗过错共同造成,属于多因一果的共同侵权,原审遗漏了涉案事故的当事人,应查明医疗机构的过错程度、责任比例等基本事实,指令襄阳市中级人民法院再审。❷

【案例八】甲财务公司与乙投资公司签订委托理财协议,委托乙投资公司进行证券投资。乙投资公司借用陈某和刘某的名义在丙证券公司下属的丁营业部

---

❶ 本案来源于中国裁判文书网,(2013)宣汉民初字第863号, https://wenshu.court.gov.cn/website/wenshu/181107ANFZ0BXSK4/index.html?docId=eyYeS+7Ix/buPoGN7/tc/u1Q6LLvcEaw4kbsKV0aF84boHOg+v7bhp/dgBYosE2gxr0sAgkxjhl41FziveLtlxYaQmZViCBkfpB7YGkxAtCnQRXtJBqmF6DqXyJe9rBc,2024年5月21日最后访问。

❷ 本案来源于中国裁判文书网,(2019)鄂民申1422号, https://wenshu.court.gov.cn/website/wenshu/181107ANFZ0BXSK4/index. html? docId=2BtuR8jdEu1L7olUh/OzkWQuyMXOS+eqTq8Uv4+aKN6mjOuYDJ5lSp/dgBYosE2gxr0sAgkxjhl41FziveLtlxYaQmZViCBkfpB7YGkxAtCh1fT9jeCxenn2KcrqvNU8,2024年5月21日最后访问。

开立证券账户，以甲财务公司的委托资金从事证券交易。因乙投资公司法定代表人黎某伪造相应材料，将丁营业部陈某和刘某证券交易账户下的保证金900余万元转入乙公司及黎某的个人账户。甲财务公司向深圳市中级人民法院提出诉讼，请求判决丙公司和丁营业部赔偿证券保证金提取权受侵害的相关损失。在诉讼过程中被告丙公司向法院提出申请，追加乙公司作为共同被告。但深圳市中级人民法院以丙公司可以在向甲公司承担赔偿责任后，另循法律途径向乙公司主张追偿为由，未支持其追加申请，直接判决丙公司等承担全部赔偿责任。丙公司和丁营业部不服一审判决，向广东省高级人民法院提起上诉，广东省高级人民法院作出（2009）粤高法民二终字第38号判决，驳回上诉维持原判。

丙公司和丁营业部不服38号判决向检察院申诉，最高人民检察院向最高人民法院提出抗诉，最高人民法院随即指令广东省高级人民法院再审，广东省高级人民法院作出（2010）粤高法审监民再审第8号判决。后因丙公司和丁营业部的再次申诉，最高人民检察院再次抗诉，最高人民法院提审本案。最高人民法院再审认为，原告甲公司的损失系多因一果的数人侵权行为造成，涉案保证金被提取的直接原因在于黎某在履行职务过程中实施了诈骗挪用资金犯罪行为，而黎某作为乙公司的法定代表人，致使甲财务公司丧失了实际控制权，乙公司无疑应承担侵权责任。原审法院未许可追加乙公司作为共同被告的做法违反法定程序。但因原审原告甲财务公司拒绝追加乙公司为共同被告，且乙公司已被依法吊销营业执照的背景下，最高人民法院判决丁营业部对乙公司无力返还甲公司保证金的25%承担补充赔偿责任。[1]

在案例六、案例七和案例八三个侵权案件中，法院均认为应当适用必要共同诉讼，并在裁判文书中法律适用理由部分阐明，其主要原因在于，根据相关实体

---

[1] 本案来源于中国裁判文书网，(2013)民抗字第20号，https://wenshu.court.gov.cn/website/wenshu/181107ANFZ0BXSK4/index.html?docId=relZp5rmNdurp+jhdJ72gqXj2NPjj0X72lJZBebbFAsml1bFhRtoPZ/dgBYosE2gxr0sAgkxjhl41FziveLtlxYaQmZViCBkfpB7YGkxAtC2BSIBf4lTcsNcO1QH02ms，2024年5月21日最后访问。

法之规定各共同侵权人均应当承担相应侵权责任,❶为更好地确定侵权行为人间的实体责任份额,依职权或者依当事人申请追加其他侵权行为人为共同被告。在数人分别实施侵权行为造成了同一损害结果的事实表层之下,其实体法层面的责任构成原因却较为复杂,如案例六中提供劳务者受害责任与产品责任两种法律关系并存,而案例七中机动车交通事故责任与医疗事故责任两种法律关系并存,依无意思联络数人侵权承担按份责任方式的规定要求,应当根据侵权行为人的过错程度确定各自责任范围。因此,在诉讼程序操作层面来看,无论是依职权或者依当事人申请追加实施侵权行为的数人作为共同被告,将造成侵权损害后果的各侵权行为人一体化纳入同一诉讼程序,其根本目的在于查明案件事实,包括各侵权行为对损害形成的原因力影响等,以从彻底解决纠纷角度,在各共同被告间确定最终的责任份额。是故,本书将为查清案件事实、分清各方实体责任归属及份额,从而将案件所涉及的各纠纷主体一揽子地全部纳入同一诉讼程序,适用必要共同诉讼审理的情形,概括为"责任分担型必要共同诉讼"。

有必要说明的是,上述四种必要共同诉讼实践类型不是根据某种区别标准的分类,而是基于当前我国民事审判实践的有限整理,其目的在于描述实践层面我国必要共同诉讼的运作现状,从而与必要共同诉讼制度层面的规定、理论层面的研究相呼应,以在"立法—制度—理论"的框架内一体化地理解与反思、完善与发展我国必要共同诉讼类型化问题。因此,四种实践类型之间并不是完全的一一对应关系,或者绝对的区分关系,名称的概括仅是选取了审判实务中在考虑适用必要共同诉讼时的最主要因素,若改变观察的视角与描述的目的,则四种类型之间极有可能出现交叉。如案例六和案例七,若从合一确定数人侵权按份责任比例大小角度概括,其可以称为"责任分担型必要共同诉讼",但若从查清数侵权行为对同一损害后果的原因力影响角度,也可以称为"事实型必要共同诉讼"。

---

❶ 根据各案例审理时有效的民事实体法律规定,各案件中侵权人与被侵权人间法律关系的实体法基础分别是:案例六中法院认为预制板销售商作为共同被告的实体法基础在于《中华人民共和国产品质量责任法》应当承担产品责任;而案例七中法院认为医院作为共同被告的实体法基础在于《中华人民共和国侵权责任法》应当承担医疗事故损害赔偿责任;而案例八中丙公司应当被追加的实体法基础在于准用《最高人民法院关于审理人身损害赔偿案件适用法律若干问题的解释》应当按其过错大小承担相应赔偿责任。

二、我国必要共同诉讼类型化实践的困境与理性

必要共同诉讼四种实践类型的整理表明,司法实践所坚持的必要共同诉讼判断标准呈现出多元化趋势,有的法院以当事人间争议诉讼标的是否同一为判断基础,但将"诉讼标的"的内涵理解扩大至"案件所涉及的整体性生活事实";还有法院从案件审判的具体情况和实际需要出发,坚持以提高诉讼经济和司法资源利用效益、减少当事人的讼累或诉讼成本、促进一次性解决纠纷或者查清案件事实、防止矛盾判决、保护当事人合法权益等多样化因素考量,判断是否需要强制追加缺席者为必要共同诉讼人,或者是否需要依当事人申请追加缺席者为必要共同诉讼人。尤其是以查清案件事实为基本导向的民事审判实践,[1]往往还会导致法院为充实案件事实审理基础,在程序进程中依职权追加共同被告的实践惯性。因为,受诉讼程序展开的顺序性影响,法院对是否追加共同诉讼人的判断是随着事实审理程序的逐步充实才能确定。在立案受理阶段,当原告只起诉部分当事人时,不仅必须尊重原告的当事人诉讼策略安排,还应当坚持《民事诉讼法》第122条关于"明确的被告"这一审查标准,只有待案件进入审前准备程序或者审理程序后,随着双方当事人围绕着争议焦点举证质证的攻击防御程序之有序推进,为更好地查明案件事实的需要,才可能会以职权方式追加其余未被起诉的法律关系主体作为"共同被告",或者当事人也因案件事实审理的展开而申请追加。整体观察必要共同诉讼类型适用实践,目前我国必要共同诉讼形态适用表现为一种个案化判断模式,形式上看具有灵活性特征,对诉讼效率和一次性纠纷解决的理念坚持也具有价值层面的正当性,但不同法院在必要共同诉讼形态适用标准上的分歧,实质上却形成了必要共同诉讼形态判断标准把握的不确定性和适用实践的无序化弊端。整体而言,造成必要共同诉讼形态适用实践困境的原因可能在于以下两方面。

一是一次性纠纷解决理念下,受到"诉讼经济""一次性解决纠纷"等概念自身的抽象性与复杂性之影响,对是否适用必要共同诉讼形态的个案判断呈现出不确定性。虽然一次性解决纠纷理念成为司法实践的价值选择与理念追求,但

---

[1] 有学者坦言我国民事司法实务中法官依职权将所有侵权人拉进诉讼作为必要共同诉讼处理最直接的现实考量,是为了尽全力查明案件事实,确认因果关系类型。卢佩.多数人侵权纠纷之共同诉讼类型研究[J].中外法学,2017(5):1233.

不同法院对"一次性解决纠纷"所涵盖的主体范围大小、当事人合法权益之实质内容以及诉讼效率提高与本案当事人间纠纷的彻底解决之关系可能会有不同理解,最终影响了各法院在判断必要共同诉讼形态问题上的观点分歧。

如在前述案例三甲公司诉乙公司、丙公司专利侵权纠纷案件中,最高人民法院在裁判文书明确指出,"制造商和销售商的侵权行为,均系同一产品专利权保护,而成立诉讼标的部分相同,制造商和销售商构成必要共同诉讼被告"。而在甲医药公司与乙有限公司、丙销售公司及其吉林分公司不正当竞争纠纷案中,被告主张原告要求判令三被告分别变更企业名称的诉讼请求,系基于三个独立登记注册的主体彼此独立使用其企业名称的行为;因此,原告对三被告所提起的不正当竞争诉讼明显不属于必要的共同诉讼,应当分别诉讼。最高人民法院却认为,"三被告作为红牛饮料的生产商和销售商,在生产和销售过程中必然要使用其企业名称,被控使用以'红牛'作为字号的企业名称的不正当竞争行为,均发生在被诉侵权产品的生产和销售过程中,属于基于同一事实发生的纠纷,根据《最高人民法院关于适用〈中华人民共和国民事诉讼法〉的解释》第二百二十一条规定合并审理"[1]。最高人民法院认为,此案中使用企业名称的不正当竞争行为虽然发生在侵犯商标权的生产和销售过程中,针对三被告的不正当竞争行为的诉讼,是基于同一事实的多个诉合并审理,但并不是同一或部分相同的诉讼标的而构成必要共同诉讼。

又如在前述案例八中,最高人民法院认为,因为乙公司与丙公司丁营业部的侵权行为共同造成甲财务公司的财产损害,应追加乙公司作为共同被告的主要理由是合理确定各侵权人的侵权责任,实现合理利用司法资源、减少当事人讼累和一次性解决纠纷的目标。但是,在A资产管理公司南宁办事处与贵州B集团公司借款担保合同纠纷案中,对当事人以甲县政府在B集团公司下属的C酒厂改制过程中收回了C酒厂商标与土地为由,申请追加甲县政府为共同被告的请求,最高人民法院又认为"该权利主张应另循途径再向甲县政府提出",驳回了当

---

[1] 本案来源于中国裁判文书网,(2017)最高法民辖终132号,https://wenshu.court.gov.cn/website/wenshu/181107ANFZ0BXSK4/index.html?docId=sRZgiDDe+6mmJjVKrjBdWCWSwoArvbobLuuBrwHUBL6LsShgvVdLzZ/dgBYosE2gxr0sAgkxjhl41FziveLtlxYaQmZViCBkfpB7YGkxAtC2BSIBf4lTclMMSAd9Ylui,2024年5月21日最后访问。

事人追加共同被告的申请。[1]从二审审理范围的角度,最高人民法院对追加共同被告主张的程序处理无可厚非,但是最高人民法院回避了对甲县政府作为原国有企业C酒厂的资产管理人是否系共同被告问题的裁判,告知原告可以另行起诉主张权利的程序应对策略,又实际上反映出最高人民法院在本案中与前述案例八对一次性纠纷解决理念的不同理解,尤其是在彻底解决纠纷之主体范围问题上的认识差异。

二是规范出发型程序思维传统下,即使事实基础相同或类似的案件,却因案件实体法律关系性质判断的差异,造成是否适用必要共同诉讼形态问题上的程序态度也不统一。以数人侵权责任纠纷为例,对是否将造成同一损害后果的所有侵权行为人均纳入同一诉讼程序作共同被告,彻底分清数个侵权行为人的责任承担份额,法院的程序处理态度就明显不同。

如在案例六武某诉武某1、覃某提供劳务者受害责任纠纷中,法院认为预制板断裂是武某受伤的直接原因,因此,预制板销售商张某在明知预制板保养期未到的情况下进行销售,应当承担相应赔偿责任,就依职权追加张某作为共同被告参加诉讼,并最终裁判张某承担20%的赔偿责任。但是,在另一法院审理的提供劳务者受害责任案件中,法院却认为"导致提供劳务者受害的致害源为接受劳务一方所有的工作物,但因接受劳务一方未能提供证据证实且未主张提供劳务一方存在过错,应由接受劳务一方承担全部赔偿责任,不应当追加其他责任人为共同被告。若接受劳务一方认为其他责任人应当承担责任的,可以依法进行追偿"。[2]这一案件与案例六在事实层面的相似性在于,原告作为劳务提供者均是

---

[1] 本案来源于北大法宝,(2003)民二终字第47号,https://www.pkulaw.com/pfnl/a25051f3312b07f32796c851a020601a57f40cdcdf51aab8bdfb.html?keyword=资产管理&way=listView,2024年5月21日最后访问。

[2] 贾某因修建樱桃大棚,以200元/天的价格雇佣芦某为其施工,因卷帘机大臂断裂将正在棚顶干活的芦某压伤致死。芦某的近亲属以贾某为被告向法院提起诉讼请求赔偿。诉讼中贾某主张案涉卷帘机由王某负责建造,申请追加王某为本案共同被告。但审理法院认为,根据《侵权责任法》第85条规定,被告若认为王某应承担赔偿责任,应在履行本案赔偿后另行追偿,驳回了贾某关于追加王某为共同被告的申请,判决贾某承担赔偿责任。本案来源于中国裁判文书网,(2018)辽02民终5363号,https://wenshu.court.gov.cn/website/wenshu/181107ANFZ0BXSK4/index.html?docId=atoDsMcIm6fn7h+uCq0arII+NyIr1JmholW3b+3C2M6Dgudqifzro5/dgBYosE2gxr0sAgkxjhn8gT2bHNR2VTKSUZaokAeNP7O5lV6ctiQVgNjYamZZyel6EOWIHrZC,2024年5月21日最后访问。需要说明的是,因本案发生时间为2017年,法院驳回当事人追加被告申请的有效法律法规为《侵权责任法》第85条。

在房屋修建过程,因建筑物上搁置物品质量问题造成房屋坍塌而致损,但两地法院在是否追加共同诉讼人问题上出现依职权追加和不成立必要共同诉讼两种截然不同的程序处理结果。

值得重视的另一个问题是,从相同或类似案件事实上升为法律关系的判断过程来看,受到承办法官对法律规范的正确理解适用和法官个人审判能力等主观因素的影响,造成了在将相同或类似法律事实概括提炼为法律关系的过程中,产生了不同的法律思维涵摄结果。如在与案例六案件事实基本类似的另一起案件中,提供劳务者同样因房屋修建过程中预制板断裂而受伤,但法院对其提起的损害赔偿诉讼的案由,概括为健康权侵权纠纷。❶当然,影响司法实践中法律关系判断结果的更为重要的原因在于,民事实体法上关于"建筑物等设施及其搁置物脱落坠落损害责任""建筑物等设施倒塌损害责任""产品责任"之责任主体与责任承担方式的规定存在差异;同时《民法典》第1172条关于无意思联络的分别侵权行为按份责任规定,并未采用对侵权连带责任请求权基础的统一规范模式,没有为无意思联络的分别侵权行为明确指明统一的请求权基础。实体法规定的这种非体系化缺陷,影响了法院在具体案件中对实体裁判规范的选择和确定,最终在司法实践层面,不仅可能造成不同法院对当事人间法律关系性质的实体判断差异,而且还可能造成是否适用必要共同诉讼形态的程序操作不统一。

总而言之,从最高人民法院到地方基层法院,在具体案件是否应当适用必要共同诉讼形态问题上,必要共同诉讼类型化适用的司法实践,早已突破了民事诉讼法上必要共同诉讼识别标准的单一化规定,也跳出了司法解释对类型化案件中适用必要共同诉讼形式的审判指导,与民事诉讼理论界关于借鉴大陆法系国

---

❶ 杨某诉李某甲、李某、杨某健康权纠纷案,本案来源于中国裁判文书网,(2018)豫0108民初1464号,https://wenshu.court.gov.cn/website/wenshu/181107ANFZ0BXSK4/index.html?docId=HhxJUUuixFAhlsOpx-WYd6wWPTohMJQWWglb4KQee9b7JyzBNvzAAEp/dgBYosE2gxr0sAgkxjhn8gT2bHNR2VTKSUZaokAeNP7O5lV6ctiQPTSqQstyIrE1+9SOeQ3BK,2024年5月21日最后访问。李某因承建一项民房修建工程,雇佣杨某参与施工。预制板销售商李某甲向工地送货安装时,预制板断裂压塌房屋,造成杨某受伤。杨某将李某甲诉至法院,请求承担损害赔偿责任。法院以健康权纠纷概括当事人争议法律关系性质,经审理认为,预制板断裂造成房屋塌陷致原告杨某受伤,不能排除李某甲所销售的楼板质量问题的因素及八块楼板堆放在二楼过重的因素,也不能排除钢结构焊接不牢固的因素,依当事人申请追加杨某(房屋钢结构焊接者)和李某(房屋承建者)为共同被告,并判决李某甲、杨某和李某分别承担45%、25%和10%的责任。

家普遍采用的"合一确定"标准识别必要共同诉讼的理论观点也无法契合,呈现出与民事诉讼立法和民事诉讼法学理论均不协调的现实面相。然而,必须要指出的是,以分清实体责任为导向,"宁可多加也不漏人"的程序处理思路,表面形式上看,的确导致了必要共同诉讼类型的实践适用呈现出无序化状态,甚至某种扩张之势。但是,在面对多数人债务纠纷责任归属裁判的复杂性时,不仅在查明造成损害的真实原因、不同责任主体的原因力影响程度等问题上存在着现实困难,更因为追求彻底地解决纠纷、防止冲突裁判和保护当事人合法权益等更高的价值选择,司法实践突破必要共同诉讼类型识别标准的既定立法框架,尽可能地采取职权追加复数责任主体为共同被告的程序处理方式,也从另一个侧面折射出了必要共同诉讼形态扩张适用的实践策略,在一定程度上具有合理性。

第三节 我国必要共同诉讼类型化的学理现状

我国民事诉讼理论界一直以来对必要共同诉讼类型单一化的诟病颇多,批评的焦点主要体现在:一是立法层面,将必要共同诉讼全部作为不可分之诉,仅以诉讼标的同一作为判断标准;二是司法层面,对连带责任等案件中强制追加并无共同诉讼必要的类似必要共同诉讼人之技术操作,侵害了原告的诉讼策略安排自愿,尤其是原告对被告选择方面的处分权。理论上的对策共识是必须对必要共同诉讼予以类型化的细致认识,但是,无论是在我国必要共同诉讼类型划分标准与概念表述的基本理论层面,还是在特定类型案件是否应适用必要共同诉讼的司法适用层面,学界均未能达成一致认识。下文将梳理并反思我国必要共同诉讼类型化理论的学术发展历程,在我国实体法与程序法的体系框架下,寻找出我国必要共同诉讼类型化的理论突破口。

一、我国必要共同诉讼类型化理论的学术梳理

(一)我国必要共同诉讼类型化的传统理论

梳理我国民事诉讼理论界对必要共同诉讼类型划分的传统理论,主要有以下几种学说。

第一，传统通说。[1]根据当事人间共同的实体权利义务之形成时间为标准,[2]将必要共同诉讼区分为因权利义务自身共同的"权利义务共同型必要共同诉讼"、因同一法律上或事实上原因而形成的"原因共同型必要共同诉讼"。[3]二者的本质差异并不是诉讼标的数量之差异,而实质上系不同必要共同诉讼类型的诉讼标的形成时间不同,前者是在纠纷发生以前当事人间的权利义务共同关系即已成立,后者是当事人间的权利义务共同关系是因为某一特定事实或法律上原因的出现,在纠纷形成后才形成。[4]第二,少数说之一。根据当事人间共同诉讼标的形成原因不同为标准,将必要共同诉讼区分为基于实体法规定的"法定型"、基于当事人间约定的"约定型"和基于特定法律事实的"事实型"三种必要共同诉讼。[5]第三,少数说之二。该说对通说将"诉讼标的共同"作为必要共同诉讼成立必要条件的观点提出批评,认为是否成立必要共同诉讼的关键是诉讼中有无合一确定的标的。所谓"合一确定的标的"包括诉讼标的具有共同性和必须合一确定的牵连性两种情形,具体分为"诉讼标的共同型必要共同诉讼"与"诉讼标的牵连型必要共同诉讼"。[6]在程序规则方面,该说主张虽然两种类型必要共同诉讼均必须由法院合并审理,但法院对遗漏必要共同诉讼人的情形,只能依职权告知当事人而不得责令追加,如果已参加诉讼的当事人或被遗漏者拒绝申请时,就只能以当事人不适格为由判决驳回原告诉讼请求;而且根据被遗漏对象的诉讼地位不同,对未参加诉讼之必要共同诉讼人采用区别化程序处理方式:如果遗漏的是必要共同原告,应当根据已起诉的原告或者遗漏者本人申请追加;如果遗

---

[1] 在法理学领域"法学通说"指就某一法律问题,经过长期商讨,对法律规范的解释或法律适用的意见在学术界和实务界的多数法律人中所形成的共识。参见黄卉.论法学通说[M]//北大法律评论(第12卷第2辑).北京:北京大学出版社,2011.本书所指的"通说"是指学术界的理论通说,是以民事诉讼法学教材为据的考察。

[2] 柴发邦,刘家兴,江伟.民事诉讼法通论[M].北京:法律出版社,1982:164;张晋红.中国民事诉讼法[M].北京:中国政法大学出版社,1996:99;韩象乾.民事诉讼法教程[M].北京:煤炭工业出版社,1994年:85;吴明童.民事诉讼法[M].北京:法律出版社,2006:84.

[3] 常怡.民事诉讼法学[M].三版.北京:中国政法大学出版社,1999:128;江伟.民事诉讼法[M].三版.北京:高等教育出版社,2007:95.

[4] 田平安.民事诉讼法学[M].北京:中国政法大学出版社,2015:109.

[5] 潘剑锋.民事诉讼法原理[M].北京:北京大学出版社,2001:162.

[6] 谭兵.民事诉讼法学[M].北京:法律出版社,1997:219.

漏的是必要共同被告,应当根据原告的申请追加。❶

(二)我国必要共同诉讼类型化理论的最近发展

理论界在对我国必要共同诉讼制度缺陷的评述与反思中,就我国必要共同诉讼类型重构达成共识。普遍承认必要共同诉讼类型再划分具有重要的理论价值与实践意义,能促进保障诉权行使和发现客观真实目的的实现,有利于缓和当事人适格要件,扩大纠纷解决功能;为诉的形式多样化和权利救济提供理论依据。❷通说认为,可行方法是透过大陆法系"合一确定"理论的合理借鉴,再细分必要共同诉讼的子类型。因此,本书以对"合一确定"理论的立场差异为标准,梳理当前学界存在的必要共同诉讼类型化方案,主要有以下几种学说。

第一,直接吸收说。该说主张大陆法系的分类方法不仅有利于弥补现行民事诉讼法的不足,还有助于实体法规定的正确实施,维护当事人的程序利益,淡化民事诉讼的职权主义色彩。❸因此,应当借鉴大陆法系必要共同诉讼的分类方法,以"合一确定"作为必要共同诉讼的识别标准,❹将必要共同诉讼的"必要"解释为"共同诉讼的必要"与"合一确定的必要"两个层次的内容,❺承认有合一确定的必要并不一定有共同诉讼的必要,进而将必要共同诉讼分为固有必要共同诉讼与类似必要共同诉讼。❻第二,部分借鉴说。该说主张应当引入大陆法系国家比较成熟的类似必要共同诉讼制度,同时,基于一次性纠纷解决的价值目标需要,借鉴英美法系国家的强制合并请求制度,在一个诉讼程序中处理具有牵连关系的复数诉讼标的,可能形成必要共同诉讼的第三种形态——因牵连关系而形

---

❶ 章武生.民事诉讼法[M].杭州:浙江大学出版社,2010:172.

❷ 肖建华.论共同诉讼分类理论及其实践意义[M]//陈光中,江伟.诉讼法论丛(第6卷).北京:法律出版社,2001:368.

❸ 卢正敏.共同诉讼研究[M].北京:法律出版社,2011:152.

❹ 邵明.民事诉讼法理研究[M].北京:中国人民大学出版社,2004:176;肖建华.民事诉讼当事人研究[M].北京:中国政法大学出版社2002:222;廖永安.民事诉讼理论探索与程序整合[M].北京:中国法制出版社,2005:171.

❺ 段文波.德日必要共同诉讼合一确定概念的嬗变与启示[J].现代法学,2016(2):149.

❻ 张永泉.必要共同诉讼类型化及其理论基础[J].中国法学,2014(1):211;蒲一苇.诉讼法与实体法交互视域下的必要共同诉讼[J].环球法律评论,2018(1):39.

成的必要共同诉讼。[1]第三,扩张适用说。该说以解决诉讼标的牵连型诉讼为宗旨,既判力扩张理论无法解决诉讼标的相关联案件的判决效力问题,以争点效扩张理论作为准必要共同诉讼制度的设计基础,当事人间存在必须合一确定的共同争点时,复数当事人间不必一同起诉或一同应诉,若数人共同起诉或一同应诉时,则成立准必要共同诉讼。该说认为,如果承认判决的争点效扩张理论,那么为避免诉讼标的有牵连关系的案外人仅作为辅助参加人时可能面临的不利风险,就催生了原告采用共同诉讼的策略。[2]第四,否定说。该说主张我国程序法上既判力及其扩张制度的缺失和相关实体法层面的应有配套规定不足,导致"合一确定"理论的借鉴无法在我国现行法律制度框架下落地生根,也不可能在司法实务中得到真正落实。"诉讼标的"仍然是当前我国必要共同诉讼的区分标准的理性选择,应当还是要借助于诉讼主体与诉讼客体之关系的具体把握来探讨必要共同诉讼的类型划分问题。

然而,在对"诉讼标的"问题的理解层面又存在着一定分歧。一种观点认为诉讼标的的识别标准应坚持旧实体法说,以民事法律关系作为裁判对象,在必要共同诉讼之诉讼标的同一性问题判断上,即使有牵连性的借款合同法律关系与保证合同法律关系也不能理解为同一法律关系,连带责任案件中即使债务人的清偿具有同一目的性,但自法律关系层面而言请求权却是复数的,而且债权人可以自由地选择实际请求权的行使对象,既可以要求全部连带责任人承担责任,也可以要求部分连带责任人承担责任,从而不构成同一诉讼标的。[3]另一种观点主张以诉讼法说作为诉讼标的识别标准,以数人侵权责任必要共同诉讼类型归属的实践操作为对象,力图通过对诉讼标的数量的解释,最大限度地弥合司法实务操作与我国民事诉讼法上"诉讼标的共同"的法定识别标准之断裂,但在具体解

---

[1] 段厚省.共同诉讼形态研究——以诉讼标的理论为方法[M]//陈光中,江伟诉讼法论丛(第11卷).北京:法律出版社,2006:267;章武生,段厚省.必要共同诉讼的理论误区与制度重构载[J].法律科学,2007(1):119.

[2] 胡震远.我国准必要共同诉讼制度的建构[J].法学,2009(1):130.

[3] 任重.反思民事连带责任的共同诉讼类型——基于民事诉讼基础理论的分析框架[J].法制与社会发展,2018(6):137.该观点还指出,民事法律关系存在着"大民事法律关系""中民事法律关系"和"小民事法律关系"的层次性差异,给付之诉的诉讼标的应从小民事法律关系层次上理解,等同于请求权,形成之诉与确认之诉的诉讼标的应从中民事法律关系层次上理解。

释路径上存在一定差异。卢佩博士主张诉讼标的应以案件事实作为判断要件，并从"请求所涉及的整体性生活历程"的较广范围来把握"案件事实"构成要件，据此判断是否属于必要共同诉讼的"诉讼标的共同"。❶以共同危险责任案件为例，虽然承认当事人起诉自由，但法官有查清案件事实的需要，在案件审理过程中应适用必要共同诉讼合并审理程序规则而追加共同危险行为人，成立新的共同诉讼类型——准必要共同诉讼。❷罗恬漩博士则以数人侵权纠纷为切入点，主张考虑复数侵权事实之间的相互牵连程度及可能存在的因果关系类型等综合性视角来判断具体侵权诉讼中是否存在共同的诉讼标的。❸王亚新教授认为，诉讼标的是一个具有丰富内涵的概念，其多元要素所构成的结构体系中除了请求权、请求类型、法律关系要素外，还包含着引起法律关系的生活事实等要素。❹在现实生活的纠纷一旦涉及复数责任主体时，就会呈现出并不如统一的诉讼标的理论所揭示的诉讼标的类型一般，"可分"和"不可分"这样非此即彼的绝对对立的两极划分方式就显得实践无力，若干"中间样态"的共同诉讼类型成立的可能性就应予以正视。

二、我国必要共同诉讼类型化理论的反思空间

梳理目前理论界关于必要共同诉讼类型化的不同理论学说，我国必要共同诉讼类型化理论形成了两种不同的思考路径。一是内生路径，强调现行民事诉讼法的规范作用和诉讼标的对必要共同诉讼判断的重要性，以"诉讼标的"作为理解必要共同诉讼类型的基本依据。实质是在尊重现行民事诉讼法规范体系前提下的一种法解释学路径，是以《民事诉讼法》第55条关于必要共同诉讼构成之

---

❶ 该主张主要是以欧洲法院所采用的诉讼标的核心点理论和德国少数说的一分支理论为基础，核心理论是指根据《欧洲民商事法院管辖及裁判强制执行公约》规定，相同当事人间基于同一请求的诉讼于不同缔约国被提起时，至先系属法院之管辖权确定之前，后系属法院应职权停止诉讼。在解释"同一请求"时，欧洲法院认为所谓"同一请求"是指"拥有相同对象与原因的请求"，"原因"包含事实与支持诉的法律规范，"对象"是指无关于权利保护目的或诉之声明的诉讼目的，"原因"与"对象"构成"核心问题"，只要两诉的核心问题相同即诉讼标的相同。

❷ 卢佩. 多数人侵权纠纷之共同诉讼类型研究[J]. 中外法学, 2017(5): 1249.

❸ 罗恬漩. 数人侵权的共同诉讼问题研究[J]. 中外法学, 2017(5): 1258.

❹ 王亚新. 主体/客体相互视角下的共同诉讼[J]. 当代法学, 2015(1): 59.

本质要求为解释对象,将"诉讼标的共同"作为必要共同诉讼成立的规定性特征,通过对"诉讼标的"识别标准的合理化解释,实现必要共同诉讼类型化适用的合理性。二是移植路径,借鉴大陆法系"合一确定理论"的合理内核,以"合一确定必要性"作为必要共同诉讼类型化的解释基准,再细分必要共同诉讼子类型。

  两种完善路径的核心差异在于必要共同诉讼类型化基准的不同。诉讼标的视角下必要共同诉讼类型化路径,识别和判断必要共同诉讼的最大困境在于,"诉讼标的同一"标准会因"诉讼标的"自身识别标准的立场选择不同,而导致必要共同诉讼类型划分标准的不确定性,进而可能使得必要共同诉讼的实践适用范围呈现出较大幅度波动性甚至完全对立的结论。若坚持以实体法律关系作为诉讼标的识别标准的理论通说,可能会在一定层面上消解多元化诉讼标的识别标准对必要共同诉讼类型归纳与整理带来的不确定性影响,但也仅仅是在制度适用的法解释层面获得稳定性,还会限制必要共同诉讼的制度适用范围,影响必要共同诉讼制度的功能发挥空间。比如诉讼标的虽然不同一,但是实体法律关系间具有牵连性的案件类型中,无法通过"诉讼进行统一"和"裁判资料统一"规则,实现避免矛盾裁判和提升诉讼经济的价值追求;而且,将必要共同诉讼识别标准限制于实体法律关系同一的框架下,还可能造成最高人民法院有关必要共同诉讼具体适用的司法解释存在合理性危机,也对我国司法实践中既存的"政策型必要共同诉讼"和"责任分担型共同诉讼"解释无力。若从民事诉讼程序发展的动态角度,尊重原告在起诉环节的起诉自由,将诉讼标的识别为"请求所涉及的整体性生活历程",并通过对不同程序环节是否必须追加必要共同诉讼人进行阶段化处理的程序设置,消解了当事人诉权自由保障与法院查明案件事实之间紧张关系的类型化区分方法,固然实现了必要共同诉讼类型化区分的程序意义,其合理性无疑。难点在于"案件事实"这一诉讼标的构成要素具有极大浮动性,那么在复杂的司法实践中,如何合理地控制其涵摄范围,从而实现法律适用与法律解释的统一。相较而言,法律移植路径的显著优势在于,因承认类似必要共同诉讼类型的存在,可以为有合一判决必要但无共同诉讼必要的案件,仍然作为必要共同诉讼处理的司法实践,提供有力的理论解释依据。但是,"合一确定"作为大陆法系民事诉讼立法例规范必要共同诉讼所采用的明确立法用语,因并无法律明文规定其具体内涵而引发理论争议,形成了"合一确定必要性"判断标准的诸多学说。为避免法律移植产生"橘生淮南则为橘，生于淮北则为枳"的适应性障碍，即使在准确地探究"合一确定理论"奥义的基础上，也存在着如何科学地确定我国民事诉讼法上"合一确定必要性"判断立场的问题。

在必要共同诉讼应当类型化的基本共识下，我国必要共同诉讼类型化理论研究对必要共同诉讼子类型体系建构的具体共识还并未完成，民事诉讼理论界对类型划分基准着墨较多，但对不同类型必要共同诉讼的审理程序规则关注甚少。这给我国必要共同诉讼类型化理论研究的深入，留下了反思与探讨的极大空间。整体而言，既要解决必要共同诉讼类型化的路径选择和类型化基准的立场确定两大基本问题，也要在类型化基础上针对不同类型必要共同诉讼的审判程序规则予以充分讨论。具体而言，需要厘清的问题有：什么是"合一确定"？"合一确定"理论依据到底应当是什么？"合一确定必要性"又根据什么标准来判断？"合一确定必要性"与"共同诉讼必要性"的关系是紧密关联的层次递进关系还是完全可以分离的两个不同层次问题？"合一确定必要"与"诉讼标的同一"标准之间是何关系？在我国诉讼法律规范体系下，"诉讼标的同一"识别标准是判断必要共同诉讼成立的充分条件还是必要条件？若将"合一确定"适用范围扩展到诉讼标的非共同但具有牵连关系的案件是否具有合理性？其正当性基础何在？在诉讼标的牵连型案件中和诉讼标的同一案件中"合一确定"判断标准是否应有差异？在必要共同诉讼程序规则应对的层面又如何来把握这些不同？

总而言之，从制度、实践与理论三个维度，观察我国必要共同诉讼类型划分的基本规定、实践运作与学理解释的现状：于制度层面，《民事诉讼法》将必要共同诉讼适用范围限定在"诉讼标的共同"的单一类型，与民事诉讼法的相关司法解释却大胆地突破了民事诉讼立法规定，实质上创造了新类型必要共同诉讼，有"良性违法"之疑；于实践层面，因查清案件事实和防止矛盾判决的需要，基于一次性解决纠纷或者保护当事人合法权益的价值选择，司法实践中创新出了有别于制度规范层面要求的事实型、责任分担型和政策型必要共同诉讼，呈现出与民事诉讼立法和司法解释不协调的现实面相；于理论层面，民事诉讼法学界对必要共同诉讼类型单一化的诟病颇多，形成了必要共同诉讼类型再细分基本共识，但是对必要共同诉讼类型的划分标准与子类型体系构建的分歧颇多，对必要共同诉讼类型适用的创新实践解释无力。更为关键的是，整体分析我国民事诉讼立法、实践与理论层面的必要共同诉讼类型化现状,就可以发现,在必要共同诉讼类型划分标准的确定、具体类型归整时拟采用的术语表达、类型体系的构建、不同类型必要共同诉讼审理程序等诸多问题上,仍然缺乏既具有理论正当性又具有实践合理性的有效共识,必要共同诉讼类型化理论研究存在着理论深化与拓展的较大空间。

第二章 必要共同诉讼类型化历史的比较法考察

必要共同诉讼的类型化归整,旨在构建具有理论正当性和实践解释力的类型体系,其核心问题是类型化基准的确定和类型谱系的建立,最终实现必要共同诉讼类型的正确适用和必要共同诉讼审理程序规则的科学设计。这不仅是现代民事诉讼理论上的重要问题,而且也是各国民事诉讼实务上的热点问题。在此背景下,我国民事诉讼法学界主流学说所倡导的基本改革方案是,以大陆法系必要共同诉讼二分法通说为理论借鉴,再细分必要共同诉讼的理论类型。但自法制史的视角来看,必要共同诉讼类型划分和体系结构的模式与其制度形成和发展的历史密切相关,不同民事诉讼法立法例上必要共同诉讼类型的具体规范模式,呈现出相当的时代特色和一定的个体差异。因此,本章将自时间与空间两个维度,透过比较分析与历史分析,对必要共同诉讼的类型形成与类型划分展开研究,以更准确而深刻地理解大陆法系必要共同诉讼类型化的理论与制度,为我国必要共同诉讼类型化改革与完善,提供更契合我国实际的参照对象与方法指导。

第一节 必要共同诉讼的类型形成

大陆法系必要共同诉讼类型形成的最早立法例,可追溯到1877年的《德国民事诉讼法》,并在《日本民事诉讼法》《希腊民事诉讼法》以及我国台湾地区的民事诉讼程序规定中可探寻到制度移植与继受的痕迹。自共同诉讼制度确立的历史来看,罗马法上诉的主观合并制度与日耳曼法上合有团体诉讼制度,虽然其制度内涵完全相异,但在《德国民事诉讼法》对罗马法和日耳曼法的继受与发展过程中,兼收并蓄,不仅在内涵与术语上通用,而且融合体现在《德国民事诉讼法》的早期立法文本中,最终形成了大陆法系民事诉讼法上具有现代意义的必要共同诉讼类型。本节主要在德国民事诉讼法继受和发展罗马法与日耳曼法的历史脉络中说明现代必要共同诉讼的类型形成。

一、必要共同诉讼的早期雏形

(一)日耳曼法上单一体本质的共同诉讼

日耳曼法虽然基本上属于部落的、地方的,但日耳曼法的特色与精神却是以团体主义著称的,日耳曼共同体成为日耳曼法乃至西方法律传统的基础,渗透到为维护共同体安宁的日耳曼法各个制度领域。受日耳曼民族农耕部落的天然地域及自然血统的限制,家庭是日耳曼法上最基本、最重要的法律单位,相互依存并负责的、有组织的日耳曼共同体十分强调同伙关系和共有社会价值,形成了亲属、氏族、村落、领地、行业等共同体形式。日耳曼法上的团体成员高度地依附于团体关系,缺失"个人"这一抽象的法律概念,若发生侵权伤害事件,无论是加害人还是受害人,均是以家庭或者亲属、氏族等团体为后盾的,即使是在金钱赔偿替代血亲复仇以后,赔偿金的给付也是以团体的满意为纠纷解决的决定性内容,受害人的亲属团体可分享赔偿金,加害人的亲属团体有帮助团体成员支付赔偿金的责任。也即,个人在其作为个人之外,更重要的法律地位是作为组成团体之构成员的地位;团体的法律性格不限于作为单个个人的总合,而是享有人格的实在体,具有作为"单一体存在"与作为"成员的结合体存在"之双重性。❶团体之财产,其始原属于构成员之总有,于对外的形式上,团体是财产的主体;于内部的实质上,其财产依然属于其构成员总有。❷团体之债权和构成员之债权、团体之债务和构成员之债务往往无法完全区隔开。

"合有团体"制度是日耳曼法上的固有存在,在典型如所有物之共有关系、夫妻财产共有关系、父子共有关系、共同继承关系、商业合伙关系、有共同担保债务之多数债权人关系等情形,日耳曼法要求涉及合有关系的法律行为必须由所有构成员共同合作行使,任何构成员不得单独处分合有财产整体,也不得处分个人之持分。否则,无论是某构成员之个人行为,还是针对某构成员个人的法律行为均不会产生法律效力。因此,有关合有团体纠纷的诉讼程序,也要求团体全体成员必须一同进行,称为"共同诉讼"。❸虽然合有团体的成员为复数,但是以"构成

---

❶ 李秀清.日耳曼法概论[M].北京:商务印书馆,2005:452-455.
❷ 李宜琛.日耳曼法概说[M].北京:中国政法大学出版社,2003:38.
❸ 陈荣宗,林庆苗.民事诉讼法(修订八版上)[M].台北:三民书局股份有限公司,2016:196.

员间同等规制"与"行为相互拘束性"为基本构成要素的日耳曼法"合有团体"制度,其本质要求诉讼中合有团体本身作为"诉讼单一体"的当事人,在理论上被虚拟为"法人",德国学者称为"诉讼上共同体"。同时,为保证共同诉讼的诉讼单一体本质,从程序上配套地规定,若个别团体成员进行诉讼时,被告有权拒绝应诉。

(二)罗马法上非强制的诉之主观合并与强制的共同诉讼

罗马法原则上均采取连带债务方式处理不可分债务关系,因此,债权人针对个别债务人提出请求,个别诉讼并非不合法。如在共同连带关系诉讼中,即使数名连带债务人被共同起诉,但各共同连带债务人仍可以行使分离程序抗辩权。又如在被监护人对共同监护人中一人请求给付的诉讼中,即使法院传唤所有监护人参与诉讼,但有清偿能力的各监护人可以请求分离程序。而且,不可分之债的履行方式也可以转化为可分之给付利益,比如满足征收金钱裁判的适用条件时,判决就可以视为可分的给付判决,个别债权人仅可以分得该给付价值中的部分,而个别债务人也可仅就部分债务负责清偿。因此,罗马法虽然自法定诉讼时期开始,就承认"诉的主观合并"制度,当多数当事人基于同一事实上及法律上原因而享有权利或负担义务时,可以由全体关系人于同一程序上进行诉讼。但是,即使是在不可分债权债务关系中,也并未形成当事人必须共同起诉或应诉的强制性程序规定。罗马法上"诉的主观合并"制度的最大特征在于:受到罗马法上"可分法律关系为原则、不可分法律关系为例外"的影响,在罗马法诉讼程序运作极强的技术性与机械性背景下,承认"诉的主观合并"本质是复数的诉讼结合,但并无强制全体关系人必须共同进行诉讼的程序规则。也即,罗马法上"诉的主观合并"具有非强制性,是否适用"诉的主观合并"问题,只能在个案中完全交由民选官裁量决定,因为个案中更容易适用法律发现正义,也避免使得诉讼程序更复杂化。

然而,从罗马诉讼程序规则发展历史整体观之,在查士丁尼一世时期曾有两种类型的诉讼中要求必须共同诉讼。第一种是共同连带债务追诉案件。❶法定

---

❶ 关于共同连带债务追诉案件诉讼程序要求的历史演变,参见周枏.罗马法原论(下)[M].北京:商务印书馆,2017:890.

诉讼时期"证讼"程序产生共同连带债务更改的法律效果,即共同连带债务涉讼时,债权人虽然仅起诉一债务人,但经过法定诉讼的"证讼"程序,其他未参加诉讼的债务人脱离债的关系,连带之债因此更改为已参加诉讼的当事人之债。若债务人无力全部清偿生效判决的债务内容,债权人也无法以诉讼的形式再追究其他连带债务人的责任,这就迫使债权人必须在起诉时作出选择——要么以有清偿能力的债务人为被告起诉,要么抛弃连带债权的权益而选择对各个共同连带债务人分别起诉请求其应承担的部分债务。法定诉讼时期共同连带债务的这一程序规则,会导致被起诉的债务人无力清偿时,对债权人的不公平。所以,查士丁尼一世时期规定若债权人对共同连带债务中的一个债务人提起诉讼后,未能得到清偿,则仍可以对其他债务人追诉,且得于同一诉讼中列各债务人为共同被告。第二种是所有物返还诉讼。在假占有或者恶意毁灭、抛弃、隐藏或者转移占有物的情形下,为减少原告再另案起诉其他可能的利害关系人之诉累,罗马法规定在提起所有物返还诉讼时,就必须将涉诉标的物的利害关系主体全部作为共同被告,包括标的物的原占有人、实际占有标的物者、前占有人与真正占有人。❶

总言之,罗马法上强制必须共同诉讼的适用案件类型范围极为狭窄,而且该制度的适用时间范围极为短暂,罗马法历史上对"诉的主观合"并持开放态度,坚持"诉的主观合并"系复数诉讼结合的本质,这与现代民事诉讼理论将必要共同诉讼视为复数诉之合并的法律关系构造相同;日耳曼地方法上的合有团体诉讼,因为要求所有团体成员必须共同起诉,虽被称为"共同诉讼",但实际上将所有团体成员视为"诉讼单一体"的程序观,与现代必要共同诉讼的本质相去甚远。

二、必要共同诉讼类型的制度化

(一)德国普通法上共同诉讼抗辩的形成与适用

在罗马法的解释并应用于德国普通法体系的过程中,继受罗马法的德国普通法与传统日耳曼地方法共存。与此同时,日耳曼法对注释法学派解释罗马法的间接影响一直存在,注释法学家引入日耳曼法上的"被告拒绝应诉权"来解释

---
❶ 周枏.罗马法原论(上)[M].北京:商务印书馆,2017:389.

《敕谕集成》第3.40.1条规定，[1]认为在所有物返还诉讼中原告不得仅对部分义务人提起诉讼。否则，作为被告的部分义务人可以拒绝应诉。后来，诉讼实务已经熟悉了日耳曼法上的合有关系诉讼，又逐渐地将"被告拒绝应诉权"扩展到所有涉及权利及义务共有的情形，认为权利义务共有情形中，对个别义务人的部分请求不合法，形成被告可以拒绝应诉的一般性理解。可以说，罗马法上的"抗辩权"逐渐地融入了日耳曼法上"拒绝应诉权"的内涵，也可以说，日耳曼法上的"拒绝应诉权"得到了罗马法上的"抗辩权"外衣的包装，最终确立了德国普通法上的一项实定制度——共同诉讼抗辩。至尤利安时期，罗马注释法学家以实体法律关系区分为可分与不可分为前提，以不可分之法律关系为标准识别"共同诉讼抗辩"的适用事件类型。要求适用"共同诉讼抗辩"的案件中，以全体法律关系主体必须共同进行诉讼为核心要件，否则被告可以提出拒绝应诉的抗辩。[2]与此同时，通过配套程序规则——法院通知制度，保障必须共同进行诉讼的程序法效果：法院可依职权将未加入诉讼的共同权利义务人引入诉讼，原告可请求法院通知不欲起诉的其他共同权利人，被告可以请求法院通知未被列为被告的其他义务人加入诉讼。而且，法院通知以保护已参加诉讼当事人的利益为目的，为避免已参加诉讼当事人事后向缺席者追索，法院通知产生已就争讼部分进行攻击防御的拟制效果，若接受通知后不参与诉讼，缺席者仍然受到判决效力拘束。

"共同诉讼抗辩"作为德国普通法上的实定制度得以确立，是必要共同诉讼类型形成的最初形态。而且，德国普通法时期，又因受到意大利教会法禁止诉的主观合并原则的影响，[3]形成了禁止"诉的主观合并"与承认日耳曼地方法在合有关系诉讼中的"共同诉讼抗辩"共存的局面，此时期必须共同诉讼的必要共同诉

---

[1] 该条规定为君士坦丁大帝于公元331年颁布，后被尤利安皇帝以该规定可能造成诉讼延滞与诈骗为由，在公元362年废止。其内容为"所有物返还诉讼中，被列为被告之现占有人一人必须对原告指导出其他共同占有人，而原告必须对全体负有返还义务者提起诉讼。"

[2] 将被告拒绝应诉权作为一般性规范的理解，也有学者认为其源于注释法学家对《敕谕集成》第3.40.1条规定用语共有人（consortes）错误地理解为共同诉讼人（streitgenossen）的缘故。

[3] 意大利教会法禁止"诉的主观合并"原因在于：意大利教会法认为罗马法上交由民选官裁量决定是否适用"诉的主观合并"方式的做法，可能会让当事人受到法官恣意行为的影响，同时意大利教会法规定，民事诉讼应适用严格的法定顺序主义，诉讼程序过度重于形式且僵化，若多数人合并于同一诉讼程序，则各诉难于同时完成特定的程序阶段而一致向前推进，更容易产生程序停滞的负面效益。

讼就成为必要共同诉讼的单一化类型。然而,在日耳曼法自身的发展过程中,为避免债务人给付不能的危险,逐渐削弱了合有团体成员间"行为相互拘束性"的本质,扩大了团体个别成员的独立性之影响,合有关系的适用范围也大幅度地减少;团体之债务,原为不可分债务,须全体共同履行;其债权人亦须要求债务人对债权人全体为履行之请求。但此种情形,使债权人之债权难于实现或无从行使,后来改采连带主义,各构成员负有团体债务的清偿责任,债权人可对共同体中任何一人,请求为全部履行;团体债权之份额也可以单独由各构成员分割地行使。❶相应地,在诉讼实务中,合有关系诉讼也不再当然地要求所有团体成员必须共同诉讼,大多数的合有关系诉讼中,允许债权人选择以个别债务人为被告请求相应份额。德国学界在从实定法出发解释共同诉讼抗辩成立依据的过程中,提出除所有物返还诉讼规定外,在共同监护人请求给付诉讼、数买受人提起共同订立买卖合同的解除诉讼、数共同继承人诉讼中,均没有关于当事人个别诉讼不合法的规定,在实定法《民法大全》中无法探寻出共同诉讼抗辩存在的根据,提出"共同诉讼抗辩并非根源于罗马法"的见解,并逐渐地被罗马法学家所接受而形成通说。❷于实务中,要求必须共同诉讼的"共同诉讼抗辩"制度之适用余地就变得非常狭窄。

(二)共同诉讼抗辩成立与否的理论争议

德国学界在对罗马法上"共同诉讼抗辩"事件的解释过程中,对"共同诉讼抗辩"是否应当坚持及其适用范围为何产生了激烈争议,学术观点上出现了维持和否定的直接对立。(1)支持说。德国学者根纳(Gonner)坚持日耳曼法上"共同诉讼抗辩"的诉讼单一体本质,以诉讼标的之可分与不可分为标准,提出诉讼标的不可分时,必须全体利害关系人(团体全体成员)同时进行诉讼,否则被告即享有拒绝应诉权。为保障对被告权益的救济,在成立共同诉讼抗辩的场合,当被告提

---

❶ 李宜琛.日耳曼法概说[M].北京:中国政法大学出版社,2003:34.
❷ 德国学者普朗克(Planck)1844年最早提出此学说,他认为仅在《敕谕集成》第3.40.1条规定所有物返还诉讼中,被列为被告之现占有人一人必须对原告指出其他共同占有人,而原告必须对全体负有返还义务者提出诉讼;但该规定颁布君士坦丁大帝时期,仅实施30多年即被修改;在《民法大全》中无法发现共同诉讼抗辩存在的根据。参见鶴田滋.共有者の共同訴訟の必要性——歴史的・比較法の考察[M].東京:有斐閣,2009:28.

出共同诉讼抗辩时,法院负有职权通知未出席诉讼的其他共同诉讼人之义务。❶ 1843年,学者施密德(Schmid)提出应当在个案中具体分析是否成立共同诉讼抗辩,并明确了连带性的存在与否、争议物或权利有无不可分性这两个具体标准:如果一个共同权利者就不可分割但不连带的法律关系提出诉讼,被告将提出共同诉讼抗辩,可以要求其他所有共同权利者参与;但是,当被告提出共同诉讼抗辩时,原告可以证明自己单独提出诉讼,或者证明自己作为其他共同权利人的委托事务管理人提起诉讼。否则,原告的诉应被驳回。也即该学者认为即使在共同诉讼抗辩成立的场合,也不能再适用法院通知制度。(2)反对说。德国学者马丁(Martin)提出争议实体法律关系区分为可分之法律关系与不可分之法律关系,其目的并不在于差异化地处理其诉讼程序,即使是不可分之法律关系涉讼时,也应根据连带债务关系处理,共同诉讼抗辩也不能正当化,也不能要求全体法律关系主体共同进行诉讼,个人仍可就权利义务之全体起诉或被诉。因此,马丁实际上认为,即使是在不可分权利义务关系涉讼时,也无共同诉讼抗辩存在的必要。密特麦尔(Mittermaier)强烈支持马丁的观点,他提出法院通知制度违反了辩论主义原则,若共同诉讼抗辩不成立,则法院通知制度也就无存在根据。1825年林德(Lind)教科书也提出,无论争议权利关系是否可分,均可以单独地提出起诉;但认为在不可分权利义务关系情形,共同诉讼的辩解是妥当的。❷

在对共同诉讼抗辩的否定中,马丁明确地指出,共同诉讼是多数人为追求共同目标而自愿选择作为一方当事人进行诉讼,共同诉讼的判断标准不再是诉讼标的共同或不可分;普朗克(Planck)更进一步提出,二人以上以独立当事人地位出现于同一法律争议诉讼程序中,其目的在于获得诉讼经济的实益,即言词辩论及证据程序仅需进行一次;因此,数人可以自愿决定是否作为一方当事人在同一程序中进行诉讼。但是,是否允许二人以上独立当事人共同参与同一法律争议诉讼程序,应交由法院在具体案件中决定。同时,在概念术语层面,普朗克还明确了"诉的主观合并"和"共同诉讼"两种表达方式,均作为多数当事人一方诉讼主体共同进行诉讼形态的理论表达,实现了罗马法上诉的主观合并与共同诉讼

---

❶ 根纳(Gonner)于1801年和1802年先后撰文与学者马丁(Martin)展开辩论,关于两位学者观点的详细内容,参见鶴田滋.共有者の共同訴訟の必要性——歴史的・比較法的考察[M].東京:有斐閣,2009:21.

❷ 鶴田滋.共有者の共同訴訟の必要性——歴史的・比較法的考察[M].東京:有斐閣,2009:18.

的制度融合与概念同义化。❶至此,通过对共同诉讼人独立性原则的宣扬,共同诉讼与诉的主观合并界限模糊,在民事诉讼理论层面,德国普通法上的实定法制度——共同诉讼抗辩逐渐地被否定和扬弃。

第二节 必要共同诉讼类型化的二分法传统

虽然大陆法系立法与理论形成了区分"固有的必要共同诉讼"和"类似的必要共同诉讼"之二元类型体系,但是在不同立法例对必要共同诉讼类型的概念术语、区分标准、法律效果的立法表达并不完全相同。下文主要从必要共同诉讼二分法的历史考察视角,比较分析二分法的德国原型及其在日本与我国台湾地区的制度移植与继受,总结目前大陆法系必要共同诉讼二分法的不同立法模式。

一、必要共同诉讼二分法传统的确立

(一)德国必要共同诉讼二分法的早期理论

学者马丁在对共同诉讼抗辩提出批评的同时,重新界定了共同诉讼的定义,他认为共同诉讼是指争议法律关系所涉及的复数主体自愿作为一方当事人参与诉讼,而且复数主体相互之间有相同的诉讼目标追求。以自愿性为核心,马丁关于必要共同诉讼理论的主要内容是:第一,以当事人自愿作为构成共同诉讼的基本前提,将共同诉讼视为多数人一同进行诉讼的程序构造;第二,以多数人自愿共同进行诉讼这一追求诉讼经济的实际目标,取代了不可分之法律关系作为必要共同诉讼的识别标准;第三,将必要共同诉讼方式视为限制各共同诉讼人诉讼行为独立性和程序上处分权的制度。当不可分法律关系涉讼时,全体共同诉讼人无共同起诉或共同被诉的必要,但是,若复数权利人或义务人选择在同一诉讼程序中起诉或被诉,则复数权利人或义务人间形成共同诉讼;又因为法律关系之不可分性,对该复数主体构成的共同诉讼必须一致裁判、合一确定。因此,为统一裁判的基础,应当要求全体共同诉讼人必须共同辩论、共同为诉讼行为,以实现诉讼资料的统一收集,这就要求共同诉讼人必须一同为诉讼行为才能产生法律效力,在共同诉讼人间诉讼行为相互矛盾的例外情形,法院应当坚持有利于全

---

❶ 陈冠中.民事诉讼法上共同诉讼人间之合一确定[D].台北:台湾大学,2017:46.

体共同诉讼人利益的原则,判断各共同诉讼人之诉讼行为是否有效。

学者普朗克明确指出,债权人能够单独向债务人要求履行不可分的债务,还是债权人只有共同才能要求债务人履行该债务,要通过本案的审理才能得到证实。而被告通过提出共同诉讼抗辩,要求其他债权人参与,实际上,只是在争夺原告对于不可分债权是否具有单独的处分权。与马丁不同的是,普朗克认为在不可分法律关系涉诉时,虽然不允许单独处分该不可分法律关系,但为维护各共同诉讼人间的独立性,就诉讼之结果整体而言,个体仍然可以任意处分,可以选择以舍弃或和解终结自己的程序,而不影响其他共同诉讼人程序的进行。普朗克的共同诉讼理论之实质是,过度地宣扬共同诉讼人个人诉讼行为的独立性原则。但这又与不可分法律关系的权利义务不可分割的实体法原则相抵触,无法避免在其他共同诉讼人缺席情况下,共同权利被个别共同诉讼人处分的危险,受到学界强烈批判,也并未被1877年德国民事诉讼立法所采纳。

从马丁到普朗克,在对共同诉讼抗辩制度批评与质疑的学术讨论中,德国必要共同诉讼的早期理论争鸣的最大理论贡献在于:第一,在共同诉讼制度目的认识层面,完成了从满足实体法不可分之法律关系的诉讼程序安排到诉讼经济目的的转变;第二,在共同诉讼本质认识层面,罗马法上对当事人必须共同诉讼并无强制性要求的理念得以发扬,使得源于日耳曼法上共同诉讼的诉讼单一体本质被逐渐地扬弃,共同诉讼也具有了罗马法上诉的主观合并之复数诉讼结合的特征;第三,合一确定理论的提出,改变了不可分法律关系中复数权利义务主体必须共同起诉或应诉的严格化要求。这对1877年德国民事诉讼法必要共同诉讼制度规范重点与类型划分产生了显著的影响。

(二)德国必要共同诉讼二分法的法定化

对《德国民事诉讼法》第62条字面规定予以类型化解释,❶可以得出德国民事诉讼法上必要共同诉讼类型划分的结论是,包括"争议的权利关系只能对全体

---

❶《德国民事诉讼法》第62条的原文规定,争议的权利关系只能对全体共同诉讼人统一确定,或因其他原因而共同诉讼必要时,如共同诉讼人中的个别人有迟误期日或期间者,其迟误者视为被未迟误的共同诉讼人所代理。目前我国对《德国民事诉讼法》的译本主要有谢怀栻译《德意志联邦共和国民事诉讼法》(2001年版)和丁启明译《德国民事诉讼法》(2016年版),在对第62条的中文译文中,表面上虽然存在一定的文字差别,但并未影响其制度内容,本书主要以学者丁启明的2016年版译文为参照。

共同诉讼人统一确定的必要共同诉讼"和"因其他原因有共同诉讼必要的必要共同诉讼"两种类型。在《德国民事诉讼法》必要共同诉讼制度规定的立法理由说明中,德国民事诉讼法的立法者指明,该条规定确定了两种不同类型的必要共同诉讼。所谓"争议的权利关系只能对全体共同诉讼人统一确定的必要共同诉讼",其典型事件类型是,在连带关系案件中,个别共同诉讼人虽然可以代表争议法律关系的全部主体,但是,如果多数主体或全部主体一同起诉或被诉之情形。例如罗马法上不可分地役权关系中,即使个别共有人以积极方式起诉或消极方式被诉,但法院对该个别共有人所作出的判决,对全体共有人发生法律效力。因此,若全体共有人一同起诉或被诉,则仅可做成一个内容相同的判决。原因在于,不动产不可一部分单独负担地役权,而另一部分单独免除地役权。除不可分之法律关系外,不可分之诉讼标的也包含于此类别中,但应当根据民事实体法所规定的不可分性为何而具体确定,如共有和共同继承之关系就属于此类型。所谓"因其他原因有共同诉讼必要的必要共同诉讼",包含依照民事实体法规定须全体权利人一同提起或对全体义务人一同提起之诉讼(亦即所谓"共同诉讼抗辩"之事件)。

结合《德国民事诉讼法》立法者对必要共同诉讼制度的立法理由说明和19世纪德国必要共同诉讼理论研究的发展历史,从德国普通法时期的"共同诉讼抗辩"型必要共同诉讼之单一类型,扩展为"共同诉讼抗辩"与"争议法律关系仅能在全体共同诉讼人间合一确定"两种类型并存的二元体系,必要共同诉讼二分法传统在德国民事诉讼法上确立的具体原因有以下几方面。

一是受制于《德国民事诉讼法》制定的时代背景。统一的《德国民法典》于1896年才正式颁布,这就意味着作为一部统一的诉讼法典,在1877年制定《德国民事诉讼法》之时,立法者必须制定的是一部可同时与继受了罗马法的德国普通法和日耳曼地方法相容的诉讼法。为与普通共同诉讼形态明确区分,1877年《德国民事诉讼法》的第59条文本最终呈现的文字表述,坚持二元化的必要共同诉讼识别标准专门规范了两种类型的必要共同诉讼,实现了德国法上必要共同诉讼类型的二元扩展类型——既包括适用于继受了罗马法的德国普通法上之共同诉讼抗辩型必要共同诉讼,又包括了深受德国必要共同诉讼早期理论影响的法院裁判必须统一确定型必要共同诉讼。需要说明的是,《德国民事诉讼法》虽经历了多次修法,但有关必要共同诉讼的法条文字却并未改变,仅条文序号从1877年《德国民事诉讼法》最初制定时的第59条,变为现在的第62条。

二是德国必要共同诉讼早期理论的影响。马丁的必要共同诉讼理论之核心要义在于,将必要共同诉讼方式视为限制共同诉讼人个人诉讼行为独立性和程序上处分权的制度,确立了不可分法律关系涉讼时,全体共同诉讼人无需共同起诉或共同被诉的必要,但若复数权利义务人选择在同一诉讼程序起诉或被诉,则权利义务人间形成共同诉讼,因为法律关系之不可分性要求必须合一确定。可以说,马丁关于必要共同诉讼之本质理解的这一关键性转变深刻地影响了《德国民事诉讼法》上的必要共同诉讼的制度规定,即以共同诉讼人诉讼行为独立性原则的限制适用为基础,将规范的重点应从诉讼开始阶段移至审理裁判阶段,从共同起诉或应诉移至共同辩论,在共同诉讼抗辩型必要共同诉讼之外,还承认了另一类型必要共同诉讼——争议权利关系须合一确定型必要共同诉讼的类型存在。

(三)德国必要共同诉讼二分法的理论共识

1877年,《德国民事诉讼法》的制定改变了原来德国普通法时期仅承认日耳曼地方法上"共同诉讼抗辩"型必要共同诉讼的单一格局,确立了德国民事诉讼法上必要共同诉讼类型体系的二元格局。体系化地分析《德国民事诉讼法》第62条第1款之规定,其作为第61条"共同诉讼人独立原则"之"本法另有规定"的例外解释,强调了两种类型的必要共同诉讼均适用强制代理的法律效果。但是,"争议权利关系对全体共同诉讼人统一确定"究竟何意?"争议的权利关系对全体共同诉讼人统一确定"特征是否系所有类型必要共同诉讼成立的前提要件?"争议权利关系对全体共同诉讼人统一确定"与"有共同诉讼必要"之间是何关系?"因其他原因有共同诉讼必要"具体指涉哪些事例?《德国民事诉讼法》本身并没有明确表明其立法态度。学者认为,立法没有明确地说明两种类型必要共同诉讼的成立要件,这表明立法者并不想固定描述必要共同诉讼,对必要共同诉讼进行精确描述和类型划分就成为德国民事诉讼法学界的共识。[1]

---

[1] 汉斯-约阿希姆·穆泽拉克.德国民事诉讼法基础教程[M].周翠,译.北京:中国政法大学出版社,2005:139.

第二章 必要共同诉讼类型化历史的比较法考察

对于哪一位学者最早使用"实体法原因"和"诉讼法原因"来区分必要共同诉讼,并与《德国民事诉讼法》第62条字面表达的"因其他原因而共同诉讼必要"和"争议法律关系仅能于全体共同诉讼间合一确定"的两种必要共同诉讼相对应,在理论界存在争议。❶一般认为是施瓦布(Schwab)最早在文献中明确使用"因实体法原因上成立的必要共同诉讼"与"因诉讼法原因上成立的必要共同诉讼"来区别表达必要共同诉讼的两种理论类型。❷施瓦布认为所谓"实体法上原因"是指实体法上多数权利人或义务人共同享有诉讼实施权限而应一同起诉或应诉。❸换言之,施瓦布用诉讼法上的"诉讼实施权"概念来理解《德国民事诉讼法》第62条之"共同诉讼依其他原因而有必要",指明了实体法上权利义务共同的原因,实质是赋予了《德国民事诉讼法》第62条纯粹诉讼法意义。❹所谓"诉讼法上原因"一般是指若分别进行诉讼时,先确定者将对后诉讼有既判力全面扩张或片面扩张的情形。德国学界通说一般将必要共同诉讼称为"合一确定共同诉讼或特别共同诉讼",❺"诉讼法上的必要共同诉讼"和"实体法上的必要共同诉讼"是以必要共同诉讼之法律上合一确定原因的具体依据不同而予以类型再划分之结果。❻德国学界所采用的必要共同诉讼之理论类型的这一概念表达方式和类型

---

❶ 我国台湾地区学者陈荣宗认为,弗里茨·鲍尔(Fritz Bauer)是最早在文献中区分使用"实体法原因"与"诉讼法原因"的学者。参见陈荣宗,林庆苗.民事诉讼法(修订第八版上)[M].台北:三民书局有限公司,2016:200.

❷ 关于最早从诉讼法原因层面来理解"合一确定必要"的德国学者究竟为谁,在不同文献中有不同的认识。如我国学者段文波认为,赫尔维希(Hellwig)最早从正面提出合一确定是指判决在法律上应合一确定。参见段文波.德日必要共同诉讼"合一确定"概念的嬗变与启示[J].现代法学,2016(2):154.

❸ 罗森贝克,施瓦布,戈特瓦尔.德国民事诉讼法(上)[M].李大雪,译.北京:中国法制出版社,2007:308.

❹ 陈冠中.民事诉讼法上共同诉讼人间之合一确定[D].台北:台湾大学,2017:50.

❺ 奥特马·尧厄尼希.民事诉讼法[M].二十七版.周翠,译.北京:法律出版社,200:424.

❻ 关于《德国民事诉讼法》第62条规定的必要共同诉讼子类型的名称概括,在德国民事诉讼法教科书的中译本中均采用此表达;也有学者认为"实体法上的必要共同诉讼"可对应日本民事诉讼法学理论界所使用的"固有必要共同诉讼"类型,而"诉讼法上的必要共同诉讼"可对应日本民事诉讼学理上的"类似必要共同诉讼"类型。为尊重我国法学界的惯常译法,也为区别两国必要共同诉讼的类型划分,本书对德国必要共同诉讼子类型概括术语的表达采用德国民事诉讼法学教科书译本的惯常表达。参见汉斯-约阿希姆·穆泽拉克.德国民事诉讼法基础教程[M].周翠,译.北京:中国政法大学出版社,2005:139.

· 061 ·

划分依据,为大陆法系国家必要共同诉讼理论所承认和继受。

二、必要共同诉讼二分法传统的移植与继受

众所周知,自日本明治时期伊始,日本民事诉讼法的制定就深受德国民事诉讼制度的影响,日本民事诉讼法上必要共同诉讼的类型划分当然也不例外。日本必要共同诉讼制度规定具体见于《日本民事诉讼法》第40条,[1]该条文本规定的雏形始于1886年日本民事诉讼法《特雪草案》(明治19年《Techow草案》)第64条和第66条,[2]经历了1888年(明治21年)《修正民事诉讼法草案》第48条和第50条、1890年(明治23年)《日本民事诉讼法》第50条、1903年(明治36年)《民事诉讼法改正案》第62条等多次修正后而最终确定。在大正时期(1921年和1925年)和平成年间(1996年)日本民事诉讼法修正时,除条文序号调整外,条文内容并未修改。我国台湾地区的必要共同诉讼类型划分也受到了不同时期日本法、德国法及希腊法的影响,最终形成了具有自身特点的必要共同诉讼类型化模式。下文将依次简要介绍德国必要共同诉讼二分法在日本和我国台湾地区的制度移植历程,并与德国法二分法原型相比较,剖析日本和我国台湾地区必要共同诉讼二分法的共性特征与个性创造。

(一)日本必要共同诉讼二分法移植的历史考察

1. 1886年《特雪草案》与1888年《修正民事诉讼法草案》

以1877年德国必要共同诉讼制度的规范文本为参照,1886年《特雪草案》通过第64条和第66条明确了必须共同诉讼的具体含义,规定了两种必要共同诉讼

---

[1]《日本民事诉讼法》第40条规定,诉讼标的应在共同诉讼人全体间合一确定时,其中一人的诉讼行为只有在有利于全体利益时才生效。目前我国对《日本民事诉讼法》的译本主要有白绿铉译《日本新民事诉讼法》(2000年版)和曹云吉译《日本民事诉讼法典》(2017年版),在对第40条的中文译文中,表面上虽然存在一定的文字差别,但并未影响其制度内容,本书主要以学者曹云吉2017年的最新版译文为参照。

[2] 张卫平教授在《日本民事诉讼法典》(2017年版)的序言部分中,将该草案称为"1877年德国民事诉讼法的翻译版"。参见日本民事诉讼法典[M].曹云吉,译.厦门:厦门大学出版社,2017:2.

类型。❶但是,在必要共同诉讼的法律效果上,并不适用德国民事诉讼法上规定的强制代理效果,对全体权利义务人必须共同诉讼类型的必要共同诉讼,若出现共同诉讼人缺席时,而是以诉不合法为由驳回。值得寻味的是,日本诉讼法调查委员会根据《特雪草案》所提交的最终草案中第66条改变了原文本。❷而且,在对该条文的注释中,将该条规定的适用情形均解释为共同诉讼有必要的情形,即全体权利义务人应共同起诉或被诉的情况,如通行权等基于民法上理由而权利义务不可分之情形。有学者指出,这样的解释让《特雪草案》的第64条与第66条重叠,最终均指向了德国法上的共同诉讼抗辩类型(依其他理由而共同诉讼必要)必要共同诉讼,在两种形式标准之下,实质上仅承认了一种必要共同诉讼类型。日本学者一般认为,与《德国民事诉讼法》上必要共同诉讼类型二元划分完全不同,其原因在于《特雪草案》系用德语作成,在日语翻译过程中误译造成。❸但鹤田滋却认为,未完全承继德国法上的必要共同诉讼二元类型,反而就只规定了一种类型的必要共同诉讼,根本原因是,当时日本诉讼法调查委员会起草者并未能注意到德国民事诉讼法上"有共同诉讼必要的共同诉讼"与"应合一确定的共同诉讼"之本质区别。❹

---

❶ 德国教育顾问特雪(Techow)访日期间,1884年受到日本参议伊藤博文的邀请,对日本司法省《民事诉讼法草案》发表意见(一次案);1885年,又对日本诉讼规则调查委员会对各法院就当时的民事诉讼程序进行调查问卷而形成的《现行民事诉讼程序》提出意见(二次案);1885年,诉讼法调查委员会对特雪提出的二次案进行审议并大幅度修改后提出《委员会修正民事诉讼规则》,特雪再次对该规则提出《诉讼规则主意书》。最终,诉讼法调查委员会根据特雪的意见形成最终草案,于1886年提交司法卿。该草案现在被称为《特雪草案》。其中,第66条中所指前条规定是指对普通共同诉讼人独立原则的第64条规定。1886年《特雪草案》第64条规定:"全体权利人未共同起诉或全体义务人未共同被诉时,被告可否请求以该诉不合法驳回,依民事法规定为之。"第66条规定:"系争法律关系性质上仅得对全体共同诉讼人合一确定或共同诉讼系必要时,不适用前条规定。"

❷ 1886年,日本诉讼法调查委员会提交司法卿的民事诉讼法草案文本变为"系争法律关系性质上仅得对全体共同诉讼人合一确定或共同诉讼因其他理由系必要时,不适用前条规定。"参见鹤田滋. 共有者の共同訴訟の必要性——歴史的・比較法的考察[M]. 東京:有斐閣,2009:208-217.

❸ 德田和幸. 複雑訴訟の基礎理論[M]. 東京:信山社,2008:7.

❹ 鹤田滋. 共有者の共同訴訟の必要性——歴史的・比較法的考察[M]. 東京:有斐閣,2009:219.

1888年《修正民事诉讼法草案》删除了1886年《特雪草案》第64条，[1]因制定民事诉讼法草案的法律取调委员会之德国专家摩西结合日本民法规定指出，若仍然坚持1886年《特雪草案》第64条规定，对必须共同起诉或被诉的缺席时，以诉不合法驳回诉的规定，则会与民法不相协调。[2]摩西将该主张体现在其撰写的《摩西草案》中，《修正民事诉讼法草案》接纳了这一观点，并在第48条规定："何种情形有共同诉讼之必要，依民事法规定为之。"同时第50条第1款规定："争讼之权利关系对于共同诉讼人不可分且确定时，适用下列规定。"因此，体系化解释1888年《修正民事诉讼法草案》的第48条与第50条的规定，虽然第48条承认必须共同诉讼型必要共同诉讼，但其法律文本用语表明，立法者认为诉讼法中已无重复规定和强调必须共同诉讼的必要共同诉讼；相比《特雪草案》，《修正民事诉讼法草案》第50条法律文本对必要共同诉讼适用限制共同诉讼人独立原则的判断标准规定，删除了"因其他理由共同诉讼系必要"的用语。也即，在法律文本上的明文规定中，此时期《日本民事诉讼法》上的必要共同诉讼识别标准变更为单一标准——"权利义务关系对全体应不可分且确定"，必要共同诉讼也不再分为两种类型。

2. 1890年《日本民事诉讼法》和1903年《民事诉讼法改正案》

1890年《日本民事诉讼法》删除了1888年《修正民事诉讼法草案》第48条，最终通过文本仅保留了原草案第50条第1款之规定："争讼之权利关系对全体共同诉讼人应合一确定时，适用下列规定。"就1890年《日本民事诉讼法》关于必要共同诉讼规定的立法用语来看，此时期的日本民事诉讼法律层面，并未明确承认共同诉讼抗辩型必要共同诉讼的存在。然而，有学者提出，虽然该条文仅规定了"应合一确定"之情形，但"共同诉讼必要"情形本就包含于"合一确定"情形之

---

[1] 在1886年日本诉讼法调查委员会根据《特雪草案》提交了日本民事诉讼法草案的最终版本后，负责制定日本民事诉讼法草案的法律取调委员会之外国委员德国专家摩西（Mossey），以整合民法的目的对《特雪草案》进行修正形成《摩西草案》（《Mossey 草案》）；该草案又与法律取调委员会的《民事诉讼法草案》共同为基础，最终形成《修正民事诉讼法草案》于1888年公布。

[2] 《日本民法草案》第463条规定，不可分债权人中一人对债务人请求不可分全体之给付时，债务人得为免除债务而同时对其他债权人请求为诉讼参加；第470条规定，债权人对不可分债务人中一人起诉请求不可分债务整体之给付时，该债务人得将其他债务人引进该诉讼。参见鶴田滋.共有者の共同訴訟の必要性——歷史的·比較法的考察[M].東京：有斐閣，2009：231.

内,无须再对"共同诉讼必要"要件重复规定。❶在1890年《日本民事诉讼法》施行之初,《日本民事诉讼法》上规定的"权利关系对全体共同诉讼人应合一确定"的必要共同诉讼仅仅是指"须全体共同起诉或被诉之固有必要共同诉讼"而言。❷对此规定的学理解释中,另有观点认为,"合一确定"概念虽然在《日本民事诉讼法》上明确提出,并作为必要共同诉讼识别的唯一法律标准,但是,当时的日本法学界实际上并未认识到类似必要共同诉讼形态之存在。❸

1903年日本法典调查会提出《民事诉讼法改正案》,将必要共同诉讼规定的条文顺序由第50条调整至第62条,并将第1款的文本用语修改为:"诉讼标的对共同诉讼人全体仅得合一确定时,适用下列规定。"这一文本表述方式,在此后大正时期与平成年间日本民事诉讼法修改时得以保留,且最终为现行《日本民事诉讼法》第40条第1款所采用。但1903年修改此条用语时,对为何将"系争权利关系"更改为"诉讼标的"并无解释,仅是在起草委员会的说明中,就"合一确定之情形"解释为,指对于各个共同诉讼人分别给予裁判将违反法律规定之情形,也即,对于数人为相异判决一事,将构成违反法律意旨之情形,其系根据实体法上解释予以决定。具体如检察官以夫妻双方为被告提起撤销婚姻之诉、对土地共有人关于地役权之性质或条件方面的诉讼,但连带债务不包含于内。虽然对"合一确定"之含义为何,在《日本民事诉讼法》的修法过程中有争议,但在其后民事诉讼法的多次修改中,该条文内容均并未改变。学者鹤田滋却指出,1890年《日本民事诉讼法》之后的学说,仅有高木丰三等少数学者认为在婚姻无效诉讼、诈害行为取消诉讼等事件类型中存在着共同诉讼抗辩适用,大部分学者认为在地役权和不可分债权案件中,数人共同起诉时限制适用共同诉讼人独立原则,这只是对第50条规定可以适用的事件类型介绍,实际上并未充分认识到有共同诉讼必要性的必要共同诉讼形态存在,不能表明当时的学说明确了共同诉讼必要性作为必要共同诉讼的判断标准。❹总言之,以"合一确定"概念为中心,日本民事诉讼立法层面所确认的必要共同诉讼类型化识别标准,仅为"诉讼标的合一确定",同

---

❶ 鶴田滋.共有者の共同訴訟の必要性——歴史的・比較法的考察[M].東京:有斐閣,2009:227.
❷ 中村英郎.必要的共同訴訟における合一確定——ことにその沿革的考察[J].早稻田法学,1965(1):247.
❸ 徳田和幸.複雑訴訟の基礎理論[M].東京:信山社,2008:127.
❹ 鶴田滋.共有者の共同訴訟の必要性——歴史的・比較法的考察[M].東京:有斐閣,2009:232.

时,在法律文本的字面表达中,并未如《德国民事诉讼法》一样对必要共同诉讼类型进行明确的二元划分。

(二)日本必要共同诉讼二分法的理论化

《日本民事诉讼法》上必要共同诉讼制度的立法确立过程,无不显露出对《德国民事诉讼法》有关规定的法律移植痕迹。但是,将德国原型文本第62条与日本移植文本第40条的条文表述进行字面意义上的对比,可以发现,日本法上必要共同诉讼的判断标准仅有"诉讼标的合一确定",也即法律层面并未对必要共同诉讼进行类型划分,仅存在与德国法上的"争议的权利关系合一确定型必要共同诉讼"相类似的必要共同诉讼类型。据学者考证,必要共同诉讼二分法通说在现代日本民事诉讼理论与实务中的确立,是受到德国学者赫尔维希的合一确定理论之影响,明治末期日本学说才开始通过判决既判力所涉及的范围来阐释"合一确定"的判断标准。❶并自19世纪晚期开始在学术著作与教科书中,对"合一确定必要"予以明确的定义,强调对"合一确定"的认识应当从判决效果的视角出发,将"合一确定的必要"解释为共同诉讼人中一人所受判决的既判力会波及其他共同诉讼人的情况。兼子一认为,合一确定是指"存在必须避免对同一人的判决效力相冲突的法律要求的情况"。❷上田彻一郎也赞同"合一确定的必要是指共同诉讼人中的一人所受判决的既判力会波及其他共同诉讼人的情况",但同时指出传统理论中所承认的个别诉讼会使各判决内容于逻辑上产生矛盾的情形,实质上并没有合一确定必要,而且通常应认为不仅仅是在既判力扩张的情况下,在反射效波及第三者的情况下也需要合一确定。❸高桥宏志从合一确定的程序实现规则角度,解释了《日本民事诉讼法》第40条规定的内涵,"合一确定的必要"意指程序合一的必要,具体要求包括诉讼资料统一和程序进行的统一。❹总而言之,在"诉讼标的合一确定"的法定制度框架下,《日本民事诉讼法》上必要共

---

❶ 中村英郎.必要的共同訴訟における合一確定——ことにその沿革の考察[J].早稲田法学,1965(1):238-239;段文波.德日必要共同诉讼"合一确定"概念的嬗变与启示[J].现代法学,2016(2):154.

❷ 兼子一.新修民事訴訟法體系[M].東京:酒井書店,1965:386.

❸ 上田彻一郎.民事訴訟法[M].七版.东京:法学書院,2011:544.

❹ 高桥宏志.必要的共同訴訟[M]//小山昇,松浦馨,中野貞一郎,竹下守夫.演習民事訴訟法.東京:青林書院,1987:681.

同诉讼的适用范围逐渐地从"有共同诉讼必要且有合一确定必要"情形扩展至"有合一确定必要但无共同诉讼必要"的情形,是透过对"诉讼标的合一确定必要"之学说解释与对《日本民事诉讼法》第40条第1款之具体适用事件的类型解释,❶引入了"共同诉讼必要性"概念,并将其作为必要共同诉讼内部再划分的学理标准,最终得以在理论上确定了"固有的必要共同诉讼"和"类似的必要共同诉讼"之二元类型结构。

(三)我国台湾地区对必要共同诉讼二分法的继受

我国台湾地区必要共同诉讼制度的有关程序规定,受到《德国民事诉讼法》关于必要共同诉讼类型二分法的影响,但在必要共同诉讼制度规定的语言表述上,更多地移植了《日本民事诉讼法》第40条文本,表达为"诉讼标的……必须合一确定……"从条文用语来看,仅明文保留了"诉讼标的之性质须合一确定"型必要共同诉讼一种类型。但在具体解释必要共同诉讼制度的规定理由时,仍然迂回地采取了与日本民事诉讼理论界相同的解释路径,将"合一确定"的内涵解释为"所谓必须合一确定者,审判衙门对于共同诉讼人所宣告之裁判,不得使其内容各异是也",并将"必须合一确定"之原因解释为"诉讼物之性质往往有必须合一确定,例如需役地所有人,因主张地役权而提起诉讼之际,审判衙门或判其有地役权,或判其无地役权,均无不可,而必不能谓共有人中甲某有地役权,共有人乙某无地役权是也"。最终通过对"合一确定"外延的学理解释,实现了从字面意义上必要共同诉讼单一类型向二元类型划分的转变。

我国台湾地区审判实务界对必要共同诉讼类型的理解也存在分歧。如曾在一起案件的裁判文书中明确地将必要共同诉讼解释为包括了固有必要共同诉讼

---

❶ 在日本明治时期,对基于同一事实或法律关系的案件,多数大审院判决认为当事人所争执的权利关系在性质或逻辑上不应当产生单独认定或判断时,或是如果不对各共同诉讼人作出相同的判决就无法达到诉讼标的时,均认为存在固有必要共同诉讼适用必要,有扩大必要共同诉讼定义范围的倾向。从日本昭和27年左右开始,在日本最高法院的案例中,可以明显看到在各诉讼类型中以请求原因及请求独立、保存行为、不可分债务、不可分债权等逻辑认可必要共同诉讼的适用可能。后来,日本最高法院也开始从判决效果扩张的观点出发,将合一确定的必要限定在法律上不允许出现针对各个共同诉讼人的单独判决的情况之中,出现缩小必要共同诉讼范围的倾向。必要共同诉讼中合一确定必要理论学说的变迁也与此相同,参见井上繁规.必要的共同訴訟の理論と判例[M].東京:第一法規株式会社,2016:223-245.

和类似必要共同诉讼两种类型。[1]但是,我国台湾地区实务部门后来又在另外的案件裁判中,否定了此前在该案例里表达的必要共同诉讼分类观点,指出"遍查现行民事诉讼程序有关规定,仅将共同诉讼分为普通共同诉讼与应合一确定之共同诉讼,未有固有必要共同诉讼与类似必要共同诉讼之区分。但因时代之进步与实务之需要,应对'合一确定'作再为适当之解释,并扩大'合一确定'的适用范围"。2003年,我国台湾地区对民事诉讼程序的有关规则进行修改时,有学者建议采用日本民事诉讼法学的理论用语,将必要共同诉讼在立法上明确地表述为两种必要共同诉讼的具体类型。民事诉讼法学理论界也意识到必要共同诉讼的类型,除有关规定中明确表述的合一确定型必要共同诉讼中,还有必须共同起诉的类型;但担心若专门增加规定固有必要共同诉讼的一般性规定,恐怕会出现挂一漏万的问题,最终决议将固有必要共同诉讼的适用情形,交由实务运作决定。所以,最终拟定的有关民事诉讼程序规则文本中,是在参照了《希腊民事诉讼法》的背景下,增设了强制追加原告的程序规定。[2]但条文用语的文字表述又特别强调,强制追加原告规则适用的严格限制——仅在有合一确定必要且必须共同起诉的情形下方可适用。强制追加原告规则的增设,其制度规范目的在于,"平衡兼顾起诉者与拒绝起诉者之利益、尽早确定有关当事人适格与否的争议、扩大裁判解决纷争之实效性及统一解决纷争"。[3]本书认为对台湾地区必要共同诉讼类型的这一变化,其妥适的理解应当是,对诉讼实务中既存的固有必要共同诉讼类型在制度层面的明文化,并以"强制追加原告"规则减少实践中可能产生的起诉困难与当事人适格困境。

虽然,从台湾地区有关必要共同诉讼规定的规范语言表述来看,其与《日本民事诉讼法》第40条之语言表达方式更为接近,仅规定了必要共同诉讼之德国

---

[1] 该案例裁判文书明确指出:"诉讼标的对于共同诉讼之各人必须合一确定,包括固有必要共同诉讼,是指依法律之规定必须数人一同起诉或数人一同被诉,当事人之适格如无欠缺,谓之固有必要共同诉讼;数人在法律上各有独立实施诉讼之权能,而其中一人起诉或一人被诉时,所受之本案判决依法律之规定,对于他人亦有效力者,如该他人为共同诉讼人,即为类似必要共同诉讼。"

[2] 关于对该条规定之新增理由的学理讨论,参见杨建华,等.就若干诉讼实例谈民事诉讼法第五十六条第一项的适用[M]//民事诉讼法之研讨(二).台北:元照出版社,1987:98-153.

[3] 沈冠伶.固有必要共同诉讼与民事诉讼法第56条之1规定[M]//程序保障与当事人.台北:元照出版有限公司,2012:287-291.

原型中的一种类型——"诉讼标的合一确定"型必要共同诉讼。但是，体系化地分析台湾地区必要共同诉讼的制度规范，从有关规定的制定背景及其位置顺序安排来考虑，尤其是结合台湾地区民事诉讼理论界对该条文之文字表述的内涵阐释来看，台湾地区的必要共同诉讼类型应当仍然承认了大陆法系必要共同诉讼二分法的传统，形成了"固有必要共同诉讼"（诉讼标的对各共同诉讼人必须合一确定）和"类似必要共同诉讼"（诉讼标的对数人必须合一确定而应共同起诉）的必要共同诉讼二元类型结构。[1]

第三节 必要共同诉讼类型化理论与实践的新发展

虽然目前大陆法系必要共同诉讼类型划分的主流共识均坚持二分法传统，但无论是在二分法类型划分模式的法律移植与再发展过程中，还是在对"合一确定必要性"核心命题的必要共同诉讼理论阐释中，又产生出了必要共同诉讼类型划分的新模式、新体例。下文不严格区分大陆法系民事诉讼法立法与民事诉讼学理中体现出的必要共同诉讼类型化观点，简要梳理和介绍必要共同诉讼类型化理论与实践的新动向。

一、必要共同诉讼类型化的三分法理论阐释

必要共同诉讼二分法传统的类型划分思路是，先以"合一确定必要性"作为两种必要共同诉讼类型的共同要件，判断是否构成必要共同诉讼；之后，再以"共同诉讼必要性"为标准将必要共同诉讼区分为"固有的必要共同诉讼"和"类似的必要共同诉讼"两种类型。必要共同诉讼三分法的提出，并未从根本上动摇二分法的基本思路，仅是在对必要共同诉讼的具体适用中，透过连带责任纠纷等具体事件，反思"合一确定必要性"之判断标准在实践中可能出现的问题，进而从必要

---

[1] 前文关于必要共同诉讼类型化的历史考察表明，"固有必要共同诉讼"与"类似必要共同诉讼"应是日本民事诉讼法学界关于必要共同诉讼类型划分的概念表达，后为我国台湾地区民事诉讼理论继受，也为我国民事诉讼理论界所认可，与德国民事诉讼法学理上所采用"实体法原因上的必要共同诉讼"和"诉讼法上原因的必要共同诉讼"分别对应。鉴于日本民事诉讼学理所采用术语的精练与学术性，同时考虑到我国学界的术语使用习惯，为行文需要，后文对必要共同诉讼子类型的术语概括，均统一将采用日本民事诉讼法学理论界的概念术语来表达，而不作特别说明。

共同诉讼的程序本质——限制共同诉讼人间诉讼行为独立性原则适用的角度出发,或者从"合一确定必要性"之适用范围扩张角度,或者是对必要共同诉讼制度规定适用的学理解释中,提出将必要共同诉讼的外延理解扩展至三种类型。故,笔者将其称为必要共同诉讼类型三分法。但是,三分法内部对第三种必要共同诉讼类型的术语概括方式,因为类型划分思路和划定标准存在细微差异,主要有以下三种具体观点。

一是特别的固有必要共同诉讼说。❶该观点并不否认二分法下"固有的必要共同诉讼"与"类似的必要共同诉讼"之基本类型,明确指出固有必要共同诉讼应依法律规定或法理,判断诉讼标的是否对于数人必须合一确定而应共同应诉的,而且不可能存在固有共同原告,而仅有固有必要共同被告的适用可能。同时,以台湾地区有关第三人制度的规定为分析对象,❷该说认为,若第三人以本诉当事人为被告起诉,无论是因对本诉之诉讼标的有请求权,还是本诉讼之结果对其权利有影响,本诉当事人在第三人所提起诉讼中的诉讼地位必须是共同被告,而且在原诉讼之原告与被告间适用必要共同诉讼程序规则。显然,在第三人与本诉讼原告和被告所形成的共同诉讼之诉讼标的并无绝对的合一确定必要,因此肯定不能归属于固有的必要共同诉讼,原告对共同被告不必须为同一,而是分别为不同的"应受判决事项之声明",法院对共同被告的最后判决不必须同胜同败,而是存在着一胜一败的可能。是故,可以称之为"特别的固有必要共同诉讼"。

二是特殊形态必要共同诉讼说。❸该观点坚持以作为诉讼标的之实体法律关系的性质来具体地判断是否有"合一确定必要性",进而指出正是因为法律关系的多元化,共同诉讼的形态也有多元化的情形。在连带债务案件中,全体债务人并不必须作为被告而一并被诉,固有必要共同诉讼的适用显然没有可能。同时,根据台湾地区有关连带责任的实体规则,对连带债务人之一人的确定判决系

---

❶ 持此三分法的观点,参见郭杏邨.民事诉讼法[M].台北:台湾商务印书馆,1995:72;姚瑞光.民事诉讼法论[M].台北:三民出版有限公司,2012:117.

❷ 我国台湾地区第三人诉讼的有关规定,就他人间之诉讼,有下列情形之一者,得于第一审或第二审本诉讼系属中,以其当事人两造为共同被告,向本诉讼系属之法院起诉:一、对其诉讼标的全部或一部,为自己有所请求者;二、主张因其诉讼结果,自己之权利将被侵害者。依前项规定起诉者,准用第五十六条各款之规定。

❸ 杨建华.民事诉讼法要论[M].北京:北京大学出版社,2013:87.

基于影响连带债务成立并有效的绝对事项时,该确定判决也将会对未为当事人之连带债务人产生法律效力,显然这也不符合通说之类似必要共同诉讼的构成要件。因此,从台湾地区有关民事诉讼程序审理规则之特别规定系适用于必要共同诉讼来看,共同诉讼体系的整体分类,应当承认在前述的特殊情形下,有既不属于传统理论中的固有必要共同诉讼,也未必与通说中所认为的类似必要共同诉讼形态完全相符,并以此为基础认为有特殊形态的共同诉讼存在。

三是准必要共同诉讼说。该理论以诉讼是由实体法和诉讼法综合起作用之"场"为基本出发点,在反思单纯诉讼法观点的"合一确定"考察思路基础上,否定纯粹"诉讼法上合一确定"理论的妥当性,主张从实体法方面的因素来理解"合一确定必要性"。经典例证是,根据"诉讼法上合一确定理论",因连带债务人间并不存在既判力扩张适用的可能,连带债务纠纷只能适用普通共同诉讼。但这样的解决思路存在的最大缺陷是,作为普通共同诉讼人的各连带债务人分别收集诉讼资料,法院坚持共同诉讼人独立原则予以分别裁判,就可能造成矛盾判决。然而,关于连带债务契约成立这一共通事实,显然不能在各连带债务人间作出相互矛盾的事实认定。所谓"合一确定"是指在实体法上诉讼对象对于共同诉讼人来说必须统一判决的情况,即诉讼系属阶段诉讼对象在实体法上应该合一确定的情况。❶或许,正是因为基于同一基础事实的各共同诉讼人诉讼请求的共同部分之裁判,有准用必要共同诉讼程序规定的可能性,该说采用"准必要共同诉讼"的概念,来表述这种既不属于普通共同诉讼,也不符合法律上应当合一确定的必要共同诉讼的共同诉讼类型。

二、必要共同诉讼类型化的四分法立法体例

根据《希腊民事诉讼法》第76条,❷必要共同诉讼的适用范围已经扩展到了

---

❶ 中村英郎.新民事诉讼法讲义[M].陈刚,等译.北京:法律出版社,2001:81.

❷ 《希腊民事诉讼法》在1968年修正时,新增条文明文规定必要共同诉讼。第76条规定,(1)若纷争仅能被合一处理,或判决效力扩张及于全体共同诉讼人,或共同诉讼人仅能共同起诉或被诉,或因特殊情事共同诉讼人间不得为矛盾判决者,共同诉讼人之行为效力无论有利或不利均及于他共同诉讼人,经依法参加引入成为共同诉讼人者,如其未到场,视为由其他已到场之共同诉讼人代理;(2)前项规定于和解、认诺、撤回起诉及仲裁协议之情形不适用之;(3)未到场之共同诉讼人逾期后所有言词辩论期日皆应被通知;(4)第一项之共同诉讼人中一人上诉时,上诉效力及于其他共同诉讼人。

相当广泛之范围,具体包括四种类型:(1)依法律规定应共同诉讼;(2)判决效力扩张型必要共同诉讼;(3)纷争仅能被合一处理型必要共同诉讼;(4)因特殊情事,共同诉讼人间不得为矛盾判决型必要共同诉讼。所谓"纷争仅能被合一处理"指诉讼上主张为实体上不可分之主观权利,一种情形是数债权人一同请求债务人履行不可分给付,如债权人A和债权人B共同对银行提起诉讼,请求给付其账户中约定仅能二人一同提取之款项;另一种情形是数债权人中任何一人均可以请求债务人向债权人全体为履行,如A和B对D提起诉讼,请求交付A、B和C三人共同购买的货物。所谓"特殊情况不得为矛盾判决"指若诉讼上争点在不同诉讼程序中分别判断将导致矛盾判决的情形。希腊学者认为,民事诉讼目的在于发现实体法上的真实,以保障主观权利及维护司法之尊严,所以有必要使法院为论理上一致之判决结果。❶从类型化角度来看,《希腊民事诉讼法》以非常明确的法律条文,扩大了受德国民事诉讼法影响之必要共同诉讼类型的二分法划分模式,将实体法上不可分权利纠纷以及共同诉讼人间诉讼标的存在先决问题的关联纠纷,均承认为必要共同诉讼类型之一。

此外,《希腊民事诉讼法》还以当事人引入和法院职权通知的方式,强制必要共同诉讼人参与诉讼程序。❷希腊学者认为,该规定系以《法国民事诉讼法》上的强制参加制度作为参照,以填补《德国民事诉讼法》上必要共同诉讼人未能参加诉讼之缺漏,其实务上的重要性在于若被通知者到场后,程序进行将随着引入者与被通知者二人之诉讼主张本质上是相容还是相互抵触,以及实体法上具体规制此法律关系的规则差异,从而区别对待被通知人参加诉讼的效果。如A和B二人共同购买货物,但仅有A起诉请求解除买卖合同,B因当事人申请而被引入诉讼。若B参加诉讼后不同意A之请求,根据《希腊民法》规定,买卖解除须共同

---

❶ 转引自陈冠中.民事诉讼法上共同诉讼人间之合一确定[D].台北:台湾大学,2017:272.

❷《希腊民事诉讼法》第86条规定,于本法第76条情形,如仅由共同诉讼人中一人或数人起诉,而其他人不愿协力时,起诉之共同诉讼人得将未起诉之人引入诉讼。于仅由共同诉讼人中一人或数人为原告,或仅以共同诉讼人中一人或数人为被告时,被告亦有相同之权利。第90条规定,若具备由当事人一人将第三人引入诉讼之要件,且法院认为将其引入系有必要,法院得依职权命予引入程序。第275条规定,依第86条引入诉讼者,若言词辩论期日未到场,或被引入诉讼者到场,但将其引入者缺席时,适用第76条之规定;如引入者及将其引入者皆未到场,则被引入者将受到与将其引入者相同之不利法律效果。

提起诉讼,则 A 之诉讼因不合法而被驳回。❶但有学者认为该规定之实质是英美法系下的产物,与《希腊民事诉讼法》继受自罗马法的重视原告起诉自主决定权的思想不相契合,应当限制适用。❷

三、必要共同诉讼类型划分的动态论

随着对纯粹诉讼法上合一确定必要性理论适用可能会带来的僵化结果开始反思的观念兴起,大陆法系民事诉讼理论界认为,应当结合实体法规定,将"共同诉讼必要性"与"合一确定必要性"的判断置于具体案件中予以个案化的处理,出现缓和必要共同诉讼成立标准的趋势。本书认为,这样的流动化思考方式,可能会造成传统上以"合一确定"和"诉讼共同"标准的解释出现个案的差异,进而导致以此为标准的传统必要共同诉讼类型划分有不确定性,笔者统称为"必要共同诉讼类型化的动态论"。

一是固有必要共同诉讼的弹性化主张。❸持该理论的代表者小岛武司认为,日本司法实务中最高法院判例所坚持的"个别的相对性纠纷解决"法理,在与全体支配标的物有关的权利纠纷(如共有、合有、总有)的有效解决中并不存在允许"个别诉讼"的妥当基础,在管理处分权的共同归属上形成的现代固有必要共同诉讼理论,将会造成以实体法规定为根据判断固有必要共同诉讼成立范围的机械性,应当结束依实体法规定和既判力主观扩张范围来判断"共同诉讼必要性"和"合一确定必要性"的标准,转而坚持彻底的、根本的"一次性纠纷解决"理念,诉讼共同与否的判断应当交由个案中法院根据纠纷解决的实效性、当事人之间的相对关系、对第三人(利害关系人)的影响程度、诉讼程序的行进状况、诉讼状态的回归(法官的心证)等诉讼法的因素来决定。同时,在固有必要共同诉讼再构成时,通过将拒绝起诉人加入被告方、无实质纠纷的共同所有者没必要起诉等程序技术,消除固有必要共同诉讼所伴随的当事人适格机械性问题。

二是必要共同诉讼识别标准的相对化。该说认为不能将"共同诉讼必要"和

---

❶ 陈冠中.民事诉讼法上共同诉讼人间之合一确定[D].台北:台湾大学,2017:238.
❷ 黄国昌.论命拒绝共同起诉人强制追加为原告之程序机制:由实证观点出发之考察与分析[J].台湾大学法学论丛,2009(4):70.
❸ 小岛武司.诉讼制度改革的法理与实证[M].陈刚,等译.北京:法律出版社,2001:80-82.

"合一确定必要"放置于同一层次来思考,解除共同诉讼的必要和合一确定的必要之间的结合,在各自相对化的基础上重新组合,流动地把握共同诉讼的整体,并将相关者广泛参与诉讼作为基本方向。❶共同诉讼的必要和合一确定的必要是共同诉讼规则的两个焦点,理所当然地相互关联,但并不意味着存在共同诉讼的必要就一定存在合一确定的必要。在合一确定必要性判断的内部层次,并不存在诉讼资料的统一和程序行进的统一必须始终保持一致的必然性,两者可以相对地单独考察。在合一确定必要的效果层面,从各共同诉讼人独自行使诉讼提起诉讼,到主张共通,再到步调完全一致,规则在多样性中连续地移动;共同诉讼的层面也一样,是否共同诉讼的判断依据,从完全依赖原告的意愿,到尽可能地诉讼共同,再到强制共同,也在阶段性地、连续地变化。在实践中,对于合一确定的必要,需要考虑共同诉讼的必要、想要打破合一确定之人的动机、对方的反应、纠纷解决的实效性等指标;而对于共同诉讼的必要,则需要考虑非当事人承受的法律上或者事实上的不利影响、原告通过其他方法获得利益的可能性、由一个诉讼拆分成数个诉讼而带来的被告及法院的利益损害、判决的矛盾抵触和事后调整的困难度等指标,对这些指标分别进行综合考察,灵活地判断是否需要成为必要共同诉讼。❷

第四节 比较法视野下必要共同诉讼类型化的经验与问题

从比较法视野出发,探寻与我国现行民事实体法和程序法体系相契合的法律移植对象,梳理和总结必要共同诉讼类型化的具体立法经验与问题,是对必要共同诉讼进行比较法研究的重要价值所在。有鉴于此,本节主要从经验与问题两方面总结和梳理必要共同诉讼类型化的比较法知识。

---

❶ 高橋宏志.必要的共同訴訟論の試み(3)[J].法学協会雑誌,1975(10):64.
❷ 高橋宏志.必要的共同訴訟論について[J].民事訴訟雑誌,1977(23):36.

一、比较法视野下必要共同诉讼类型化的立法经验

（一）必要共同诉讼类型化标准的立法模式

根据民事诉讼法中所明文规定的必要共同诉讼法定识别标准数量不同，大陆法系必要共同诉讼类型化的规范存在三种模式。一是一元识别标准模式，其典型代表是日本。顾名思义，一元标准即是指在民事诉讼法的制度层面，必要共同诉讼的识别标准仅有一个。如《日本民事诉讼法》第40条坚持"诉讼标的合一确定"作为制度层面明确表述的必要共同诉讼识别标准。但是，透过必要共同诉讼识别标准的理论研究对"合一确定必要性"的学说解释，以及在必要共同诉讼实务中通过判例指引，再导入"共同诉讼必要性"标准，构建必要共同诉讼类型体系的二元结构。值得说明的是，虽然台湾地区有关民事诉讼程序规定在条文表述中采用了"必须共同起诉"一语，但该规定的规范重点在于对固有必要共同诉讼原告的强制追加规则，且该规则并不具有必要共同诉讼判断标准之规范属性。因此，可以从类型数量角度将台湾地区民事诉讼程序规定上的必要共同诉讼类型理解为两种，但在制度规定层面上只明文表述了一种识别标准。二是二元识别标准模式，其典型代表是德国。所谓二元识别标准，是指在制度层面明文确定了两种并列的必要共同诉讼识别标准；立法层面也对应存在两种具体的必要共同诉讼类型。如《德国民事诉讼法》第62条明确表达了"诉讼标的合一确定"和"其他原因共同诉讼"两种相互独立的二元标准，构建了"类似必要共同诉讼"与"固有必要共同诉讼"两种必要共同诉讼类型。三是多元识别标准模式，其典型代表是希腊。根据《希腊民事诉讼法》第76条，纷争仅能被合一处理、判决效力扩张、仅能共同起诉或被诉和因特殊情事不得为矛盾判决这四种具体情形下，均可适用必要共同诉讼。可以说，《希腊民事诉讼法》已将必要共同诉讼的适用范围扩展到了相当广泛之范围，承认实体法上不可分权利纠纷以及共同诉讼人间诉讼标的存在先决问题的关联纠纷均为必要共同诉讼类型之一。

（二）类型化必要共同诉讼法律效果的规范模式

对比必要共同诉讼二分法的德国原型和继受型，关于必要共同诉讼法律效果的程序规定，有两种不同的方式。一是统一概括式规定，典型代表是德国民事

诉讼法。从民事诉讼立法规范的体系结构来看，《德国民事诉讼法》第62条系对第61条"本法另有规定"一语的更具体说明，即从法律效果上明确了作为普通共同诉讼的例外类型，不再适用第61条关于共同诉讼人诉讼行为独立原则，对缺席的必要共同诉讼人适用"强制被代理"之法律效果，共同诉讼人间行为具有相互拘束性。就第62条的法条用语而言，前半段"争议的权利关系只能对全体共同诉讼人统一确定"的用语，明确地描述了必要共同诉讼的共同特征，后半段"因其他原因有共同诉讼必要"的用语风格，却更似在描述一种必要共同诉讼的形成原因。但是，对两种完全不同类型的必要共同诉讼却适用相同的法律效果。二是区别列举式，典型代表是日本。如《日本民事诉讼法》第40条第一款，首先鲜明地确立了判断必要共同诉讼人之个人行为的法律效力的基本准则——有利原则，在同条又分项列举式地说明了对方当事人诉讼行为对必要共同诉讼人的法律效力、共同诉讼中一人有停止程序或上诉行为的法律效果，从制度层面明确了必要共同诉讼人中一人缺席、程序中断等具体情形的特殊程序处理规则。

二、比较法视野下必要共同诉讼类型化的问题梳理

（一）必要共同诉讼类型化基准的模式选择问题

大陆法系必要共同诉讼类型化的历史考察表明，以德国民事诉讼立法与学理为原型，虽然制度层面各民事诉讼立法例对必要共同诉讼类型识别标准的规范模式不同，民事诉讼理论界对必要共同诉讼子类型称谓的术语选择也存在细微不同，但是制度内容大同小异且本质相通，必要共同诉讼类型划分的思路与判断标准方面均具有高度类似性。与此同时，无论是在对必要共同诉讼类型识别的理论研究中，还是对在后继者的法律移植发展中，均开始反思通说所坚持"诉讼法上合一确定理论"之局限性，扩大合一确定必要性适用范围的立法趋势与学说主张显现。这也因此出现了两种扩大必要共同诉讼适用范围的具体思考路径：一种是自实体法观点认识"合一确定必要性"判断标准，扩大类似必要共同诉讼的适用范围；另一种是重新构筑适用于复数诉讼标的间有共通事实基础的新类型必要共同诉讼。在制度层面，典型代表如希腊。希腊在民事诉讼法修改时，将必要共同诉讼的适用范围已扩大到传统识别标准所无力涵盖的极广程度，包

括实体法上不可分权利仅能被合一确定类型,以及复数诉讼标的之间有先决关系而不能矛盾判决的类型。借鉴"合一确定"理论改革我国必要共同诉讼的类型体系,需要思考的问题有:我国必要共同诉讼类型化基准的立法表述采用何种模式?"诉讼标的同一性"是必要共同诉讼前提条件抑或独立要件?"合一确定必要性"的引入能否与"诉讼标的同一性"之间形成相互协调的类型识别标准?"合一确定必要性"适用范围扩大化的正当性基础何在?能否与我国民事实体法形成有机衔接?可否对我国司法实践中的临界案件形成有说服力的解释方案?什么又是"共同诉讼必要性"?如何把握"合一确定必要性"与"共同诉讼必要性"之关系?

(二)必要共同诉讼审理程序规则的模式选择问题

在我国民事诉讼法学界已形成必要共同诉讼二分法之理论共识的背景下,仔细对比《德国民事诉讼法》和《日本民事诉讼法》有关必要共同诉讼制度的规定,可发现大陆法系不同立法例在制度层面对必要共同诉讼的规范性表达不尽相同。例如,德国民事诉讼法规定的表达原型,在其继受者的立法文本中已经发生显著变化,虽然发生这一改变的原因在历史考察层面未能获得有力的解释。但是,无论是类型划分法定标准的法条用语表达方式,还是不同类型必要共同诉讼实现"合一确定"目的的程序规则设计,制度层面必要共同诉讼类型化的立法模式仍然呈现出细微差异与各自特色,应当成为我国必要共同诉讼类型立法完善时应当关注之点。我国必要共同诉讼类型化理论深化与制度完善时,值得认真对待的是:在必要共同诉讼类型划分及其法律效果的立法表达方面应当采用何种模式?不同类型的必要共同诉讼是否坚持相同法律效果?其法律效果的规范模式应当采用统一概括式还是分项列举式?在辩论主义与处分权主义原则下,如何为缺席当事人提供程序保障?缺席的必要共同诉讼人是否应当强制代理抑或强制追加?为保证"合一确定"之法律效果,在不同类型的必要共同诉讼中,诉讼进行统一与裁判资料统一规则应在多大程度范围内限制各必要共同诉讼人的独立性?

第三章　必要共同诉讼类型化基准的层次分析

　　类型化基准问题是必要共同诉讼类型化研究的关键。作为复杂诉讼形态中的一种特别存在，分析必要共同诉讼类型化基准的有益思路应当是，将其置于复杂诉讼形态体系内，明确必要共同诉讼与普通共同诉讼之适用范围界限。讨论我国民事诉讼法上必要共同诉讼类型化问题的特殊背景是，在共同诉讼这一上位概念下，以诉讼标的作为区分工具，根据"同一"与"同种类"的法定构成要件之别，并不将必要共同诉讼理解为普通共同诉讼的一种特殊形态，而是将两种类型共同诉讼理解为处于同一并列层次但又相互独立的诉讼形态。显然，这与大陆法系理解共同诉讼的类型框架有明显的思维方式差异，我国民事诉讼法上必要共同诉讼类型化基准具有较强的层次性，包括必要共同诉讼类型化的外部基准（必要共同诉讼与普通共同诉讼的区分标准）、内部基准（必要共同诉讼再细分的识别标准）和前提标准（必要共同诉讼的诉讼标的要件）三个层次。同时，必要共同诉讼作为一种解决复杂民事纠纷的程序应对机制，其类型化基准的确定与必要共同诉讼适用范围的扩大还是限缩相关，直接影响着必要共同诉讼制度功能的实现。因此，在我国民事诉讼法的框架内讨论必要共同诉讼的类型化基准，既应充分考虑我国民事诉讼理论与制度的基本体系，也要充分关照我国民事实体法之基本规定性。本章在阐述和介绍大陆法系必要共同诉讼类型化基准的不同学说见解基础上，着重分析合一确定必要性、共同诉讼必要性、诉讼标的同一性三个层次性判断基准之内涵及其相互关系，以期为我国必要共同诉讼类型体系构建确立基本的分析框架。

第一节　必要共同诉讼类型化的外部基准剖析

　　大陆法系必要共同诉讼类型化标准的基本共识是，在共同诉讼的二元类型构架中，以"合一确定必要性"作为共同诉讼体系内判断普通共同诉讼与必要共同诉讼的区分基准。但是,无论是必要共同诉讼二分法的德国原型,还是日本民事诉讼法的继受,既未在立法层面明确什么是"合一确定",也未规定如何判断是否具有"合一确定必要",甚至在法律条文的语言表达上还存在明显差别。例如,《德国民事诉讼法》规定"争议权利关系应合一确定",而《日本民事诉讼法》规定"诉讼标的应合一确定"。考虑到"诉讼标的"自身识别标准的复杂性,德国和日本对合一确定概念范围界定的立法表述就并不完全一致。立法层面对"合一确定"概念界定及"合一确定必要性"判断标准的规范缺失,是德国学界长期以来关于必要共同诉讼成立要件争议的源头所在,也使得德国、日本和我国台湾地区学术界和实务界,关于必要共同诉讼的研究均以合一确定为讨论重心,而且持不同观点的学说林立、争议激烈。

一、合一确定的内涵

(一)争议权利关系的合一确定

受《德国民事诉讼法》第62条"争议的权利关系……统一确定"之立法用语的影响,德国民事诉讼理论上创造出了"合一确定"的法学概念。虽然从第62条"或者"一词的语言表达形式来看,"争议权利关系统一确定"和"因其他原因而共同诉讼必要"两种必要共同诉讼类型,分别有其独立的构成标准;其中,"合一确定必要"仅是诉讼法上原因必要共同诉讼的判断标准。但是,在德国民事诉讼法立法理由说明关于"因其他原因而共同诉讼必要"类型的解释中,以共有土地上设定地役权的事件类型作为具体事例,说明"在争议权利关系须在全体共同诉讼人间合一确定时,应当形成内容相同的判决";进而产生需要适用强制代理的法律效果,以阻止必要共同诉讼人一人缺席时,法院作出内容歧异判决可能会造成的混乱结果。学者罗森贝克(Rosenberg)在其教科书中明确指出"第一种案例类型是以对必要共同诉讼的所有情形都有效的特征在进行描述"。[1]德国学界通说也认为,"合一确定之必要"应是两种共同诉讼所共同具有的核心特征。所谓"合一确定",其内涵包括"裁判时间合一"与"裁判内容合一"的双重含义。

---

[1] 罗森贝克,施瓦布,戈特瓦尔.德国民事诉讼法(上)[M].李大雪,译.北京:中国法制出版社,2007:308.

一是裁判时间合一。裁判时间合一是指无论诉讼法原因还是实体法原因的必要共同诉讼,为避免确定判决效力冲突,程序应同时进行,法院原则上不得先就共同诉讼人中一人为一部判决。但是,对违反裁判时间合一性要求而对必要共同诉讼人作出的一部判决,在判决效力是否扩张及于其他共同诉讼人问题上,学说出现了三种不同观点:第一种是区分说。即实体法原因必要共同诉讼中不存在使判决效力扩张之明文法律规定,因而一部判决的确定力并不及于实体法原因必要共同诉讼的其他共同诉讼人。❶第二种是不区分说。无论必要共同诉讼的形成原因,两种类型必要共同诉讼中的一部判决均不产生法律效力。❷第三种是修正的区分说。若判决效力对其他共同诉讼人有利时,即使在固有必要共同诉讼中也产生一部判决效力扩张及于其他共同诉讼人的效果。❸

二是裁判内容合一。通说认为,裁判内容合一指判决内容全部或一部基于相同之理由做成,而使其有一致或相同之内容。而且裁判内容仅指判断的本案内容,但对各必要共同诉讼人之诉是否合法仍需要分别审查。如罗森贝克认为,在诉讼法原因上必要共同诉讼中,会因没有当事人能力或诉讼能力而驳回一个共同诉讼人的诉讼,却不会影响其他共同诉讼的诉讼合法;但是,若实体法原因上的必要共同诉讼缺乏诉讼前提或存在诉讼障碍,也只导致瑕疵所涉及的诉讼被驳回,在后果上却将会导致其他共同诉讼人的诉讼也被作为不合法而驳回,因为诉讼标的只能由所有的参加人提请裁判,如果一个诉讼作为不合法被驳回,这一前提条件就不存在了。❹

在"诉的主观合并"与"共同诉讼"同义化的背景下,必要共同诉讼本质并非单一法律争议而是多数诉讼之合并的认识,得到大陆法系民事诉讼学理的广泛承认。所以,德国通说一般认为,所谓裁判内容一致实质上是指,在必要共同诉讼中,法院判决是针对合并审理的多个诉讼作出,在数量上可以理解为复数,但

---

❶ 杨建华.多数被告间有目的手段牵连关系之共同诉讼[M]//问题研析民事诉讼法(一).台北:三民书局,1996:281-283.

❷ 杨建华.多数被告间有目的手段牵连关系之共同诉讼[M]//问题研析民事诉讼法(一).台北:三民书局,1996:285.

❸ 姜世明.民事诉讼法(下)[M].台北:新学林出版公司,2016:258.

❹ 罗森贝克,施瓦布,戈特瓦尔.德国民事诉讼法(上)[M].李大雪,译.北京:中国法制出版社,2007:314.

实质内容必须相同。学者基施(Kisch)特别指出,内容相同之裁判并不是指一个判决,而是指制度上应当放弃共同诉讼人通常独立性,并赋予个别共同诉讼人之行为可能影响其他共同诉讼人所涉纠纷的效力,所以法院应当集结成单一文字内容整体呈现于当事人。❶反对者莱特(Lent)认为,在实体法上原因必要共同诉讼中,个别共同诉讼人欠缺单独的诉讼实施权,故其亦无个人的诉之声明,而是全体共同诉讼人的一个诉之声明,法院相应只为一个裁判而不是多数内容相同的裁判。在实体法上原因必要共同诉讼裁判形式究竟为一个还是相同多个的解释论层面,施瓦布也与莱特的观点类似,他认为实体法上原因必要共同诉讼中,究竟有一个诉之声明还是数个诉之声明,重点在于争议法律关系归属于全体原告及被告,所有人主张的是共同的权利义务关系,而非个人各自享有。因此,法院必须对此共同享有的权利义务关系作合一确定的裁判。

(二)诉讼标的之合一确定

日本《民事诉讼法》和我国台湾地区有关规定在法律移植过程中,改采"诉讼标的合一确定"的立法语言,以更为纯粹的诉讼法学概念之组合方式来表述了"合一确定"的具体对象所指。日本学者兼子一认为"合一确定指存在必须避免对同一人的判决效力相冲突的法律要求的情况";❷新堂幸司从"合一确定"的程序规范角度,更具体地指明了其内涵是,在全体共同诉讼人间统一诉讼的进行、共通诉讼资料,同时对其作出同一内容的判决。❸受到德、日民事诉讼法理论影响,我国台湾地区学界通说认为,"合一确定"是指法院判决结果对必要共同诉讼人必须同胜或同败,不得为部分共同诉讼人胜诉而部分共同诉讼人败诉之判决。如吕太郎认为合一确定是诉讼制度上的要求,为确保此结果的达成,法院必须以同一判决书为之,避免分别判决后,因作为不同之上诉对象而于上级审发生歧异,法院既不得于同一判决中对共同诉讼人为不同内容之判决,也不得对部分共同诉讼人为一部判决;❹骆永家强调无论固有必要共同诉讼还是类似必要共诉

---

❶ 陈冠中.民事诉讼法上共同诉讼人间之合一确定[D].台北:台湾大学,2017:87.
❷ 兼子一.新修民事訴訟法體系[M].東京:酒井書店,1965:383.
❸ 新堂幸司.新民事诉讼法[M].林剑锋,译.北京:法律出版社,2008:546.
❹ 吕太郎.民事诉讼法(修订第二版)[M].台北:元照出版有限公司,2018:121.

讼,法院皆应为同时裁判而不得为一部判决;陈荣宗认为法院应将必要共同诉讼人皆视为一体,不得分别裁判,裁判内容必须对全体一致。❶但是在法院违反程序就必要共同诉讼人所为之一部判决的效力问题上,我国台湾地区学者认为,在固有必要共同诉讼中存在不得为一部判决的例外,如在分割共有物诉讼中的共同被告若实际上并非共有人时,法院可以当事人不适格为由,先行驳回该部分之诉。❷

总而言之,虽然"合一确定"概念的立法用语在大陆法系民事诉讼立法例中不尽完全相同而各具特色。但是,在对合一确定内涵的理解上,大陆法系通说均将"合一确定"理解为包括了裁判时间及裁判内容两个层面的双重合一性。而且,有必要说明的是,从概念层面而言,"合一确定"作为不同类型必要共同诉讼所共同具有的基本特征,其本质内涵是对裁判内容与时间上的一致性要求,对所有类型的必要共同诉讼均适用的相同法律效果,目的在于避免法院作出矛盾裁判。作为一种法律效果的"合一确定"概念,并未能指明何种情形可以认定为"合一确定"法律效果,进而应当成立必要共同诉讼。因此,"合一确定"法律效果的本质属性表明,必要共同诉讼类型化基准讨论的关键点,并不是"合一确定",必要共同诉讼的成立要件或识别标准的真正核心命题是"合一确定必要性"。

二、合一确定必要性判断标准的理论争议

(一)论理上的合一确定理论

1877年《德国民事诉讼法》制定以后,德国学术界与实务界均试图从逻辑角度来理解"合一确定必要性"。故,后来的理论研究一般将其称为"逻辑上的合一确定"或"论理上的合一确定"。该理论的代表人物是格哈德(Gerhard)。该主张的理论前提是以客观真实作为民事诉讼之目的,主张当纠纷事实被置于法庭上时即已失去"纯粹的私法性格",法院透过判决对于诉讼标的作出处置的目的在

---

❶ 陈荣宗,林庆苗.民事诉讼法(修订八版上)[M].台北:三民书局股份有限公司,2016:198.
❷ 杨建华.多数被告间有目的手段牵连关系之共同诉讼[M]//问题研析民事诉讼法(一).台北:三民书局股份有限公司,1996:281.

于回应原告权利保护之请求,并确认该判决所涉实体法事项的法律状态为真实,若当事人的诉讼行为与客观真实相抵触,这将导致当事人在程序上主体权被限缩而不会发生法律效力。因此,在共同诉讼人间诉讼标的同一的情形下,若两个判决针对同一事项的确认结果相互矛盾,但这两个判决内容却同时被法院确认为真实就违反了逻辑;若共同诉讼人间仅有前提法律关系相同,不能成立必要共同诉讼。受论理上的合一确定理论影响,在1877年《德国民事诉讼法》施行之初,德国在实践中所把握的必要共同诉讼的适用范围限于诉讼标的不可分的法律关系。但是,德国帝国法院实务在处理数连带债务人请求给付及对主债务人及保证人请求给付的诉讼中,却认为对此类诉讼标的不同的案件,根据请求给付这一相同诉讼目的,在事实上应当合一确定。因此从逻辑上思考,就可以认定为有"合一确定必要"情形的适用,进一步地扩张了论理上合一确定理论的适用范围。[1]1890年《日本民事诉讼法》施行初期,也将权利共通、义务共通、基于同一事实上以及法律上的原因的请求事件均等当作权利关系应合一确定的事实,形成了非常广泛的必要共同诉讼适用范围。

论理上合一确定理论的适用导致实务中必要共同诉讼认定范围过于广泛,如德国帝国法院将诉讼标的不同情形下的主债务人与保证人和数连带债务人的给付之诉均认定为有"合一确定必要性",反对意见认为这与德国民事实体法上关于主债务与保证债务系相互独立的法律关系之规定相矛盾,受到各方质疑。德国学术界逐渐地认识到,必要共同诉讼仅基于逻辑上的原因不能成立,还必须有法律上原因而有合一确定必要,被称为"法律上的合一确定",思考方向又可具体分为诉讼法与实体法两种不同视角下的合一确定理论。

(二)实体法上合一确定理论

实体法上合一确定理论,顾名思义,必要共同诉讼的成立范围应系一种自实体法规定角度的认识。以布隆迈耶(Blomeyer)为代表的实体法上合一确定理论认为,"所谓权利关系应合一确定,即指根据实体法规定权利关系不得不共通的

---

[1] 中村英郎.必要的共同訴訟における合一確定——ことにその沿革的考察[J].早稲田法学,1965(1):239.

情况"。❶根据《德国民法典》第1011条之规定,各共有人享有个别请求权,共同请求权与个别请求权共存,以共有人或继承人之选择为基础,当全体继承人或共有人一同提起诉讼时,则该程序之诉讼标的成为全体共有的整体权利,而为不可分之给付有合一确定必要,从而成立必要共同诉讼。诉讼法上合一确定理论不区分实体法关于共有情形下共同请求权与个别请求权的差别规定,当欠缺既判力及于其他共同诉讼人的法律依据时,若按诉讼法上合一确定理论,当全体共有人一起起诉时,也只能产生普通共同诉讼,这会使得诉讼结果产生矛盾的风险。因此,必要共同诉讼认定的关键因素是共有权人在同一程序内行使请求权的人数与方式,根据全体一同行使共有请求权和数人于同一程序内行使个别请求权之不同,以实体法上规定的请求权依据来具体判断是否成立必要共同诉讼。但该学说被质疑的最大问题在于,其形式化地以起诉时人数系个人、数人或全体的简单区分,来对应适用普通共同诉讼或者必要共同诉讼,未能明确两种类型共同诉讼的本质区别。后来,因德国现代通说认为,以法定诉讼担当来理解个别共有人主张为全体共有人的请求权情形,也会产生既判力扩张,实体法上的合一确定理论逐渐受到较多批评。

日本学者中村英郎认为,必要共同诉讼肇始于日耳曼法上的合有团体诉讼,判断是否成立必要共同诉讼的最关键点在于以诉讼标的不可分为作基础。不可否认,诉讼标的应在论理上合一确定的判断标准有着实践上的意义,但是现代德、日通说从诉讼法观点判断合一确定必要性的认识,忽略了诉讼制度是整合实体法与程序法的平台,使得必要共同诉讼失去了原貌。也即,实体法观点于合一确定判断也不可或缺。❷今村信行认为,存在数名土地共有者情况下的地役权行使,或者数人之间不可分割债务的履行,再或者对二人以上共谋欺诈的撤销和赔偿请求等事件均属于必要共同诉讼。此外,数债权人向第三债务人请求履行义

---

❶《德国民法典》上关于权利义务共同行使的规定主要体现在,第1011条规定,各共有人可以个别请求其于所有权的请求权,但第2039条规定请求权属于遗产时,义务人必须向全体继承人为给付,共同继承人也必须向继承人全体请求给付,且《德国民法典》第432条对不可分债权人为多数时的原则规定,若不可分给付债权为多数人享有时,债务人仅得向债权人全体为给付,而且对债权人中一个所生之事项,其利益或不利益对他债权人均不生效力。

❷ 中村英郎. 必要的共同訴訟における合一確定——ことにその沿革的考察[J]. 早稲田法学,1965(1):256.

务的情况也是相同的。由其他人事上的第三者所提起的,请求婚姻、收养、放弃户主权行为的无效或取消的诉讼中的共同被告也是必要共同诉讼。[1]台湾地区学者杨建华指出,诉讼标的应当合一确定可以解释为"共同诉讼人间有数诉讼标的,合并观察应于实体法上有目的手段牵连关系应为一致裁判者"。[2]这种以实体法上关于"诉讼标的物之性质"之规定为标准,判断是否有法律上合一确定必要,实质也是"实体法上的合一确定"理论的支持者。

(三)诉讼法上合一确定理论

诉讼法上合一确定理论最早于19世纪末由德国学界提出,经赫尔维希的发展,并为日本学界所接受,系现代大陆法系类似必要共同诉讼识别标准之通说。该学说主张,必要共同诉讼的判断标准应当从共同诉讼人间的相互关系出发,在个别共同诉讼人与相对方当事人间的判决效力产生及于其他共同诉讼人的情形(包括既判力全面扩张及片面扩张),若共同诉讼人选择全体共同提起诉讼时就产生合一确定的需要,从而构成必要共同诉讼。[3]如甲与乙间的确定判决之既判力及于丙,若丙对乙再以同一事件提起后诉,则不可为矛盾判决,那么,若一开始时甲与丙一起对乙起诉,法院则必须合一确定。[4]以赫尔维希关于诉讼法上合一确定理论为基础,施瓦布(Schwab)进一步主张从论理上或法律上来区分裁判是否有合一确定必要并不妥当,论理上和法律上的原因应当同时具备才可谓裁判有合一确定的必要:依法律规定有合一确定必要者原则上并不会有论理之违反,而于逻辑上有必要合一确定者,也有必须寻求法律上的依据,这种法律上的依据是指只要在诉讼法赋予当事人诉讼行为权限范围内的结果,就不得认为违反了诉讼法上的逻辑。

诉讼法上合一确定理论的提出,是诉讼法之独立品格逐渐显现的历史背景下,跳出了诉讼法问题依赖于实体法的思维桎梏,转而寻求以判决为出发点的诉

---

[1] 今村信行.註釋民事訴訟法[M].東京:明治大学出版部,1906:118.

[2] 杨建华.就若干诉讼实例谈民事诉讼法第五十六条第一项的适用[M]//民事诉讼法研讨(二).台北:元照出版有限公司,1987:91.

[3] 中村英郎.必要的共同訴訟における合一確定——ことにその沿革の考察[J].早稻田法学,1965(1):247.

[4] 陈冠中.民事诉讼法上共同诉讼人间之合一确定[D].台北:台湾大学,2017:186.

讼理论的帮助，"既判力"这一纯粹诉讼法意义上的概念，作为避免法院矛盾判决和维护法之安定性的诉讼法制度，因其与合一确定法律效果的相通性，成为判断是否构成必要共同诉讼的中间性工具。但是，在既判力相对性原则下，对既判力主观范围的理解和既判力主观范围扩张正当性依据的见解差异较大，造成在具体判断是否构成类似必要共同诉讼时，也还存在一定的争议。❶通说在既判力发生全面扩张情形产生类似必要共同诉讼问题上并无争议，如根据《德国民事诉讼法》第327条第2项之规定，对遗嘱执行人所做的确定判决的既判力及于继承人，因此当债权人将继承人与遗嘱执行人一起提起诉讼时，成立类似必要共同诉讼；再如数债权人对债务人提出的《德国民事诉讼法》第853条至第855条诉讼时，根据《德国民事诉讼法》第856条第4项之规定，裁判对全体债权人发生效力，也成立类似必要共同诉讼。多数观点认为，依据《德国民法典》第1011条之规定，各共有者可以独立提起共有物返还诉讼，无论胜诉或败诉，既判力均不发生扩张，即使多数共有人一同起诉也只能成立普通共同诉讼；少数观点认为，在原告胜诉时发生既判力片面扩张而及于其他未起诉的共有人，当数人一起诉讼时就可以构成必要共同诉讼。

(四) 听审请求权保护理论

晚近德国民事诉讼法学者提出，应将听审请求权保护理论作为合一确定必要性的判断基础。该理论从必要共同诉讼制度的目的出发，反思诉讼法上合一确定理论将裁判结果合一确定视为必要共同诉讼目的之观点，认为必要共同诉

---

❶ 施瓦布（Schwab）首先区分了既判力主观范围扩张与既判力对第三人效力，前者以诉讼标的同一为前提要件，如诉讼系属中发生权利转让情形，让与人对对方当事人间诉讼的判决拘束继受人；后者以诉讼标的不同为前提要件，如债权人对债务人请求返还借款而胜诉后，保证人不得提出与前诉判断相矛盾的债权不成立之主张。通说认为，施瓦布所谓既判力对第三人效力是前提事项隐藏的既判力扩张。关于既判力主观范围扩张依据的解释，一种观点认为应从实体法上从属性考虑，当前后诉讼具有前提关系时，如第三人之债权债务关系成立之前提属于他人间诉讼争执的债权债务关系时，第三人即受他人间判决拘束；另一种观点认为，既判力相对性原则是宪法上对听审请求权保护原则，因此既判力扩张应属于例外情形，必须有法律基于特殊需要予以明文规定，主要包括既判力具有对世效（《德国家事诉讼及非讼法》第184条）、法律关系继受人（《德国民事诉讼法》第265条和第325条）、诉讼担当（《德国民事诉讼法》第327条）、于实体法上从属性的明文规定（《德国商法》第129条）四种类型。参见罗森贝克，施瓦布，戈特瓦尔.德国民事诉讼法（上）[M].李大雪，译.北京：中国法制出版社，2007：1174-1180.

讼的意义不仅仅在于裁判结果一致,还应当包括在共同诉讼人间塑造出共同秩序。该理论认为,《德国民事诉讼法》第62条的"代理"规定,是根据积极共同诉讼人(到场的或遵守期间的必要共同诉讼人)的行为决定诉讼行为法律效力的规则设计,是一种解决共同诉讼人间诉讼行为矛盾或不一致时的有益做法。"代理"规定的实质是,在消极共同诉讼人(未到场或迟误期间的必要共同诉讼人)的基本权利保护与积极共同诉讼人的听审请求权保障产生冲突时,赋予积极共同诉讼人较其他迟误期日的消极共同诉讼人更优越的程序地位。因此,必要共同诉讼的识别,可以采用一种反向思考路径。当不将某一共同诉讼识别为必要共同诉讼,而奉行普通共同诉讼人独立的诉讼行为处理原则,将侵害积极共同诉讼人的听审请求权时,就应当适用《德国民事诉讼法》第62条规定限制消极共同诉讼人的行为,让共同诉讼人间行为产生相互牵制,最终形塑出合一确定之法律效果。❶因此,根据听审请求权保护理论的解释,从保障多数人诉讼中应当作为共同诉讼人的程序主体地位出发,当共同起诉或共同被诉的当事人间具有相互依存性时,为不侵害积极共同诉讼人之听审请求权,应当限制共同诉讼人独立性原则的适用,有实行诉讼进行统一和裁判资料统一的必要,就可以评价为具有"合一确定必要性",进而成立必要共同诉讼。

三、我国民事诉讼法上合一确定必要性判断标准的厘定

(一)合一确定必要性判断标准的程序本质

仔细斟酌对比各种"合一确定必要性"判断标准的理论学说,必要共同诉讼的类型划分与适用范围呈现出扩大与限缩两种结论。例如,在实体法上的合一确定理论视角下,合一确定必要性的判断标准以诉讼标的对于共同诉讼人在实体法上是否需要合一确定为据,显然,类似必要共同诉讼的适用范围相较于诉讼法上的合一确定理论就会扩大。然而,在另一种理解范式下,若将"合一确定"解释为将多数的共同诉讼人视为一体而不得分开处理,法院就该诉讼不得分别裁判、不得为彼此歧异的裁判,必须同胜同败、共同进行、共同停止;那么,"诉讼标的之性质须合一确定"就会在相当程度限制在实体法上权利义务关系同一甚至

---

❶ 转引自陈冠中.民事诉讼法上共同诉讼人间之合一确定[D].台北:台湾大学,2017:131.

不可分的情形,相应的共同诉讼人被视为类似于日耳曼法的单一程序主体,只能于诉讼上提出一个权利主张,必要共同诉讼之适用范围则会大幅度地限缩。❶而在诉讼法上的合一确定视角内部,如将判决效力发生反射效的情形也解释为判决效力扩张及于他人而有合一确定必要,无疑必要共同诉讼适用范围也可能会呈现扩张的趋势,甚至还可能会增加新类型的必要共同诉讼。❷也有观点指出,法律上合一确定标准理论通说的最大缺陷是,可能会局限类似必要共同诉讼的适用情形,而使得诉讼制度解决纠纷的目的实现受阻。❸若当事人就同一事件获得矛盾判决本身可能会破坏法的和平性时,就不应将确定判决既判力扩张以外的可能导致矛盾判决的情形排除,进而在方法论层面,即从必要共同诉讼制度的纠纷解决功能视角出发,为达到统一的解决纠纷目标,通过目的性扩张解释,扩大必要共同诉讼的适用范围。

大陆法系民事诉讼合一确定理论研究,发展出了观点迥异的繁杂学说体系,从判决既判力扩张基础上的合一确定到判决反射效所及范围的合一确定,再到晚近学说对诉讼法上合一确定理论的反思中,从一次性纠纷解决的政策性因素出发考量合一确定必要性之范围,以及听审请求权理论的提出,呈现出合一确定必要性缓和化的解释趋势,核心就是围绕合一确定必要性范围的限缩解释与扩张解释相互竞争的历程。导致在合一确定必性判断标准的理解上,出现扩张与限缩两种解释方式的根本原因在于,在界定合一确定必要性范围时,不同国家和地区、不同历史时期对合一确定必要性判断标准问题的实质认识不同,会出现"尽量避免相互牵制以确保共同诉讼人之完全主体性"和"尽量避免出现裁判矛盾以追求裁判之一致性"的价值选择差异,❹进而直接影响必要共同诉讼适用范

---

❶ 该学者认为,类似必要共同诉讼的成立必须满足诉讼标的之性质对数人必须合一确定、法律上数人非必须共同诉讼亦未明定得由一个人单独诉讼、数人中任何一人都有独立实施诉讼之权能且一人所受之判决既判力及于未诉之他人、若数人共同诉讼时其地位与固有必要共同诉讼人相同四个要件,被我国台湾地区学者认为系最严格之类似必要共同诉讼观点。参见姚瑞光.类似必要共同诉讼问题之研究[J].法学丛刊,1982(107):39.

❷ 关于必要共同诉讼范围扩大与限缩解释的更多观点梳理,参见杨建华.就若干诉讼实例谈民事诉讼法第五十六条第一项的适用[M]//民事诉讼法之研讨(二).台北:三民书局有限公司,1987:90-102.

❸ 李木贵.民事诉讼法(下)[M].台北:元照出版有限公司,2007.

❹ 黄国昌.必要共同诉讼之规律与固有必要共同诉讼[M]//共同诉讼.台北:元照出版有限公司,2016:41.

围的缩小与扩大,出现了德国、日本、希腊等不同立法体例。有学者提出,"共同诉讼之合一确定必要性并非一自事物本质而生的、先验性的概念,而系随法律制度之历史发展因时及因地具有多样性"。❶

总而言之,"合一确定必要"并不是要求全体共同诉讼人一体进行诉讼,而是强调对共同诉讼人的诉讼行为进行制约,透过诉讼进行统一和裁判资料统一,达成裁判时间与内容上的双重一致性。"合一确定必要性"问题既是一个法律问题也是一个政策问题,其判断标准的科学设定,需要从宏观视角出发,考虑民事诉讼目的、民事纠纷解决理念的价值定位,还需要从微观视角出发,考虑实体法层面规定的体系与内容完整程度、程序层面对诉讼标的与既判力等基础理论的研究深度。

(二)我国合一确定必要性判断标准的思考方向

对合一确定必要性判断标准的学说梳理表明,合一确定必要性判断标准既是一个法律问题也是一个政策问题,需要考虑民事诉讼目的、民事纠纷解决理念及当事人的程序保障等多重因素。诉讼法上合一确定理论的最大问题在于,以既判力作为中间性工具,就必然坚持必要共同诉讼的适用范围限于诉讼标的同一性这一前提条件,否则就无法与既判力理论相契合。然而,从裁判内容同一的合一确定法律效果来看,在诉讼标的不同但具有共通基础法律关系的案件中,因欠缺诉讼法上合一确定必要而适用普通共同诉讼,共同诉讼人间诉讼行为的拘束性降低,不再要求诉讼进行统一与裁判资料统一,可能最终造成对同一基础性事实的裁判相互矛盾,纠纷根本无法妥适解决,当事人的合法权利也无法实现。听审请求权保护理论的最大贡献在于,跳出了传统通说以判决有无合一确定必要为判断标准的单一框架,更务实地关注共同诉讼内部体系中,普通共同诉讼与必要共同诉讼程序规则的关键差异——诉讼进行统一与裁判资料统一,将必要共同诉讼识别标准问题的关注重点从诉讼结果转向诉讼过程,从实现合一确定法律效果的审理程序来把握必要共同诉讼的成立标准,即将是否有限制共同诉讼人独立性原则适用作为判断依据之一。这无疑为我国民事诉讼法上合一确定必要性判断标准的确立,提供了另一层面的有益思考方向。

---

❶ 陈冠中.民事诉讼法上共同诉讼人间之合一确定[D].台北:台湾大学,2017:143.

必要共同诉讼作为一种避免矛盾裁判的程序机制,为实现复数当事人间在裁判内容与裁判时间上的合一确定法律效果,打破了共同诉讼人独立性的一般原则,坚持限制共同诉讼人间诉讼行为独立性,并透过诉讼进行统一与裁判资料统一以保障裁判一致性。从民事诉讼一次性纠纷解决理念层面出发,充分发挥诉讼的纠纷解决功能,尽可能地在同一程序内实现关联纠纷统一且彻底地解决,同时从利害关系人程序保障角度反向考虑"合一确定必要性"判断标准,将限制共同诉讼人间诉讼行为独立性纳入考量范围,判断是否有必要共同诉讼成立的可能。当对个别共同诉讼人的判决效力及于其他共同诉讼人时,或者若法律无明文规定既判力扩张的情况下,或者因欠缺既判力扩张的情形下,但共同诉讼人间具有先决事实与共同事实基础的相互依存性时,若不实行诉讼进行统一与裁判资料统一,会侵害对积极共同诉讼人的程序保障,进而导致判决互相矛盾时,就可以评价为应当对个别共同诉讼人的诉讼行为加以限制。因此将此种情形判断为具有"合一确定必要性",可以成立必要共同诉讼。我国"合一确定必要性"判断标准的确立,不是适用非此即彼的绝对化立场,而诉讼中需要对合一确定对象,弹性地认识合一确定的范围。具体而言,可以从两方面把握"合一确定必要性"判断标准:一是坚持诉讼法上合一确定理论为主轴,以既判力作为中间工具,原则上仍然以诉讼标的同一情形下既判力扩张所及范围为合一确定必要性的适用范围;二是正视合一确定法律效果与合一确定必要性识别基准之差异,从利害关系人之程序保障需要和必要共同诉讼人间诉讼行为相互牵制规则适用的必要性角度,反向思考扩大"合一确定必要性"范围的实际需要,将诉讼标的牵连型诉讼中复数诉讼标的间具有共通基础法律关系的情形,也评价为有"合一确定必要性"。

第二节　必要共同诉讼类型化的内部基准解析

在必要共同诉讼类型形成的早期历史阶段,必要共同诉讼的最初形态如其名称所揭示的一样,仅仅有必须共同参加诉讼类型,系最契合"必要共同诉讼"概念术语的类型,类似必要共同诉讼仅是必要共同诉讼类型扩展后之结果。正如日本学者新堂幸司所言,"必要共同诉讼"称谓的形成,表明了原本意义上的必要共同诉讼,应当仅有诉讼标的内全部利害关系人成为当事人参加诉讼才能获得本案判决的共同诉讼形态。❶虽然理论通说认为"合一确定必要性"是必要共同诉讼的共性特征,但共同诉讼之程序逻辑必将导致"合一确定必要性"的结果成立。因此,判断固有必要共同诉讼类型的思维路径中,"合一确定必要性"判断反而退之后位,或者对其作独立判断的必要性就被吸收了。作为必要共同诉讼类型化的内部判断基准,"共同诉讼必要性"成为固有必要共同诉讼成立的充要条件,但大陆法系理论关于何种情形下应当要求全体利害关系人共同参加诉讼的理论阐释一直存在着争议。我国民事诉讼法理论研究虽然认识到了"合一确定"理论对必要共同诉讼类型化改革的重要价值,但对"共同诉讼必要性"判断标准的集中论述却稍显薄弱。有鉴于此,本部分将在梳理大陆法系有关学说见解的基础上,厘定我国民事诉讼法上的共同诉讼必要性判断标准。

一、共同诉讼必要性判断标准的理论争鸣

在必要共同诉讼识别标准的二元模式下,以《德国民事诉讼法》第62条规范文本为代表,大陆法系各民事诉讼立法例在制度层面对"共同诉讼必要性"的立法表述方式有细微差异,但未见任何立法例在制定法上明确而具体描述共同起诉或被诉的判断标准。因此,共同诉讼必要性的判断标准问题一直以来是大陆法系学理解释的重点对象,产生了诸多学说争论。

(一)实体法说

实体法说重视作为诉讼标的之权利关系性质的实体法规定对共同诉讼必要性判断的作用。日本学者兼子一认为,"实体法上管理权或者处分权的性质作为必要共同诉讼的一般性判断基准。如果某一财产权利或有关此权利的管理处分权利共同归属于数人,那么该权利的处分和行使也必须由数人共同进行。"❷我妻荣认为,"在共同所有情况下,对于共有关系本身的对外主张(共有关系本身的确认请求、共有者全体人员的所有权转移登记请求等)则必须要全体共有者共同参与;但根据民法上关于持分权、不可分债权、保存行为等的规定,各共有者关于持

---

❶ 新堂幸司. 新民事诉讼法[M]. 林剑锋,译. 北京:法律出版社,2008:540.
❷ 兼子一. 新修民事訴訟法體系[M]. 東京:酒井書店,1965:384.

分权的对外主张可以单独进行诉讼"。❶我国台湾地区学者对何种情形下为必须一同起诉与被诉的理论解释中,通说坚持数人应当依法律规定判断是否必须一同起诉或被诉才能认定为当事人适格无欠缺,即应当根据实体法上的管理权或处分权判断是否全体必须共同诉讼。如有学者认为,"应视数人对于为诉讼标的之法律关系有无处分之权能判断";❷还有学者明确将共同诉讼必要适用情形分为"变动他人间权义关系的形成权由数人全体行使或全体为之"和"对诉讼标的法律关系的处分权或管理权数人必须共同行为"两类;❸学者姚瑞光还指出,依法律规定的固有必要共同诉讼仅有固有必要共同被告,并无固有必要共同原告的存在情形,如由第三人提起的婚姻诉讼。❹

(二)诉讼政策说

诉讼政策说认为,不单纯地从实体法上的管理处分权归属作为解释标准,而应从诉讼法原则出发予以考量。日本学者五十部丰久提出,"在系争权利关系中有共同利害的数人中的一部分人提起诉讼时,被告提出应由全员共同提起诉讼。但很多案例驳回了被告的这种请求,允许单独进行诉讼。结果导致被告不得不多次应诉,损害其利益。而且必须进行多次审理也造成了国家和法院的资源浪费"。❺小岛武司提出,"存在对是否需要共同诉讼有争议的领域时,应该根据该领域与各纠纷状况的关系单独地进行衡量判断"。❻这个判断是从诉讼法律的观点出发来衡量各种因素,原则上来说,避开错综无用的法律关系寻求法律纠纷的有效解决、诉讼经济以及避免矛盾判决、尽可能抑制诉讼负担和诉讼延迟、对核心争点展开多角度且周密的攻防、避免部分解决带来的不公平、维护第三人的利害关系、当事人之间的相对地位(被告的应诉负担)等原因,都可以构成判断诉讼共同与否的基础。❼我国台湾地区学者邱联恭提出,从扩大诉讼制度解决纷争功

---

❶ 我妻荣,有泉亨.新訂物権法民法講義Ⅱ[M].東京:岩波書店,1983:327-329.
❷ 吴明轩.民事诉讼法(中)[M].台北:三民书局股份有限公司,2016:777.
❸ 陈计男.民事诉讼法论(上)[M].台北:三民书局股份有限公司,1999:173-175.
❹ 姚瑞光.民事诉讼法论[M].北京:中国政法大学出版社,2011:117.
❺ 五十部豊久.必要の共同訴訟と二つの紛争類型[J].民事訴訟雑誌,1966(12):165.
❻ 小島武司.共同所有をめぐる紛争とその処理[J].判例展望,1972(500):330.
❼ 小島武司.共同所有と訴訟共同の必要性[M]//小山昇,松浦馨,中野貞一郎,竹下守夫.演習民事訴訟法.東京:青林書院,1987:690,693.

能之必要性出发,更统一地解决纠纷,在具体案件中判断是否应该归属于固有必要共同诉讼,还应从诉讼法上考虑诉讼程序进行状况,避免使当事人已进行之诉讼被否定而浪费时间费用,考虑二人以上是否必须一起成为当事人。❶诉讼政策说认为,如果依据实体法说,可以准用共有人之间的保存行为或不可分债务法理,在不可分债务关系场合也可以承认个别诉讼,允许一个人提起诉讼,以减少固有必要共同诉讼范围。但是,该判决之效力不能及于未成为当事人之人,这会造成纠纷解决的不统一,增加法院负担与当事人的诉讼困难(包括原告的起诉困难与被告的应诉麻烦),为兼顾各方主体及社会公共层面的利益,应当允许强制追加拒绝起诉的原告。诉讼政策说的最大缺陷在于,需要平衡考虑的因素太多,统一的纠纷解决标准也并不明确,忽视了实体法上关于权利义务主体归属的规定,实际上将是否具有共同诉讼必要性的判断交由法院裁量决定,涉及当事人处分权与法院职权的关系结构,而无法确保裁判之完全统一。

(三)利益衡量说

利益衡量说认为应当以实体法上规定作为主要判断标准,从当事人的实体法上地位来判断当事人适格与否,但也应当同时考虑诉讼法上的因素。如日本学者福永有利认为,作为当事人资格的一般理论,判断是否具有当事人资格时,应该考虑原告想要通过诉讼来保护或者获得什么样的实际利益,其利益是否重要到即使承认原告的单独诉讼也应该保护的程度。❷共同诉讼必要性的判断就是一种利益衡量过程,而且应该从实体法和诉讼法两方面展开,以与诉讼结果相关的、原告在实体法上的利益是否重要这一点为基准来判断。但是,与实体法说不同的地方是,是否承认当事人提起诉讼的权利,应该由诉讼结果所决定的利益的重要程度来衡量,在利益衡量中应当重视强调统一解决纠纷的必要性、法院纠纷解决功能的必要性。因此,总体上来说,利益衡量说认为实体法上有重要利益的人可以单独进行诉讼是原则,诉讼结果对各共同诉讼人有重大的利害影响,本来应该单独进行诉讼,但由于某种实体法或者诉讼法上的特别理由要求全员共同进行诉讼时,最终必须要依据诉讼政策的判断来决定。❸我国台湾地区学者邱

---

❶ 邱联恭.口述民事诉讼法讲义(二)[M].许士宦,整理.台北:元照出版有限公司,2015:286-288.

❷ 福永有利.複数賠償責任者と訴訟上の二、三問題[J].判例タイムズ,1979(393):135.

❸ 福永有利.共同所有関係と固有必要共同訴訟[J].民事訴訟雑誌,1975(21):2-4.

联恭也认为,是否有共同诉讼必要性应当考虑当事人相互之间以及未成为当事人之纷争利害关系人之间的利益关系。若法院错误地将仅有部分共同诉讼人起诉或被诉情形也成立适格之当事人,并已就诉讼标的作出实体裁判时,不应该认为使已经作出之判决全部化为乌有。❶如在合伙涉讼情形宜承认对已成为当事人之合伙人为本案判决,但效力仅及于已成为当事人之合伙人,而对未成为当事人之其他合伙人,不发生效力,被遗漏的合伙人,可以另外诉讼。总体上,该学说认为应当兼顾实体法与诉讼法之因素而为弹性判断,将扩大诉讼制度统一解决纠纷功能的诉讼政策因素也纳入利益衡量之中,比较倾向于承认必要共同诉讼。

二、共同诉讼必要性判断标准的问题实质

(一)共同诉讼必要性判断与实体法之关系

不同学说试图通过解释确定共同诉讼必要性判断标准,以明确固有必要共同诉讼的范围。虽然实体法说系大陆法系主流通说,但从理论层面而言,实体法说仅是明确了什么是共同诉讼必要性的问题,未能正面回答为什么应当根据实体法来判断共同诉讼必要性。根据诉讼政策说与利益衡量说,"共同诉讼必要性"的适用范围得以较大程度上的扩大,固有必要共同诉讼的成立并不完全依赖于实体法上共同管理权或处分权。如利益衡量说的倡导者福永有利认为,实体法说在判断管理处分权归属者时是出于私法行为的考虑,用管理权归属的有无去判断诉讼法领域的当事人资格是不妥当的,而且没有必须要这样做的理由。但是,整体观之,实体法说仍然是当前大陆法系判断共同诉讼必要性的主要标准,下文将以必要共同诉讼二分法法定化原型的德国为例,从实体法说在德国学说、立法或实务判例中的形成与发展的历史考察中,探寻共同诉讼必要性与实体法规定之关系。

必要共同诉讼二分法在1877年《德国民事诉讼法》上得以法定化时,即已采用二元识别标准模式,明确了共同诉讼必要性作为实体法原因上必要共同诉讼的识别标准。学说和实务受到德国统一初期占主导地位的普鲁士法律的影响,坚持以实体法上关于共有物只能由共有者全体处分的原则,来解释共同诉讼必

---

❶ 邱联恭.口述民事诉讼法讲义(二)[M].许士宦,整理.台北:元照出版有限公司,2015:287.

要性。普鲁士一般法认为,共有者之一人不能单独处分共有物或共有债权,共有者只能全体共同处分共有物,这一实体法原则应当在共有物诉讼程序中通用。在德国普通法时期的诉讼实务中,均以实体法为基准来判断共同诉讼必要性。如1793年《普鲁士普通法院法》第5章第4条规定,共同诉讼必要性以争议物可分还是不可分为标准判断,当争议物可分时,各持分权者可单独控告自己的权益,并且,如果证明持分权者是其他持分权者的代理人,也可以单独控告争议物全体;当争议物不可分时,共同权利者全体必须共同提起诉讼,或由法院裁决是否可以单独提起诉讼。1836年普鲁士最高法院规定应当根据《普鲁士一般法》第17章第12条规定,判断是否可以由个人对不可分权利提出诉讼,否则共有者只能全体共同提出诉讼。面对共有债权人中一人拒绝起诉时,会产生无法救济其他共有债权人的利益问题,实务判例也曾经承认共同债权人的个别诉讼。然而,学说批评和否定了允许个别起诉的实务做法,个别起诉会导致被告重复应诉的不利,而采用向其他未参加共有者产生既判力扩张的方法,又会导致对缺席共有者的危险,其最根本原因还在于,个别起诉的实务许可,无法与普通法关于只有共有者全体才能处分共有物准则的规定相协调。❶

  自19世纪中后期开始,德国学界在关于"共同诉讼抗辩"成立与否的争议中,普朗克提出罗马法上根本无法找到共同诉讼抗辩的实定法根据,不存在强制的诉之主观合并。普朗克的这一见解,对1877年《德国民事诉讼法》第59条文本语言表述产生了直接影响——取消了"抗辩"一词,而仅表达为"因其他原因而共同诉讼必要"。赫尔维格(Hellwig)主张债权人可以单独向债务人履行不可分债务,还是债权人只有全体共同才能要求债务人履行该债务,这只能通过本案审理才能得到证实。因此,从19世纪中后期开始,德国学说逐渐地将"共同诉讼必要性"作为"本案适格"之实体法问题来予以认识,即被告提出共同诉讼抗辩,要求其他的债权人参与诉讼,实际上被告只是在争夺原告对不可分债权是否有处分权,这属于实体法上的事件合格(sachlegitimation)问题。❷对共同诉讼抗辩之性

---

❶ 鹤田滋.共有者の共同诉讼の必要性——歴史和・比较法的考察[M].东京:有斐阁,2009:60-86.

❷ 在19世纪实体当事人概念下,"事件合格"具有"争议权利关系归属主体资格"和"当事人在争议方面为正当当事人资格"的两面性。参见松原弘信.民事诉讼法における当事者概念の成立と展开[J].熊本法学,1987(51):106.

质的学说解释,直接影响了1877年《德国民事诉讼法》和1896年《德国民法典》施行初期,诉讼法层面对共同诉讼必要性判断标准的研究,仍然以《德国民法典》上相关实体法规定的为主,争议的关键点在于共同诉讼必要性的根据是管理权共同还是处分权共同。如赫尔维格(Hellwig)在其民事诉讼法教科书中表示,当管理权共同归属于多个共同权利者时,只有多个人能够共同进行诉讼。拥有管理权的人才能拥有诉讼上索赔权的权能,所谓管理权是指进行事实行为(物品的利用)和法律行为的权能,进行法律行为的权能包括使财产增加的行为(取得行为)和转让的行为,变更负担或抵销的处分行为。卢克斯(Lux)从实体法上管理权与诉讼法上诉权的关系角度,说明了为什么在诉讼法上对因财产而产生的争议提起诉讼的权利,可以基于实体法对该财产的管理权而产生。他认为提起诉讼与实体法上的处分权类似,如在诉讼中可以通过和解、请求、认诺、放弃等进行处分;因此,具有实体法上处分权归属于复数人共同所有时,复数主体即应当为共同诉讼的正当当事人。莱特(Lent)认为管理权和处分权本就包括了当事人提起诉讼的权利,各共有者均拥有该项权利,也就享有了根据自己态度决定是否进行诉讼的权利,这与权利处分实际上是相同的状态。上述见解提出后,一般情况下,共同诉讼的必要性就以实体法上的处分权作为依据,当实体法上的处分权归属于复数人时,提起诉讼的权利就归属于多个拥有实体法上处分权的主体。罗森贝克(Rosenberg)在其民事诉讼法教科书中,详细地列举了固有必要共同诉讼适用的具体情形,如根据《德国民法典》第117条、第127条、第140条提起的共同共有人形成之诉、根据第194条提起的共同共有确认绝对权利之诉、真正共同共有债务之诉、按份共有之诉、根据《德国商法典》第140条提起确认合伙人资格或开除合伙人之诉等必须由共有人全体共同参加诉讼。但根据《德国民法典》第2058条共同继承人对特留份请求权的确认之诉、确认继承人权利之诉不具有共同诉讼必要性,不需要向所有共同继承人提起。

总体而言,从《德国民事诉讼法》和《德国民法典》施行以来,无论是实务界还是理论学说,主流观点认为《德国民法典》第1011条只是为了消除全体共同诉讼要求的不便而特别设置,各共有者可单独基于归属于全体共有者的所有权,提出为全体共有人给付的请求,但这只是处分权由多个共有者归属时应当全体共同诉讼原则之例外,而且各共有者只能自由地处分自己的份额。[1]现代德国民事诉讼法学界的支配性见解仍然继承了自普通法时期以来判断共同诉讼必要性的传统,以实体法规定为据判断共同诉讼必要性的主张,一直以来没有改变。

(二)共同诉讼必要性与共同诉讼实施权之关系

随着与实体法概念体系的分离,民事诉讼法理论学说明确主张,正当当事人的标准不能单纯地以实体法为据,需要改从诉讼法上寻求界定正当当事人的依据,区别于"实质当事人"概念的"形式当事人"概念在诉讼法学上得以创立。在形式当事人概念的思维体系下,诉讼上的当事人概念正式脱钩于实体法上的权利义务主体的判断模式。与此同时,为避免任何人为他人权利而任意诉讼的危险,发展出诉讼实施权理论,对参与诉讼的程序主体进行限制,重在控制何人可以就争议权利义务关系有资格进行诉讼的问题。这样一来,共同诉讼实施权就成为共同诉讼必要性判断的理论桥梁,系固有必要共同诉讼成立与否判断的关键概念工具。在判断是否具有"共同诉讼必要性"时,本质就是要确定是否应由全体利害关系人共同行使诉讼实施权。

在诉讼实施权的一般性判断标准层面,仍然回归到实体法,以实体权利义务主体归属作为标准。如我国台湾地区学者提出,"依实体法规定,实体权利义务之处分管理,必须由数人全体为之始为合法,有关该项实体权利的诉讼实施权或诉讼管理权,亦必须由数人共同行使或对之行使为合法而有当事人适格"。[2]作为一般性标准的补充,诉讼担当理论认为,对诉讼标的有管理权者享有诉讼实施权,但该诉讼标的之管理权,并非完全等同于实体法上的处分权,也并非实体法上处分权的衍生权利,而是依据法律的特别规定"自成一格"的管理权。如数人对特定财产权共同享有管理权时,则应当由数人一并提起或参加诉讼。但是,各国法律对什么情形下才具有共同实施诉讼权也未有明确的判断标准。如德国学者认为,在德国民法中,除《德国民法典》第1450条关于夫妻共同财产之共同管理权规定外,[3]法律层面少有关于共同诉讼实施权的明文规定。学者韦瑟(Wi-

---

[1] 鶴田滋.共有者の共同訴訟の必要性——歴史的・比較法的考察[M].東京:有斐閣,2009:199.
[2] 陈荣宗,林庆苗.民事诉讼法(修订八版上)[M].台北:三民书局有限公司,2016:248.
[3]《德国民法典》第1450条规定,共同财产由配偶共同管理者,关于共同财产之处分及共同财产之诉讼,应由配偶共同管理之。

eser)将共同诉讼实施权的原因总结为共同处分权、共同管理权、共同实体适格、共同共有原则要求、系争请求权的法律本质、一致裁判的必要性等不同情形。❶德国实务认为,德国民事实体法少有关于共同诉讼实施权而要求一同起诉与应诉的明文规定,如《德国民法典》第432条、第1011条、第2039条就明确许可了共同权利人一人可以单独起诉请求给付或提存。因此,以实体法明文规定为据,实务中对共同诉讼必要性的认定较为严格,通常将学说上理解的必要共同诉讼定位为普通共同诉讼。

从实体法说的德国发展历程来看,共同诉讼的必要性作为诉讼法上的问题,最终回归实体法上关于权利义务关系归属主体的私法判断,这样的处理方式固然有其历史原因与理论背景。总体而言,诉讼法层面对共同诉讼必要性的研究,无论是坚持实体法说之判断标准,还是通过"共同诉讼实施权"这一诉讼法上的判断工具,最终均必然要涉及实体法规定层面之问题,或者得以实体法之明文规定及其完善为先决条件。

三、我国民事诉讼法上共同诉讼必要性判断标准的确定

(一)我国民事诉讼法上共同诉讼必要性标准的探讨思路

比较法的历史考察表明,自德国民事诉讼法理论对"共同诉讼抗辩"适用情形的探讨伊始,"共同诉讼必要性"就作为一个实体法问题加以对待;即使诉讼实施权理论的提出,将"共同诉讼必要性"判断演变为有无共同实施诉讼权能的诉讼法问题后,通说对诉讼实施权基础的判断,也依赖于实体法关于管理权与处分权的规定。前文关于"共同诉讼必要性"判断标准的历史考察与学说比较分析表明,较之诉讼政策说与利益衡量说的不确定性,坚持实体法说作为我国"诉讼共同必要性"判断标准更具有类型识别的确定性优势。因此,在具体事件是否适用必要共同诉讼类型的判断层次上,自共同诉讼抗辩或者说固有必要共同诉讼自产生之初,"共同诉讼必要性"就是为了解决在实体法上具有共同管理权或处分权的人在诉讼程序中的诉讼地位问题。"共同诉讼必要性"判断的内容就体现为"谁享有必要共同诉讼的诉讼实施权",实质是当事人适格问题。

---

❶ 陈冠中.民事诉讼法上共同诉讼人间之合一确定[D].台北:台湾大学,2017:205.

从民事诉讼法程序发展的阶段性来看,"共同诉讼必要性"问题的判断,应是在诉讼前阶段(包括诉讼开始阶段或者本案审理阶段之前)就必须要明确,是否要求所有利害关系人全体共同起诉或应诉的问题。在诉讼实施权的一般性判断标准层面,根据我国民事诉讼当事人适格理论通说,当事人适格与否的判断仍然回归到实体法,以实体权利义务主体归属作为标准,以双方争议的实体法律关系主体为一般标准。❶通过"共同诉讼实施权"这一判断固有必要共同诉讼成立与否的核心工具,我国法上必要共同诉讼之"共同诉讼必要性"判断标准的确立思路,应当考虑到我国民事诉讼的规范出发型思维传统,坚持实体法说的主张,以实体权利义务关系主体作为判断"共同诉讼实施权"的一般标准。虽然,从实体法与诉讼法之概念体系而言,全体利害关系人是否应共同起诉问题的本质是,不以实体法规定为唯一判断依据的诉讼法问题。但是,从诉讼法与实体法关系角度来看,实体法说的正当化基础在于实体法上的权利义务主体,与诉讼胜败结果有直接利害关系,让其成为诉讼当事人,以赋予其足够的程序保障,可以正当化法院判决基础。

(二)共同诉讼必要性与合一确定必要性之关系

大陆法系理论通说认为"合一确定"是对不同类型必要共同诉讼共同特征之概念描述。❷因此,必要共同诉讼类型划分思路,在判断顺序上是存在先后顺序性的,即先以"合一确定必要性"标准来识别是否成立必要共同诉讼,再以"共同诉讼必要性"为标准来区分为固有必要共同诉讼与类似必要共同诉讼。而且,传统理论是将"共同诉讼必要性"(A)与"合一确定必要性"(B)的判断连结起来,进行对应性思考的。根据二者关系的简单组合方式,理论上最终就形成三种必要共同诉讼类型:第一种是"有A且有B"的固有必要共同诉讼,第二种是"无A但有B"的类似必要共同诉讼,第三种是"无A也无B"的普通共同诉讼。"有A而无B"的共同诉讼类型在理论上不可能成立。仅有我国台湾地区少数学说认为,我国台湾地区有关规定中的"主参加诉讼"就是一种"有A而无B"的特别的固有必

---

❶ 张卫平.民事诉讼法[M].北京:法律出版社,2019:82.

❷ 反对观点认为"合一确定必要性"仅限于描述类似必要共同诉讼,并非必要共同诉讼类型的共同特征。参见吕太郎.民事诉讼法[M].台北:元照出版有限公司,2016:122.

要共同诉讼类型。[1]日本学者高桥宏志认为,在债权人代位权诉讼中,因为债务人的自认并不妨碍次债务人,没有合一确定的必要,大概可以认为是日本民事诉讼法上"有 A 但无 B"的特殊共同诉讼类型。[2]因此,必要共同诉讼类型识别标准的确立,除了注意"合一确定必要性"与"共同诉讼必要性"的不同学说差异,还需要认真对待"共同诉讼必要性"与"合一确定必要性"的关系,这可能会涉及对必要共同诉讼的类型归整与体系结构问题。

"共同诉讼必要性"判断的实质是,确定何人应当成为必要共同诉讼人的当事人适格问题,是在诉讼前阶段(包括诉讼开始阶段或者本案审理阶段之前)就应当要明确是否要求所有利害关系人全体共同起诉或应诉的问题。然而,合一确定是一种裁判内容与时间一致性要求的法律效果,"合一确定必要性"虽然作为必要共同诉讼的共性特征,但其规范的重点在于,已经作为共同诉讼人起诉或被诉时,在共同诉讼人间是否有确保裁判内容上一致性的必要,并不当然要求所有利害关系人全体共同起诉或被诉,主要是自诉讼结果阶段从判决既判力范围或者争点效范围来思考。显然,二者实质上应当属于不同层次、不同诉讼阶段的问题,并不具有完全对应关系。即使在最为特殊的情形下,以共同诉讼实施权或者实体法说作为判断基准,若根据实体法的规定,诉讼实施权由复数利害关系人共同享有时,复数利害关系人全体应一同起诉或应诉,这样的程序展开的逻辑自然会得出"合一确定"的结果。也即,从程序思维的技巧和顺序角度,再对是否有"合一确定必要性"的判断就显得多余,在类型化基准的判断层面,固有必要共同诉讼就可以将"共同诉讼必要性"作为独立识别要素,或者说固有必要共同诉讼判断中"共同诉讼必要性"吸收了"合一确定必要性"。

第三节 必要共同诉讼类型化的前提基准反思

大陆法系必要共同诉讼二分法的确立,以"合一确定必要性"作为与普通共同诉讼外部区分层面的判断要素,以"共同诉讼必要性"作为必要共同诉讼内部再区分层面的判断核心。这一通识的类型化识别标准体系下,"诉讼标的同一性"就成为理解必要共同诉讼不言自明的前提标准。然而,从必要共同诉讼类型

---

[1] 姚瑞光.民事诉讼法论[M].台北:三民出版有限公司,2012:11.

[2] 高桥宏志.重点讲义民事诉讼法[M].张卫平,等译.北京:法律出版社,2007:185.

化理论的研究历史来看,在反思诉讼法上合一确定理论的局限性时,有晚近学说提出了类似必要共同诉讼扩大化理论与准必要共同诉讼理论,实质上动摇了必要共同诉讼类型化传统理论所坚持的诉讼标的同一性前提标准,如希腊民事诉讼法上已将必要共同诉讼适用范围扩大到因特殊情事而诉讼标的间具有先决关系不得为矛盾判决的情形。从必要共同诉讼类型化基准的视角,观察我国必要共同诉讼类型化的立法、理论与实践,"诉讼标的共同"作为民事诉讼立法层面所明示的必要共同诉讼构成要件,也成为民事诉讼法学界在否定"合一确定必要性"判断标准之法律移植可行性基础上,部分学者坚持我国从诉讼标的视角理解必要共同诉讼类型识别标准的基本理由。但是,在必要共同诉讼制度改革的方案选择上,我国民事诉讼法学界所开出的药方中,更具共识性的主流意见仍然是借鉴大陆法系"合一确定"理论。与此同时,民事司法实践超越民事诉讼法之规定,将种类相异的复数诉讼标的也作为必要共同诉讼看待的制度异化现象也频频出现。那么,我国必要共同诉讼类型化改革方案的真正落实,需要进一步厘清诉讼标的同一性是必要共同诉讼成立的共通前提标准还是独立构成要素这一关键问题,将决定着"合一确定必要性"识别标准的借鉴路径,是通过解释论的有力阐释嵌入我国现行必要共同诉讼识别标准的法定框架,抑或是需要通过立法论的彻底改革才能实现?有鉴于此,"诉讼标的同一性"标准及其和"合一确定必要性"判断标准之相互关系,应是我国必要共同诉讼类型化理论研究需要深刻检讨的问题。

一、诉讼标的同一性判断标准的理论分歧

(一)诉讼标的同一性在类型化基准体系中的定性争议

大陆法系各民事诉讼立法例对必要共同诉讼识别基准的规范重点在于"合一确定",无论是德国模式的"争议法律关系应合一确定",还是日本模式的"诉讼标的须合一确定",从制度层面的条文用语中,均无法直接解析出关于"合一确定必要性"与"诉讼标的同一性"之间的关系。在大陆法系国家必要共同诉讼类型化理论研究中,关注的核心问题仍然是如何理解"合一确定必要性"判断标准,对"诉讼标的同一性"命题也多是在"合一确定必要性"研究中的附带性论证。梳理

纷繁复杂的"合一确定必要性"学说见解中,仍然可以发现理论层面关于"诉讼标的同一性"的分歧端倪,主要是对"诉讼标的同一性"在判断必要共同诉讼成立与否之基准体系中的定性分歧。

第一种观点,同一层次说。梅迪库斯(Medicus)认为必要共同诉讼可以因法律强制必须共同主张权利或既判力冲突时成立,还可以在诉讼标的同一性条件下成立。共同诉讼人间的诉讼标的同一也有成立"合一确定必要性"的可能,即"诉讼标的同一性"是与"合一确定必要性"同一层次的独立识别基准。20世纪50年代德国实务界多数见解是,共有人中一人依《德国民法典》第1011条可以个别起诉,但若所有共有人共同提起所有物返还诉讼时,因诉讼标的具有同一性而为类似必要共同诉讼。如在一起土地共有人请求涂销共有土地上抵押权登记的诉讼中,法院认为根据《德国民法典》第1011条,共有权利人中一人可单独请求债权人涂销抵押登记,若选择数人一同行使,则在全体共同诉讼人间成立同一法律关系,在同一诉讼内部就不得作出对各共同诉讼人相互矛盾的判决,则为有合一确定必要,成立《德国民事诉讼法》第62条第1种类型必须合一确定的必要共同诉讼。❶第二种观点,前提说。德国主流通说认为,诉讼标的同一性是必要共同诉讼都具有的共同特征,但仅诉讼标的同一性不构成必要共同诉讼。诉讼标的同一性是处于合一确定必要性前提层次的共通标准。罗森贝克(Rossenberg)明确指出必要共同诉讼的成立要么有实体法上的原因,要么有诉讼法上的原因,仅有诉讼标的同一性并不足以成立必要共同诉讼。❷莱特(Lent)明确地将《德国民事诉讼法》第62条第1项规定的"系争法律关系"理解为共同诉讼中审判对象系单一且相同之法律关系。但是,诉讼标的同一与既判力扩张并无直接关系,既判力扩张应有法律明文规定,即"诉讼标的同一"和"合一确定必要性"均是类似必要共同诉讼成立与否的判断要件。施瓦布(Schwab)在继承了莱特(Lent)理论的基础上,对仅以诉讼标的同一性而成立必要共同诉讼提出批判:无论是《德国民法典》第1011条的实体法规定,还是对德国民事诉讼判决既判力规则的解释,

---

❶ "同一层次说"系本书为表达需要的一种学理概括,具体观点请参见陈冠中.民事诉讼法上共同诉讼人间之合一确定[D].台北:台湾大学,2017:154-157.

❷ 罗森贝克,施瓦布,戈特瓦尔.德国民事诉讼法(上)[M].李大雪,译.北京:中国法制出版社,2007:308.

均无法认为个别共有人单独提起诉讼的确定判决具有既判力。因此,从实定法视角来看,在欠缺既判力扩张明文规定的前提下,若个别共有人单独起诉,并不要求在各共有人间的判决统一,但若共有人共同提起诉讼则构成普通共同诉讼,无必要共同诉讼的适用可能。❶第三种观点,否定说。早期德国民事诉讼理论研究中,有观点认为在权利人对数名有争执者提出积极确认诉讼的情形,在原告与数名被告之间虽然不成立同一法律关系,但从民事诉讼制度发现真实并做成逻辑一致的裁判的目的出发,为使诉讼之所有关系人根据一致的规范经营共同生活,法院裁判有合一确定的必要。❷即诉讼标的同一性问题并不是判断必要共同诉讼成立与否时必须考量的问题。日本学界少数观点认为,纯粹诉讼法上的合一确定理论将导致必要共同诉讼僵化适用的效果或限缩类似必要共同诉讼之适用范围,不利于纠纷的一次性解决,也可能忽略对未成为形式当事人之程序保障。❸在连带债务这样诉讼标的不同一的案件中,对关系着基础性法律关系有效成立与否的事实判断上也不得矛盾,从而可以认定为有"合一确定必要性"。

(二)诉讼标的同一性之前提要件定性的体系阐释

从大陆法系民事诉讼法理论关于诉讼标的同一性问题的争议实质来看,并不否认"诉讼标的同一性"可以作为必要共同诉讼的判断标准。共识之下的分歧主要体现在,诉讼标的同一性究竟为独立的识别基准,或仅仅是前提要件,抑或根本不是必要共同诉讼判断的唯一前提基准。其实质性影响在于,一是从判断的思路上,诉讼标的同一性是否是判断必要共同诉讼成立与否的因素,如否定说认为,除诉讼标的同一外,在诉讼标的相异情形下,也可能成立必要共同诉讼;二是从判断的实质内容上看,除根据法律明文规定有既判力扩张情形下而产生"合一确定必要性",还可以于同一层次独立地判断必要共同诉讼成立与否。自赫尔维格(Hellwig)提出诉讼法上合一确定理论后,现代大陆法系民事诉讼理论通说认为,诉讼标的同一性是必要共同诉讼成立的前提标准,满足诉讼标的同一性要求基础上,还应根据实定法关于既判力扩张的规定判断是否有合一确定必要性。

---

❶ 高橋宏志.必要的共同訴訟論の試み[J].法学協会雑誌,1975(6):654.
❷ 鶴田滋.共有者の共同訴訟の必要性——歴史的・比較法的考察[M].東京:有斐閣,2009:179.
❸ 中村英郎.必要的共同訴訟における合一確定——ことにその沿革的考察[J].早稲田法学,1965(1):257.

那么,需要解释的问题是,如何理解大陆法系合一确定必要性判断标准理论通说与诉讼标的同一性的关系呢?

"诉讼标的"概念具有简化和稳定民事诉讼理论和制度体系的机能,统领和连接了被称为诉讼标的理论"四个试金石"的诉之客观合并、既判力、禁止重复起诉、诉之变更等具体制度,形成了内在紧密关联程度极高的民事诉讼制度体系,可谓是民事诉讼理论体系中最基础的核心概念。因此,对诉讼标的同一性作为必要共同诉讼共通前提要件的通说理解,应当纳入与其紧密相关的民事诉讼制度体系中予以体系化解释。作为大陆法系"合一确定必要性"判断标准的通说见解,"诉讼法上合一确定理论"认为,仅当法律明文规定产生既判力主观范围扩张及于其他共同诉讼人时才成立类似必要共同诉讼。虽然不要求当事人一同起诉或应诉,承认个别共同诉讼人也享有独立的诉讼实施权,缓解了固有必要共同诉讼对共同诉讼必要性的僵化要求;但是,若当事人选择共同诉讼,因个别诉讼时判决的既判力扩张及于其他共同诉讼人时,则诉讼标的必须在判决中合一确定。而且,因为既判力扩张冲击了既判力相对性原则,也限制了当事人的诉权,对未参加诉讼当事人的程序保障不充分。因此,通说认为既判力扩张仅在法律明文规定的情形下产生。通说理论以判决为出发点,透过"既判力"这一中间概念工具,在避免矛盾裁判问题上,实现了"诉讼标的合一确定"与"既判力"的理论契合。由此,在"诉讼标的"概念统领之下的民事诉讼制度体系中,以法律明文规定的既判力扩张作为"合一确定必要性"的通说见解下,为维持既判力理论的一致性,就不能突破"既判力客观范围"等于"诉讼标的"的既判力理论体系,否则就与诉讼法上合一确定理论无法形成体系上的逻辑自洽。换言之,在诉讼法上合一确定理论的通说见解下,必要共同诉讼的成立应坚持诉讼标的量上的唯一性,那么,"诉讼标的同一性"作为必要共同诉讼前提标准的理论观点就得以证成。

二、诉讼标的牵连性与合一确定必要性之关系

诉讼标的同一性问题的学说争议,形式上看是不同学说在必要共同诉讼成立与否判断问题上对"诉讼标的"量上理解的差异,实质上是"诉讼标的"与"合一确定必要性"判断标准之关系的认识不一,即"合一确定必要性"的判断是否必须坚持必要共同诉讼人间法律关系为同一个法律关系,抑或仍然存在着可能扩张

到诉讼标的并非同一情形的空间。"合一确定"的本质系通过裁判资料统一规则和诉讼进行统一规则,对共同诉讼人进行程序制约;合一确定必要性判断既是一个法律问题也是一个政策问题;"合一确定必要性"判断标准的确立,不能仅仅限于法律上的合一确定要求,还需要考虑民事诉讼目的、民事纠纷解决理念及当事人的程序保障等多重因素。因此,借鉴大陆法系合一确定必要性理论,吸收通说诉讼法上合一确定理论的合理内核,于我国必要共同诉讼类型的完善,还需要看到问题的另一面是,若将"合一确定必要性"的判断与"诉讼标的"连接起来思考,必须要回答的问题是,复数性质不同但具有关联性的纠纷间是否就一定没有合一确定的必要性吗?

(一)诉讼标的牵连性的内涵

"诉讼标的牵连"是对诉讼标的之量与质衔接思考基础上,就数量为复数且性质不相同的诉讼标的间关系状态的一种概念化表达。我国较早提出诉讼标的牵连问题的学者谭兵教授认为,所谓诉讼标的牵连是指"复数当事人分别与同一相对方当事人争讼的民事法律关系存在着紧密的联系,实质表现为复数当事人间因相互牵连的诉讼利益而呈现出互相损益"。[1]章武生教授虽然没有采用"诉讼标的牵连"一语,但明确指出在复数诉讼标的间存在着事实上或法律上的牵连关系。[2]胡震远博士认为,诉讼标的牵连型诉讼是指"在一个民事诉讼中有复数诉讼标的,但多数当事人对诉讼标的具有可分的共同权利义务,复数诉讼标的之裁决结果却无合一确定必要性"[3]。前述观点对诉讼标的牵连的内涵理解并不完全一致:第一种观点侧重于复数当事人间最终在法律上需要承担的责任或义务的此消彼长关系;第二种观点侧重于复数诉讼标的间在案件事实与法律层面的牵连关系;第三种观点以论理上的合一确定必要性理论为基础,试图将复数诉讼标的间因其具有某种权利义务上的共通性解释为成立合一确定必要性。

本书认为,对"诉讼标的牵连"的内涵解释,可以从两方面入手。一是参考我

---

[1] 谭兵.民事诉讼法学[M].北京:法律出版社,1997:218.
[2] 章武生,段厚省.必要共同诉讼的理论误区与制度重构[J].法律科学,2007(1):132.
[3] 胡震远.共同诉讼制度研究[D].上海:复旦大学,2009:137.

国民事诉讼制度与理论中关于反诉实质性要件的理解。[1]学者杨建华在解释诉讼标的牵连时认为,包括诉讼标的相同但却非同一事件者、诉讼标的由同一法律行为所生者、诉讼标的系形成同一法律关系者、诉讼标的互不兼容或其中之一为先决问题者。[2]日本学者在解释本诉与反诉之关联性时,指出所谓有牵连是指"作为两诉的诉讼标的的权利内容或其发生原因事实具有共通性。"[3]从提出诉讼标的牵连问题的学者所列举的诉讼标的相牵连的诉讼类型来看,[4]如无意思联络的数人侵权行为、同一事实造成的损害存在两个以上性质相异民事义务的情形均属于诉讼标的有牵连关系。二是从具体个案诉讼标的特定化的方法来思考。在诉讼标的识别标准的复杂学说观点中,诉讼法说与实体法说理论建构的最大差异在于,实体法说以原因事实可以构成之法律关系或可以产生的请求权作为特定诉讼标的的因素,而诉讼法说以原因事实和诉之声明作为特定诉讼标的之因素。[5]诉之声明是实体法上可以向被告提出的实体上权利请求在诉讼法上的转化,这种实体上的权利请求又必须以法律规定之构成要件所要求的法律事实为基础。即诉之声明具有固定原因事实范围以明确诉讼标的之功能,原因事实也有明确诉之声明的事实基础之功能。最终结果即是,无论采用何种诉讼标的理论,具体个案中诉讼标的之特定化均无法回避案件事实(原因事实)和诉之声明的具体内容问题。若权利人基于共通的原因事实对不同主体提出数项实体法上权利主张时,在事实层面(包括证据层面)和法律层面(包括构成要件层面)就

---

[1] 我国《民事诉讼法》并未规定反诉的要件,仅是明确反诉的提起时间等程序问题;《民诉法解释》第233条规定的反诉实质要件为诉讼请求基于相同事实、相同法律关系或具有因果关系;但在我国台湾地区有关规定中明确规定了,反诉提起的实质要件之一即"本诉与反诉的诉讼标的的有牵连"。我国民事诉讼理论通说一般认为反诉的实质性要件是本诉讼标的与反诉诉讼标的有牵连关系。参见宋朝武.民事诉讼法学[M].北京:高等教育出版社,2018:34.

[2] 杨建华.民事诉讼法要论[M].北京:北京大学出版社,2013:227.

[3] 新堂幸司.新民事诉讼法[M].林剑锋,译.北京:法律出版社,2008:534.

[4] 有关文献中所列举的诉讼标的牵连型必要共同诉讼的主要适用范围包括:意思联络的数个侵权人提起的侵权赔偿诉讼、两个以上负有不同性质民事义务的主体因不依法履行其义务导致同一相对方主体的民事权利遭受同一损害时受害人对两个以上义务主体提起的诉讼、数个继承人认为被告侵占了应当由他们按份继承但尚未分割的遗产而提出互不矛盾的诉讼。谭兵.民事诉讼法学[M].北京:法律出版社,1997:218-222.

[5] 黄茂荣.债之概念与债务契约[M].厦门:厦门大学出版社,2014:105.

可能导致复数诉讼标的间产生相互关联。但是,从"合一确定"的视角思考,具有"合一确定必要性"的牵连型诉讼标的应是仅指复数诉讼标的间在法律层面具有共通前提(基础)法律关系的情形。

具体而言,诉讼标的牵连可能表现在以下两种情形:一是构成复数诉讼标的之法律关系相互间有先决性或主从性。如在保证责任案件中,主债务与保证债务系主从合同关系,保证责任的承担以主债务的成立且有效为基础,若主债务不成立则保证责任也无法独立存在。又如在个人劳务致人损害责任纠纷中,第三人受害结果系两方面原因结合而产生,而且提供劳务一方侵权行为是致损的主要原因,接受劳务一方的雇佣行为仅仅是为该损害后果的发生提供了必要条件,只有提供劳务一方对第三人的侵权行为成立时,接受劳务一方的雇主责任才得以成立。再如在机动车交通肇事案件中,根据机动车交强险制度规定,交强险承保公司负有向受害人直接赔付机动车第三人责任险的义务,但交强险公司的保险责任与机动车驾驶人的侵权责任系两个不同实体法律关系(诉讼标的),各有独立的构成要件,其诉讼标的之牵连性在于,保险责任与侵权责任均以交通肇事车辆与交强险合同之被保险车辆同一为必要,机动车交通肇事侵权法律关系或者机动车侵权损害赔偿请求权是保险金请求权的前提法律关系。二是复数实体权利义务关系的构成要件相同。作为诉讼标的之复数实体法律关系间虽然没有主从或先决关系,在债之地位上各债务人处于同一层次,但各权利主体之实体权利产生于同一法律上原因,表现为权利人所主张权利的构成要件相同。如在因数人共同借贷而产生的连带债务案件中,根据连带责任实现方式规则,无论债权人采用何种方式向谁提出偿还请求,债权人与各连带债务人之间的债权债务关系均因同一借款合同而产生,连带责任裁判均无法回避有关借款合同有效成立与否这一基本事实,借款合同法律关系有效成立就成为债权人对各连带债务人实体权利主张的共同构成要件。

在厘清了诉讼标的牵连的内涵基础上,基于具体个案诉讼标的之特定化,需要结合具体的案件事实与诉之声明才能实现最终判定的程序方法,需要继续探讨的问题是,虽然,两个诉讼标的间在法律层面存在着主从、先决之相互牵连关系时,原告有选择权可以基于各法律关系而分别地提起诉讼,但是,若原告选择将两个法律关系之请求权同时提起时,能否为了诉讼经济和一次性纠纷解决的理念追求,以及避免矛盾裁判的目的,法院强制两诉合并辩论;在原告因法律知识欠缺,不知有相牵连的诉讼标的可合并起诉时,法院能否为了前述目的而强制诉的提起或追加,抑或是法院应当自诉讼标的特定化的视角为相应的释明,提示当事人可以对牵连关系的诉讼标的提起诉讼;再从合一确定的视角来看,若承认两诉存在着相互牵连而有不得为矛盾裁判的需要时,是否可以认为有"合一确定必要性",进而有新类型必要共同诉讼的形成可能。

(二)牵连型诉讼标的合一确定之正当性

牵连型诉讼标的面临的核心问题主要有两方面。一是当事人(权利人)因法律知识的欠缺或者其他原因,而未在同一诉讼程序中提出复数诉讼标的时,是尊重当事人之处分权,根据当事人的选择限制法院的审判对象范围,还是为一次性纠纷解决之诉讼经济目的,通过法院释明义务的行使,修正或扩大审判对象的范围?二是若当事人选择在同一诉讼程序中对不同主体同时提起复数诉讼标的时,因复数诉讼标的间的牵连关系,为避免矛盾裁判在事实层面和法律层面是否有合一确定的必要,进而在共同诉讼人间限制其诉讼行为的独立性?与本书讨论主题范围密切相关的是若当事人选择同时起诉时,在复数当事人间是否成立共同诉讼?为何种类型之共同诉讼?若当事人选择对牵连关系诉讼标的分别起诉时,法院可否强制当事人起诉或应诉?牵连型诉讼标的合一确定的正当性,具体体现在以下几方面。

第一,有利于纠纷的一次性解决。诉讼标的间的牵连性包括复数诉讼标的在法律层面存在着主从或先决关系以及构成要件相同等牵连情形,复数诉讼标的间在事实主张层面和证据资料层面均存在着共通性。因此,需要通过充分的程序保障,以确保利害关系人能实质性地参与诉讼程序,提出主张并展开辩论,通过证据调查与程序进行的统一,实现诉讼资料与证据评价的统一,更透过一次性纠纷解决实现诉讼经济之目的。

第二,避免矛盾裁判的需要。就民事诉讼法秩序整体而言,"避免矛盾裁判"若与"处分权主义、辩论主义、既判力相对性"等价值相冲突时,为实现法院判决的解决纠纷功能,就应以前者为重,因为解决纷争处于民事诉讼目的之关键地位。❶从避免裁判矛盾危险的角度来看,矛盾裁判不仅可以发生于受既判力调整的判决主文,对案件所涉事实问题的判决理由部分的判定同样可能产生矛盾裁判。如对诉讼标的不同但在法律层面存在着共通前提法律关系的案件中,对该前提法律关系所涉及事实问题部分的判断,虽然不是对诉讼标的之判断,但若在共同诉讼人间作不同的判断,将最终造成实体法律关系评价上互相矛盾,也将会对国家司法权威构成负面影响。以连带保证责任纠纷为例,主债权债务关系即是债权人对保证人和主债务人之诉讼请求的共通前提法律关系,若债权人仅起诉保证人且法院作出"主债务存在"的判决,保证人在承担责任后以主债务人为被告提起求偿之诉,若法院基于主债务人之抗辩而认定主债务不存在,则不仅可能导致裁判矛盾,还将使得保证人之追偿权落空。再以数人共同借款而产生的连带责任案件为例,若债权人以数连带债务人为共同被告,请求对主债务承担连带清偿责任,连带债务人之一主张债务已清偿,或者连带债务人之一对债务之成立提出异议,而另一连带债务人自认借款事实时,若仍然坚持共同诉讼人间诉讼行为独立性原则,那么,最终在借款是否成立问题或者债务是否清偿问题的判断上,在不同连带债务人间就可能会出现矛盾认识。因此,以实体权利的保护与实现为依归之民事诉讼程序,应当在程序制度层面回应避免矛盾裁判的需要,在诉讼价值层面尽可能地追求纠纷的一次性解决,在程序技术层面通过提供更充分的程序保障前提下,正当化必要共同诉讼人间诉讼行为独立性限制,透过诉讼进行统一与裁判资料统一,实现牵连型诉讼标的之合一确定。

第三,保护共同诉讼人的实体利益。诉讼标的牵连型诉讼的最大特征在于,复数纠纷主体间作为诉讼标的之各实体法律关系紧密,在诉讼上表现为复数诉讼标的主体间存在着诉讼利益上的相互损益关系。如在连带保证责任案件中,若债权人选择将债务人与保证人作为同一诉讼程序共同被告,请求主债务人返还借款并要求保证人承担连带保证责任时,假定主债务人否认借款合同存在,而保证人承认借款合同成立,又与债权人通谋提出债权人已免除其保证责任,或者保证合同意思表示不真实而无效之抗辩时,若仍然坚持共同诉讼人间独立性原则,其诉讼后果可能有两种情形:一种情形是,因为连带保证责任的承担应以主

---

❶ 杨建华.就若干诉讼实例谈民事诉讼法第五十六条第一项的适用[M]//民事诉讼法之研讨(二).台北:元照出版社,1987:105.

债务之成立为前提,但保证人与主债务人的事实主张不同,可能会在主债务是否成立问题上形成矛盾判断;另一种情形是,若保证人的保证意思真实性抗辩被否定,而债权人关于主债权务关系成立的主张被肯定时,保证人就需要对债权人承担保证责任,但保证人承担保证责任后向主债务人追偿时,却可能面临着追偿权无法实现的巨大风险。因此,为保护共同诉讼人间的实体利益,应当将牵连型诉讼标的纳入同一诉讼程序中,通过共同诉讼人间诉讼行为的独立性限制,实现牵连型诉讼标的之合一确定。

三、我国民事诉讼法上诉讼标的同一性判断标准的立场选择

在必要共同诉讼识别标准体系中,"诉讼标的同一性"的性质界定,以前提说为主流见解,在大陆法系"诉讼法上合一确定理论"的通说观点下可以获得体系化的理论阐释。然而,与之不同的是,我国民事诉讼法却以其作为制度层面的唯一标准,前文分析已明确指出,因"诉讼标的"自身识别标准的多元性而导致必要共同诉讼判断标准的不确定性弊端明显,也引发了诉讼法学界关于必要共同诉讼适用范围的诸多争议。因此,未来我国必要共同诉讼的类型化改革,吸收大陆法系"合一确定"理论的合理内核,既要厘清"诉讼标的同一性"标准作为必要共同诉讼唯一法定识别标准之存废,也要明确诉讼标的自身之识别标准。

(一)我国法上诉讼标的识别标准的应然选择

在我国必要共同诉讼类型化改革的内生路径中,目前民事诉讼法学界对《民事诉讼法》第55条必要共同诉讼法定识别标准的理解争议表明,诉讼标的识别标准理论的背景差异,将导致具体案件诉讼标的的判断时,在量(单数或复数)与质(同一或不同一)上得出不同结论,造成对同一类型纠纷的共同诉讼类型归属结论呈现出明显的观点对立。但遗憾的是,诉讼标的理论的内部不断精细化也导致"内卷化",[1]对司法实践的指导性价值弱化,更有使以诉讼标的概念为核心的民事诉讼理论复杂化,使相关民事诉讼制度的解释出现不确定性之问题,受制于此的必要共同诉讼适用范围可能出现的扩大与限缩现象就是最好注脚。典型如

---

[1] 吴英姿.诉讼标的理论"内卷化"批判[J].中国法学,2011(2):177.

连带责任案件的共同诉讼类型,就形成了是否是必要共同诉讼以及是何种必要共同诉讼的多种学说。在明确了"合一确定必要性"包括诉讼标的同一和诉讼标的牵连两种情形下的合一确定之基础上,为避免概念语境使用差异而带来的理解困境,我国必要共同诉讼类型化基准的确定,仍然无法回避诉讼标的自身的判定标准所涉及基础理论的立场问题,以为必要共同诉讼类型化基准的提炼确定基础。

既有研究表明,在多样化的诉讼标的理论争议的阵营划分中,各种诉讼标的理论均存在不足。❶一分支说因其在诉讼标的具体判断时仍然需要借助案件事实才能个别化,与二分支说在技术操作上并不存在太大实质差异,而且在诉讼前阶段所界定的诉讼标的范围会大于诉讼后阶段,造成同一诉讼中诉讼标的范围不一致而受到诸多批评,不为诉讼理论与实务所采。❷欧洲法院最近提出了核心理论,但该理论仅是针对重复起诉禁止原则这一诉讼标的理论所关涉的个别制度而展开论证,并不与既判力客观范围等制度予以体系化地处置,虽然在对前后诉是否诉讼标的同一问题上获得更广泛的解释空间,但不能认为欧洲法院的核心理论代表了一个新的诉讼标的概念。关于诉讼标的理论的不同流派中,最主要的代表是实体法说与诉讼法说之二分支说。实体法说的最大的弊端在于请求权竞合时会造成诉讼不经济或对义务人保护不力之问题。二分支说不仅摆脱了请求权竞合时诉讼标的之识别的实践困境,以诉之声明和案件事实为判断要素,而且从更为纯粹的诉讼法意义上,以"程序法上请求权"之理解出发来建构诉讼标的理论,这种去实体法上请求权化的努力值得肯定。究竟从何种思路思考诉讼标的,抑或是兼采多种理论判定诉讼标的的单复与异同,并未在理论与实务上形成定论。本书认为,我国民事诉讼法上的诉讼标的识别标准应采实体法说。

---

❶ 我国民事诉讼理论界对诉讼标的的理论研究成果丰富,研究范围从什么是诉讼标的、如何确定诉讼标的的识别标准到诉讼标的的与相关制度的关系和诉讼标的理论的实践运用等。关于诉讼标的的识别标准研究的主要代表文献,参见王锡三.诉讼标的理论概述[J].现代法学,1987(3);张卫平.论诉讼标的及识别标准[J].法学研究,1997(4);李龙.民事诉讼标的的基本概念和民事诉讼的基本理念[J].现代法学,1999(1);江伟,徐继军.民事诉讼标的新说——在中国的适用及相关制度保障[J].法律适用,2003(5);段厚省.民事诉讼标的与民法请求权之关系研究[J].上海交通大学学报(哲学社会科学版),2006(4);严仁群.诉讼标的之本土路径[J].法学研究,2013(3).

❷ 江伟.民事诉讼法学[M].北京:北京大学出版社,2015:26.

其理由在于：

第一，二分支说中"案件事实"判断要素的不明确，增加了诉讼标的是否同一问题判断的不确定性。首先，在二分支说内部对"事实"的概念理解也存在着"自然事实"与"法律事实"的分歧。如罗森贝克（Rosenberg）认为，"事实"是指未经法律评价的自然事实；尼克逊（Nikisch）认为，"事实"是指法律事实，即可以满足一个完全法律规定之构成要件的事实。❶实务中，多以复数事实间存在紧密的时间关联和交易关系的"自然观察法"判断是否属于一个案件事实，但因其欠缺明确标准而会造成不确定性解释结论，学者认为这会减损诉讼标的概念建构民事诉讼理论体系的价值。❷其次，二分支说只是明确了"案件事实"和"诉之声明"作为诉讼法视角下，特定诉讼标的的两个因素，可以根据案件事实与诉之声明的单复与异同来判定具体诉讼的诉讼标的，但对于最终所特定的诉讼标的究竟是什么却无法予以确定的、正面的肯定性描述，使得诉讼标的概念飘忽不定，极不易于司法实践操作。

第二，实体法说具有易于理解和便于操作的确定性优势。实体法说的判断方式更符合了我国传统上法规出发型思维方式，诉讼标的识别结论更确定。诚然，无论是坚持"实体法律关系"还是"实体法上请求权"作为具体把握要素，作为实体法说的具体思考工具，二者本身也存在逻辑层次理解的不同。如一个合同项下有多项请求权时，会因为法律关系与请求权的非一一对应关系而存在诉讼标的识别结论的差异。但从民事诉讼的发生原因来看，原告向法院寻求诉讼救济的原因在于，原告与被告间发生纠纷，原告行使诉权向法院提出的裁判请求，其请求事项是实体法上原告所享有实体上权利在诉讼法上的转化，这种实体上的权利还必须以法律规定之构成要件所要求的法律事实（即原因事实）为基础。

---

❶ 陈玮佑. 诉讼标的概念与重复起诉禁止原则——从德国法对诉讼标的的概念的反省谈起[J]. 政法大学评论, 2012(127): 22.

❷ 自然观察法是指通过一个"生活的观念"所划定的生活历程，将存在紧密时间关联与交易关系的数个事实评价为同一生活事实。该方法坚持认为二分支说所谓的案件事实是指生活事实，是事实上完整的生活事实，而不是原告所提出于诉讼上之事实。如在买卖关系中，于买卖合同签订当日即签发票据以清偿买卖价金，以自然观察法，买卖与票据行为即是在时间与交易关系上有密切关联的同一生活事实。但也有观点认为票据债权并不基于买卖关系产生，在诉讼上无理由漠视基于不同生活事实而取得相应权利的自由。

因此,诉讼标的之特定,并非可以脱离诉之声明与案件事实,否则就表现为抽象的实体法律关系规定而已。具体诉讼中通过案件事实与诉之声明而呈现的实体法律关系或实体请求权,是建立在已经发生的法律事实和明确的法律关系基础上的,是具体的、个别化的。换言之,结合诉之声明、案件事实,实体法说下诉讼标的判定的最终结论也就非常明确且具体,可以作为当事人争执和法院裁判的对象。也许正因为如此,最高人民法院在对《民诉法解释》理解问题上作出的权威论著中提出,旧实体法说与我国民事诉讼实践需求的契合度,是除此之外的任何诉讼标的理论所无法比拟的。权威学者也在其论文中表达了类似观点,指出在中国法语境下,法官的裁量余地不大且释明度不高,实体法说更容易维护民事诉讼法理论和制度的体系性。[1]

(二)诉讼标的同一性作为识别必要共同诉讼唯一基准的否定

大陆法系关于诉讼标的同一性是否可以作为必要共同诉讼独立构成要件的争议,最终以否定说占据主流。诉讼标的同一性作为必要共同诉讼前提要件获得体系化阐释,只有在坚持诉讼法上合一确定理论之大陆法系通说见解背景下方可实现。借鉴大陆法系必要共同诉讼类型化理论,吸收"诉讼法上合一确定理论"的精神要义,改革我国必要共同诉讼类型体系,与我国民事诉讼法上"合一确定必要性"判断标准的立场选择相契合,应当否定将"诉讼标的同一性"作为唯一法定识别标准之立法模式。其原因在于:

第一,纯粹诉讼法上合一确定理论将导致必要共同诉讼适用范围局限之缺陷。诉讼法上合一确定理论下,必要共同诉讼的适用范围将限定在诉讼标的同一的情形下,其正当性一方面源自以诉讼标的为核心概念的民事诉讼理论体系之逻辑自洽性,另一方面源自避免确定判决之既判力冲突和维护法律安定性的要求。但是,这将限制纠纷一次性解决目的的实现,也可能在当事人间诉讼标的具有牵连性的案件中,就同一事件的判断会产生矛盾裁判。如在因自然人共同借款而产生的连带责任案件中,就出借人是否交付出借款项这一连带债务成立并有效的判断,系各连带债务人间具有绝对效力的事项,尽管债权人与各连带债务人间有复数诉讼标的,但就此影响连带责任成立与否的基础事实之判断,仍然

---

[1] 张卫平.诉讼请求变更的规制与法理[J].政法论坛,2019(6):64.

不得有矛盾。第二，合一确定必要性扩张适用于诉讼标的牵连型纠纷的比较法经验。在比较法上，《希腊民事诉讼法》已将必要共同诉讼适用范围扩大到因特殊情事而诉讼标的间具有先决关系不得为矛盾判决的情形。晚近学说在反思诉讼法上合一确定理论的局限性时，均将必要共同诉讼适用范围扩展至诉讼标的不同的情形。虽然对相互牵连的复数诉讼标的并不具有全部的合一确定必要，各诉讼标的之性质也相异，但是因构成诉讼标的之实体权利义务关系间的先决关系、主从关系或者具有相同的构成要件，为实现一次纠纷解决的诉讼经济价值追求、避免矛盾裁判和保护各实体权利关系主体的合法权益，而有部分合一确定的必要。第三，我国民事司法实务中牵连型纠纷解决实践的有益尝试。我国民事司法实践中，对机动车交通事故案件的侵权人与交强险保险公司、雇佣责任案件的雇主与第三人、一般保证责任案件中的一般保证人与主债务人作为必要共同诉讼处理的实践经验表明，强制要求全体民事责任主体均作为同一诉讼共同被告甚至依职权追加的方式，可以在查清案件事实、避免矛盾认定与分清责任负担份额、一次性纠纷解决之目的层面获得更好的制度效果。

总言之，我国民事诉讼法上必要共同诉讼类型化基准的确定，并不是一个单纯的理论立场选择问题，不能全盘地照搬大陆法系既有理论或立法，需要嵌入我国民事实体法与程序法的制度体系，在不同理论立场中体系化地思考和衡量各类型化基准的具体内涵，以形成我国必要共同诉讼类型化基准的层次性体系。

首先，坚持诉讼法上合一确定理论为主轴，以既判力作为中间工具，以诉讼标的同一情形下既判力扩张所及范围，作为"合一确定必要性"的基本适用范围；同时，对诉讼中需要合一确定对象为具体的分析，弹性地认识合一确定范围，承认诉讼标的牵连型纠纷在事实与法律判断层面有不为矛盾裁判的必要，例外地扩大合一确定必要性范围，包括诉讼标的牵连型诉讼中复数诉讼标的间具有共通前提（基础）法律关系的判断层面。其次，"共同诉讼必要性"判断实质是为确定何人应当成为必要共同诉讼人的当事人适格问题，其与"合一确定必要性"系不同层次的问题。考虑到我国民事诉讼的规范出发型思维传统和实体法律关系作为诉讼标的的判断标准的基本共识，应以实体权利义务关系主体作为判断"共同诉讼实施权"的一般标准。最后，"诉讼标的同一性"可谓必要共同诉讼成立的充分条件而非必要条件，以实体法律关系说作为我国诉讼标的识别标准，在诉讼标的不同—但具有共通前提（基础）法律关系时也有合一确定必要性成立的可能。

从必要共同诉讼识别标准之立法完善和必要共同诉讼制度规范之条文用语来看，《民事诉讼法》第55条"诉讼标的是共同的"条文表达方式，无力全面涵盖必要共同诉讼层次丰富的类型化基准，已无法通过对第55条所确定的必要共同诉讼法定识别标准的解释论方式，来实现必要共同诉讼类型体系的改革目标。因此，借鉴大陆法系民事诉讼法立法例之有益经验，并在实定法层面明确地表达"合一确定"用语，将我国《民事诉讼法》第55条的用语表达方式修改为："当事人间争议诉讼标的有合一确定必要或者因其他原因有共同诉讼必要……"与此同时，通过学理上对立法术语的体系解释，促进司法实践的统一理解与把握。一方面，透过对"合一确定必要"的扩张性解释和目的性解释，将"合一确定必要"理解为包括"诉讼标的同一"和"诉讼标的牵连"两种情形下均具有合一确定必要性，实现对"诉讼标的"与"合一确定"关系之体系性解释；另一方面，与我国正当当事人诉讼实施权之正当性来源的解释相结合，将"共同诉讼必要"的原因明确解释为复数当事人间共同享有诉讼实施权之情形，并通过相关参考性案例或指导性案例之积累，逐步形成满足实践需要的必要共同诉讼类型体系。

第四章 必要共同诉讼类型的体系重构

按照"要素—类型—体系"的类型化思维过程,在厘清必要共同诉讼类型化基准之后,更进一步的研究应实现必要共同诉讼类型归整和体系建构的目标。反观制度层面我国必要共同诉讼类型化现状,其最大缺陷在于《民事诉讼法》第55条"概念—特征—构成要件"的思维模式下,必要共同诉讼识别标准的单一化设定,造成民事诉讼立法层面必要共同诉讼类型单一化。由于诉讼标的识别标准理论具有相当的复杂性,虽然因采用不同学说可能得出必要共同诉讼适用范围的截然不同结论,但也无法通过法解释学的方法再细分必要共同诉讼,并未形成足以满足司法实践复杂民事纠纷解决需要的类型体系。有鉴于此,本章将从我国必要共同诉讼类型体系重构的理论前提入手,从抽象层面提取并概括必要共同诉讼的共性要素,确立必要共同诉讼类型体系重构的工具模型,科学地理解和把握各要素间相互关系,概念化地表达和描述必要共同诉讼的具体类型,力图形成"理论—制度—实践"相互衔接的必要共同诉讼类型体系,重点探讨我国必要共同诉讼理论类型体系的构成及其类型适用,以为后文必要共同诉讼审理规则,尤其是不同类型必要共同诉讼特殊审理规则的建构奠定分析的基本脉络。

第一节 必要共同诉讼类型体系重构的理论前提

必要共同诉讼制度作为我国民事诉讼制度体系的重要构成,其制度功能重在避免矛盾裁判和实现纠纷一次性解决,是民事诉讼程序对复杂民事纠纷解决需要的一种制度回应。因此,必要共同诉讼类型体系重构是我国民事诉讼制度体系化完善的一项重要作业。但是,类型化基准要素的抽象提取,仅为类型体系的建构提供了一种方法论意义上的工具支持,还必须将必要共同诉讼类型化作业置于我国民事诉讼程序理论与制度的体系框架中,充分考量其类型体系重构的诉讼法基础理论和价值层面的正当性。有鉴于此,本节将从民事诉讼基础理论层面和必要共同诉讼制度功能层面,以合一确定必要性判断标准的确定为核心展开论证,为必要共同诉讼类型体系重构提供理论支撑。

一、民事诉讼目的论的理论指引

民事诉讼理论界在探索"为什么设立民事诉讼制度"这一哲学性问题之答案的过程中,形成了不同民事诉讼目的论学说。[1]虽然目的论作为一种诉讼哲学层面的抽象探讨,不能作为具体民事诉讼制度的解释或者使得针对某一制度改革之对策建议正当化的基准,但诉讼理念的差异会对民事诉讼具体制度设计产生决定性影响。民事诉讼目的论具有"创造某种具体性见解容易被接受之学问共通氛围"和"使某种具体性见解容易被推导出来之催化剂"机能,发挥着使具体性见解更容易被理解和接受的"跳板作用"。[2]因此,我国必要共同诉讼类型体系的确立,也有必要从民事诉讼目的论的理论高度出发,反思大陆法系必要共同诉讼类型化基准相关学说理论与我国民事诉讼法律体系框架的契合性。

民事诉讼作为一种上层建筑,是现代国家所倡导的主流纠纷解决方式之一。因此,考量民事诉讼目的应当以当事人与国家(法院)为出发点,兼顾作为民事诉讼制度利用者与民事诉讼制度设计者的立场。是故,民事诉讼的主要目的之一应当是解决纠纷,但是在实体法日趋完善的背景下,纠纷的解决必须以实体法为基准,以维护国家制定的私法规范秩序;同时,民事司法的被动性原理要求,为激励当事人选择国家民事司法资源而非其他纠纷解决方式的动力,保护当事人权利应当是解决纠纷与维护私法秩序之目的追求的平衡点和根本点。也即,纠纷的解决应当是在高度保障当事人充分地向法院主张及提供诉讼资料机会的前提下,公正而高效地作出裁判结果。由此,民事诉讼不是根据原告在诉讼中提出的以实体法上的权利为基础的事实关系来决定纠纷的单位,不是围绕个人的权利关系或法律关系的存在与否展开的相对性解决,而应当根据社会上实际存在的真正作为纠纷对象的法律效果的存在与否来决定的。[3]在一个诉讼中一次性的纠纷解决才是民事诉讼作为公权的纠纷解决制度本应有的方式。我国《民事诉

---

[1] 关于民事诉讼目的论不同学说的梳理,参见李祖军.民事诉讼目的论[M].北京:法律出版社,2001:20-35.

[2] 高桥宏志.民事诉讼法——制度与理论的深层分析[M].林剑锋,译.北京:法律出版社,2003:16.

[3] 井上繁規.必要的共同訴訟の理論と判例[M].東京:第一法規株式会社,2016:50.

讼法》虽然没有在制度层面明确表达"民事诉讼目的",但《民事诉讼法》第2条、《中华人民共和国人民法院组织法》第3条对民事诉讼法任务的规定可以作为理解我国民事诉讼目的之切入点。显然,"保护当事人合法权益""确认民事权利义务关系""保护当事人行使诉讼权利"等用语实际上肯定了民事诉讼的多元目的。随着社会经济的发展,社会矛盾的数量增加且复杂程度明显加大,进入人民法院的各类纠纷数量急剧上升,导致法院案件压力剧增。在这样的现实背景下,无论是国家在纠纷解决机制方面的顶层设计还是最高人民法院的司法政策,均反映出对民事诉讼多元目的论的肯定,"注重有效解决民事纠纷"还成为2012年民事诉讼法修改的重点指导精神。❶

从民事诉讼目的论视野来看,论理上的合一确定理论可以在非常广泛的层面确保多数人间纠纷一次性解决,但其最大问题在于将发现客观真实作为民事诉讼之目的,将事实上可能产生裁判内容矛盾的纠纷均纳入合一确定范围,不仅其范围过于广泛,也与现代民事诉讼理念并不相符。因为,根据辩论主义与处分权主义,当事人在民事诉讼中所实现的真实可能与客观状态并不相符,只能是在程序内所发现的信赖真实。❷诉讼法上的合一确定理论以既判力主观范围是否及于其他共同诉讼人为判断标准的通说见解,无论是坚持既判力相对性原则,还是通说承认法律规定为据的既判力主观范围扩张,其最大的优点在于容易识别,原则上在诉讼系属阶段,根据原告的诉讼请求,就可以判断是否成立必要共同诉讼。在我国民事诉讼多元目的论的理论指引下,在涉及数名利害关系人的纠纷解决中,"合一确定必要性"判断标准的设定,就应当考虑尽可能地在同一诉讼程序内,确保合法权益可能会受到影响的全体利害关系人能参与诉讼,合一确定的适用范围就有必要拓展到应当彻底解决的关联纠纷范围,以全面彻底地解决利害关系人之间的争议。

---

❶ 2009年最高人民法院发布的《关于建立健全诉讼与非诉讼相互衔接的矛盾纠纷解决机制若干问题的意见》、2015年中共中央办公厅和国务院办公厅联合印发的《关于完善矛盾纠纷多元化解机制的意见》、2016年最高人民法院发布的《关于人民法院进一步深化多元化纠纷解决机制改革的意见》均影响或者体现了民事诉讼目的之走向,即在当前社会矛盾纠纷数量增加的现实压力下,强调民事诉讼的纠纷解决目的,有一定的必要性与合理性。整体上看,无论是在立法层面还是在司法层面,我国应当肯定了民事诉讼目的多元论的观点。

❷ 李祖军.民事诉讼目的论[M].北京:法律出版社,2001:168.

二、程序保障理论的理念指导

在我国民事诉讼法学理论研究体系中,虽然学界对于"何为程序保障"这一前提问题的理解并未形成确定的共识。但是,作为一种检视我国民事诉讼程序的理论基准与观察视角,逐渐地成为我国民事诉讼法学理论研究关注的重点问题,❶在将正义的关注点从实体正义转换为对程序正义的思维方式下,强调通过程序本身对实现裁判正当性保障的重要意义和当事人之程序主体地位这一点上,❷学界也基本达成共识的思考方向,并深入到对法院释明义务、举证程序、判决效力等各个程序制度的具体分析中。❸因此,我国民事诉讼法上"合一确定必要性"判断标准的确立,有必要以程序保障的理念为指导,反思将具体事件纳入合一确定范围时,是否为利害关系人提供了充分的程序保障。在程序保障理论发展的三波浪潮中,与"合一确定必要性"问题密切相关的理论应当是第一波"当事人权"理论和第二波"为当事人理论",即保障接受不利裁判的人必须获得相应的程序参与机会和保障当事人在审理程序中有充分的主张举证机会。大陆法系通说以诉讼法上合一确定理论作为判断"合一确定必要性"之标准,其中间概念工具是既判力理论,既判力所及之主观范围即是合一确定必要的范围。因此,于程序保障视野下思考既判力之正当性,既判力正当化的根据在于,作为程序主体的当事人,可以通过特定诉讼标的、事实主张、提出证据等诉讼行为影响程序的进行与裁判的形成,在诉讼程序内获得了充分的程序保障,就有受到裁判结果拘束的正当性,即"程序保障"导致"自我责任"。❹既判力相对性原则要求,未获得程序保障的第三人不应受到他人间诉讼的判决拘束,即使允许既判力主观范围扩张,也必须以法律基于特定需求的明文规定为特别例外。那么,程序保障理念下必要共同诉讼审理规则需要考虑的问题是,当类似必要共同诉讼中部分必要

---

❶ 我国关于程序保障问题最早的研究应当始于1993年季卫东先生《法律程序的意义》一文,随后关于程序保障的理论研究成果层出不穷。参见季卫东.法律程序的意义[J].中国社会科学,1993(1):83-104.

❷ 唐力.司法公正实现之程序机制[J].现代法学,2015(4):57.

❸ 关于程序保障论研究的典型代表作,参见刘荣军.程序保障的理论视角[M].北京:法律出版社,1999;肖建华.现代型诉讼之程序保障[J].比较法研究,2012(5).

❹ 段文波.程序保障第三波的理论解析与制度安排[J].法制与社会发展,2015(2):78.

共同诉讼人起诉或应诉时，因当事人适格并不欠缺，无强制未参加诉讼的类似必要共同诉讼人进入诉讼程序，但该未被一并起诉或未一同起诉的利害关系人，又应如何赋予其充分的程序保障？就成为必要共同诉讼类型化研究必须讨论的问题，将在本书第五章详细论述，本部分不予赘述。

与此同时，程序保障理论视角下必要共同诉讼类型体系重构的更关键因素还在于，若不将判决效力固化于既判力，而从判决效力体系的更广范围来判断是否具有合一确定必要性时，就应当思考当出现判决的争点效甚至反射效扩张的情形下是否也有合一确定必要性的应然要求。即若法律无明文规定既判力扩张的情况下或者因欠缺既判力扩张的情形下，典型如主从债务等具有先决事实与共同事实基础的案件中，因主从诉讼的诉讼标的不同一而不符合传统既判力扩张理论的要求，但若不实行诉讼进行统一和裁判资料统一，又会导致判决互相矛盾。因此，从程序保障的视角来反向考察合一确定必要性的范围，若当事人以外的第三人作为程序主体参与诉讼并充分辩论时，或者通过法院通知而参加正在进行的诉讼，则应认为已受到充分程序保障，判决效力所及的主观范围是否就应当不再限于当事人之间？进而在全体利害关系人选择共同起诉或共同被诉时，可否作为必要共同诉讼对待，从而限制当事人独立性原则的适用？实质上即是对通说诉讼法上合一确定理论所识别的"合一确定必要性"范围从宽解释，从尽可能地给予将来会受到判决效力影响的利害关系人更充分的程序保障角度，将有关的利害关系人作为共同诉讼人，纳入同一诉讼程序解决其关联纠纷，从而在纠纷解决层面获得更为彻底的解决，也相应地扩大适用必要共同诉讼类型的适用范围，丰富了必要共同诉讼的类型体系。

三、必要共同诉讼制度的功能定位

共同诉讼制度的出现打破了"单一原告"对"单一被告"的传统民事诉讼格局，将纠纷所涉及的多数利害关系主体纳入同一诉讼程序审理并裁判，这是民事诉讼程序对复杂民事纠纷解决之需要的一种制度回应。各国民事诉讼法均承认因为利害关系人间的彼此关联程度及纠纷性质并不相同，需要对共同诉讼予以再分类，从而更具体地设计适用于不同类型共同诉讼的审理规则。但是理论上对共同诉讼制度功能之论证，多是将共同诉讼作为制度整体而论及制度目的，较为一致地认识到共同诉讼制度在实现诉讼经济和避免裁判矛盾方面的重要价值。既有理论研究认为,不同类型共同诉讼成立的原因不相同,我国民事诉讼法上必要共同诉讼形成的主要原因是当事人间共同的实体法上权利义务关系,其制度目的主要是保障裁判一致性。[1]甚至有观点认为,普通共同诉讼的功能在于诉讼经济,必要共同诉讼目的仅在于防止矛盾裁判。[2]本书认为,在将共同诉讼理解为普通共同诉讼与必要共同诉讼组成的二元结构体系下,以是否有合一确定必要性为判断基准识别"普通"与"必要",两种类型共同诉讼成立的实质要件与审理的程序规则均不相同。若自审理规则的角度来思考共同诉讼的制度功能,最关键之处是应当敏感地意识到,不同的审理规则必然会反向地影响两种类型共同诉讼制度功能的实现程度差异。

首先,必要共同诉讼更为彻底地实现避免矛盾裁判功能。从普通共同诉讼的审理规则来看,虽然普通共同诉讼的成立仅要求诉讼标的同种类,但为达致诉讼经济之目的,也需要透过主张共通与证据共通原则,保证对相关事实的认定一致,实质上也有追求避免矛盾裁判的效果。但是,必要共同诉讼人间诉讼行为相互牵制原则下,无论是大陆法系的"有利原则"和"代理原则",还是我国民事诉讼法上的"承认一致原则",均旨在透过诉讼进行统一和裁判资料统一,实现避免裁判矛盾之目的。相较而言,普通共同诉讼系在普通共同诉讼人间诉讼行为独立原则下,透过证据共通与主张共通原则,实现避免矛盾裁判目的。考量普通共同诉讼和必要共同诉讼的不同审理程序要求,显然,诉讼进行统一与裁判资料统一规则较主张共通与证据共通原则,能更为彻底地实现避免裁判矛盾的目的。

其次,必要共同诉讼有一次性纠纷解决层面的更高制度追求。从避免矛盾裁判的边际效应来看,若能通过必要共同诉讼实现避免矛盾裁判的功能,也会减少法院对矛盾裁判中错误裁判的纠错成本,促进诉讼经济价值的实现。诉讼经济的基本内涵是指,以简单、便宜、迅速、合目的性且最少的花费理性地形成诉讼程序,尽量避免多余的诉讼步骤或者无用的途径,以减少法院诉讼程序在费用与时间上的负担,即"程序的理性化"和"一次性纠纷解决"。[3]诉讼经济不是对法院

---

[1] 张永泉.必要共同诉讼类型化及其理论基础[J].中国法学,2014(1):215.

[2] 李引弟.共同诉讼目的[J].大众商务,2009(5):29.

[3] 吴从周.初探诉讼经济原则[J].兴大法学,2010(6):89.

负担或当事人某一方负担的片面要求，而是整体当事人的获益，否则诉讼经济会变成一种变相的分配原则而非界定的原则。固有必要共同诉讼对正当当事人的严格要求，必须将利害关系人强制性地纳入同一诉讼程序；类似必要共同诉讼的既判力扩张本质，将本案判决效力扩张及于未参加诉讼之当事人，实质上也可能产生倒逼当事人选择共同诉讼的策略安排。相较而言，普通共同诉讼中多数利害关系人是否共同起诉或应诉，一方面源自当事人对诉讼策略的自由安排，另一方面受制于法院对诉讼合并审理的平衡考量。显然，必要共同诉讼能更好地透过程序技术将未成为当事人的利害关系人纳入同一诉讼程序中，参酌程序保障因素，若通过实质性地参与诉讼程序并充分行使辩论权，当事人的实体权益、"独立并存于该实体利益之程序利益"和"衍生自宪法层面当事人程序主体权"均可以得到更好的保障。[1]从诉讼主体层面考察，将纠纷的利害关系人尽可能地纳入同一诉讼程序中，以必要共同诉讼人之诉讼地位真正地参与诉讼，实现了扩大当事人范围和诉讼解决纠纷功能之直接程序效果，从而更好地实现了多数人间关联纠纷一次性解决的诉讼经济要求。

总言之，必要共同诉讼审理规则的特殊性，导致共同诉讼制度的共通性制度功能在必要共同诉讼中实现程度与侧重点可能不同。必要共同诉讼制度透过相应程序技术，实质上可以将当事人尽可能地纳入同一诉讼程序中，其制度功能就不仅在于避免分别诉讼可能会产生的矛盾裁判现象。即诉讼进行统一与裁判资料统一，作为一种对共同诉讼人主体独立性的强力限制，必要共同诉讼审理规则的正当化基础需要在避免矛盾裁判目的之外，有更高层次的正当化基础要求——一次性纠纷解决。"于共同诉讼人独立原则之各种修正方式中，必要共同诉讼系强烈地修正共同诉讼人独立原则，全面化统一的解决纷争。"[2]从纠纷的集中统一解决角度来看，矛盾裁判不仅仅发生在为既判力所涵摄的同一诉讼标的之判决主文范围，还包括在判决理由部分对牵连型诉讼标的间具有共通性争点问题（如同一或部分相同的请求基础事实）之判断。因此，从必要共同诉讼制度目的视角，观察必要共同诉讼类型的适用范围问题，合一确定必要性的判断标准就不仅应从诉讼程序的结果——判决之既判力扩张所及范围予以思考，还应该

---

[1] 邱联恭.程序利益保护论[M].台北：三民书局股份有限公司，2005：80.
[2] 邱联恭.口述民事诉讼法讲义（二）[M].台北：元照出版有限公司，2015：287.

从避免矛盾裁判和突袭裁判的制度功能角度思考,充分重视必要共同诉讼能吸收多数利害关系人进入同一诉讼程序,赋予全体利害关系人充分而实质的程序保障,实现集中而统一的纠纷解决。

第二节 必要共同诉讼类型体系的基本框架

类型化是"使抽象者接近于具体,使具体者接近于抽象"的方法,类型体系构建之目的在于,将整体中各部分用逻辑关系联系起来,并以整体的方式表现出来;[1]其价值在于通过指定某种类型在体系中的位置,表明包含于该类型中的个别特征,同时也使其与相毗邻类型相连的特征被清楚地显示出来。[2]按照"要素—类型—体系"的类型化思维方法,必要共同诉讼类型体系重构的基本方法是,以必要共同诉讼类型化基准为基本思考工具,不仅关注作为必要共同诉讼类型构成要素之特征的有无,更加强调在不同情形下各构成要素之强度变化对类型形成的影响,再借助于类型概念,对全部或部分满足基准要素所要求之必要共同诉讼共同特征的类型形态予以概念化表述,形成包含典型类型与非典型类型的必要共同诉讼类型体系结构。

一、必要共同诉讼类型轴

必要共同诉讼类型化基准要素的层次分析表明,必要共同诉讼的特征性要素包含"合一确定必要性"和"共同诉讼必要性"两个方面,"诉讼标的同一性"并不是构成判断和识别必要共同诉讼的独立标准或唯一前提标准。这意味着必要共同诉讼类型的体系构建,必须将抽象化的必要共同诉讼构成要素置于诉讼程序展开的具体过程,仔细观察复数当事人间诉讼标的存在的复杂关系状态,并以此来重新省思必要共同诉讼类型划分的两个基本要素之相互关系。因此,必要共同诉讼类型化就可以考虑用坐标图这一可视化的方式来形构,利用两条坐标轴来表示两个必要共同诉讼识别标准要素的动态变化,以更为直观地表现出合一确定和共同诉讼要求之程度强弱的动态过程。横向的基轴代表"共同诉讼必要性"变量,其描述的基本内容是从完全由原告之依程序选择权自由选择是否全

---

[1] 黄茂荣.法学方法与现代民法[M].北京:法律出版社,2007:572.
[2] 卡尔·拉伦茨.法学方法论[M].陈爱娥,译.北京:商务印书馆,2004:346.

体共同起诉或对全体共同起诉,到必须全体共同起诉或应诉;纵向的基轴代表"合一确定必要性"变量,其描述的基本内容是从共同诉讼人完全独立到判决之合一确定,根据合一确定的对象为据,合一确定范围包括诉讼标的同一情形下的完全合一确定和诉讼标的牵连情形下共通基础法律关系的不完全合一确定,实质上反映了具体诉讼中对合一确定要求之程度强弱不同。把这两条轴组合起来,就构成理解必要共同诉讼类型的坐标图——必要共同诉讼类型轴(见图4-1)。

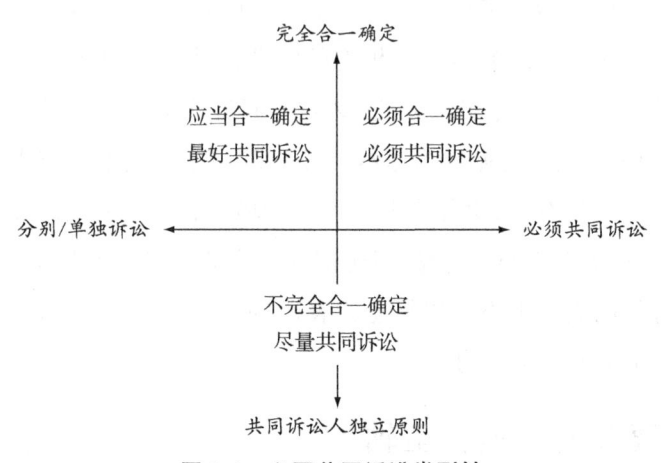

图 4-1 必要共同诉讼类型轴

以纵轴所表示要素的变量关系作为主观察对象,同时参考横轴所表示要素的变化情况来理解必要共同诉讼类型,可以发现,实际上存在着五个可能的变化域:第一种情形,在最为彻底地实行共同诉讼人独立原则的一端,既不存在合一确定必要性,也无共同诉讼必要性,完全实行当事人独立原则,可以表达为"完全不必要合一确定、完全不必要共同诉讼";第二种情形,当合一确定的必要性逐渐变大,在具有共通基础法律关系的牵连型诉讼中,对涉及该共通关系之判断层面而有合一确定必要性,但并不完全地及于整个诉讼标的层面,可以表达为"不完全合一确定、尽量共同诉讼";第三种情形,当合一确定的必要性再次增强,如在基于相同诉讼标的提出相同给付请求或者请求变动同一法律关系的诉讼中,其合一确定必要性可以表达为"应当合一确定、最好共同诉讼";第四种情形,当合一确定的必要性要求必须完全而彻底地对作为审判对象的诉讼标的合一确定,同时也要求对作为诉讼标的之法律关系具有管理权与处分权之全部主体必须共同起诉或应诉,可以表达为"必须合一确定、必须共同诉讼";第五种情形,复数当事人必须全体共同起诉或应诉而有完全的共同诉讼必要性要求,但各共同诉讼人间诉讼行为却相互独立而并不存在合一确定必要性,可以表达为"完全不必合一确定但必须共同诉讼"。显然,第一种情形因完全不满足必要共同诉讼类型化基准所要求的特征性要素,并非本书的分析对象;而第五种情形是坐标图谱中一种纯粹抽象的理论类型,在实际的民事实体法与程序法体系中并不可能存在,仅有第二、三、四种情形可能作为必要共同诉讼类型体系归整和分析的对象。

二、必要共同诉讼类型体系的构成

必要共同诉讼类型轴对抽象化的必要共同诉讼构成要素之可视化表达,直观地展现了"合一确定必要性"与"共同诉讼必要性"两个要素,在具体诉讼程序中可能呈现的强弱程度差别,以此就可以形构出包含三种类型的必要共同诉讼类型体系。进一步研究的焦点应当集中于对不同类型必要共同诉讼的概念化表达。概念化的优势就在于说明上的利益或者方便,利用概念化方法表达具体的必要共同诉讼类型,以形成更易于理解和把握的必要共同诉讼类型体系,更好地归纳和反省必要共同诉讼的既有理论研究,重新观察和发现必要共同诉讼实践存在的问题与经验,总结和重构必要共同诉讼的类型体系。

(一)必要共同诉讼的典型类型

典型类型旨在表达一种满足必要共同诉讼共性要素的经常类型。但是,正如拉伦茨(Larenz)所言,"当我们说'典型的'一语时,……我们意指的则是或多或少,以其整体足以表现此等特征,然而,这些特征并不是在任何情况下都必须同时存在"。[1]以"合一确定必要性"这一必要共同诉讼最为本质的共性特征为界定标尺,在必要共同诉讼类型轴上,对"合一确定必要"要求的强度较高的是"必须合一确定"和"应当合一确定"两种必要共同诉讼类型,即为典型类型。在我国必要共同诉讼类型化的既有理论中,有学者提出大陆法系必要共同诉讼二分法

---

[1] 卡尔·拉伦茨.法学方法论[M].陈爱娥,译.北京:商务印书馆,2004:337.

对实现实体法、维护当事人的程序利益、淡化民事诉讼的职权主义色彩和促进必要共同诉讼制度进一步发展都具有重要价值,应以此为借鉴来完善我国必要共同诉讼的类型划分。[1]本书也认为,必要共同诉讼二分法与我国所坚持的规范出发型法律思维传统相契合,在尊重当事人的程序选择权、促进当事人与法院间权利义务关系的合理化方面有积极意义,可以理性地借鉴。尤其是"固有必要共同诉讼"和"类似必要共同诉讼"这样精致而规范的概念表达方式,早已成为我国民事诉讼理论界的共识概念。因此,借用大陆法系传统理论所约定俗成地使用的法学概念来表达必要共同诉讼的子类型就成为最优选择,而且就可以初步确立起必要共同诉讼类型轴与传统大陆法系必要共同诉讼二分法的相互对应关系。"必须合一确定、必须共同诉讼"即等于"固有必要共同诉讼",而"应当合一确定、最好共同诉讼"则等于"类似必要共同诉讼"。本书对前述两种必要共同诉讼内涵理解并无创新之处,也沿用理论通说观点,仅为体系建构需要将其作为典型类型予以把握。所谓"固有必要共同诉讼"是指因作为诉讼标的之权利必须由全体权利人或对全体义务人共同行使,所以各共同诉讼人必须全体共同起诉或应诉,否则当事人不适格;而且,判决结果必须在全体共同诉讼人间合一确定的必要共同诉讼类型。所谓"类似必要共同诉讼"是指因各共同诉讼人就诉讼标的均有独立实施诉讼的权能,并不要求当事人必须一同起诉或应诉,即为当事人适格;但若数人选择共同起诉或被诉时,判决结果在共同诉讼人全体间必须合一确定的必要共同诉讼类型。

(二)必要共同诉讼的非典型类型

"合一确定必要性"作为必要共同诉讼最为本质的共性特征,以其作为关键变量观察必要共同诉讼类型轴,可以发现,"不完全合一确定、尽量共同诉讼"的必要共同诉讼类型存在。该类型必要共同诉讼对"合一确定必要性"的程度要求弱化,复数当事人间的诉讼标的无完整的合一确定必要,但因复数诉讼标的间涉及共通法律关系层面有一致判断的必要性。本书将其概括为"争点共通型必要共同诉讼",指在有牵连关系的复数诉讼标的间,对共通前提(基础)法律关系的判断具有重要意义的共通争点层面有合一确定必要的必要共同诉讼类型。理解

---

[1] 卢正敏.共同诉讼研究[M].北京:法律出版社,2011:152-154.

"争点共通型必要共同诉讼"需要注意以下几点。

第一,"共通争点"之含义。"争点共通型必要共同诉讼"概念界定的关键点在于,如何理解"共通争点"?作为一个民事诉讼法学的专有概念,理论上对"争点"概念内涵与外延的解释存在多种不同的学说。❶本书认为,"争点"不应当是对"争议焦点"的术语缩写。在以实体法律关系说作为诉讼标的之判断背景下,法院审判对象的最上位概念就是当事人间争议的实体权利义务关系范围。于具体案件的审判程序而言,当事人间争执的权利义务关系必须经由具体的法律事实才能得以特定化。❷一般情形下法律事实与法律关系为不同范畴,仅是在特定情形下,与先有事实而后赋予法律效果之观念不同,"法律的构成要素,亦得以法律关系充之",❸即法律关系本身也可能构成实体权利之构成要件;该法律关系就被作为其他法律关系构成要素的规范对象,被称为前提法律关系。❹以保证责任纠纷为例,债权人向保证人之保证责任请求权的成立,必须以主合同债务关系成立为前提条件,主合同法律关系即是保证法律关系的构成要件之一。故在保证责任诉讼中,债权人与主债务人之主合同关系是债权人与保证人之保证合同关系的前提法律关系。法律关系乃基于一定的法律事实而有效成立,❺无论是法律关系的产生、变更还是消灭,对共通前提法律关系得丧变更的判断,仍然必须借助于法律事实的子系统才能说明。❻这种法律事实的子系统,不仅包括当事人主张的要件事实,还包括对于认定主要事实之存在有重要意义的间接事实层面。❼如

---

❶ 狭义说认为,争点是当事人双方围绕其真伪或存在与否持有完全相左的主张,处于争执不下的状态,争点仅指事实上的争议焦点;较为广义说认为,争点包括事实争点和法律争点,主要表现为事实争点;广义说认为,争点包括当事人在诉讼标的、法律适用、事实与证据上的争议焦点。参见黄湧.民事审判争点归纳——技术分析与综合运用[M].北京:法律出版社,2016:11.从最高人民法院《民诉法解释》第280条规定"法庭审理应当围绕当事人争议的事实、证据和法律适用等焦点问题进行"的语言表述来看,我国最高人民法院对争点外延和内涵的理解也采用广义说。

❷ 黄茂荣.法学方法与现代民法[M].北京:法律出版社,2007:258.

❸ 韩忠谟.法学绪论[M].台北:三民书局,1962:148.

❹ 黄茂荣.法学方法与现代民法[M].北京:法律出版社,2007:247.

❺ 史尚宽.民法总论[M].北京:中国政法大学出版社,2000:27.

❻ 林山田.法事实研究[J].法学丛刊,1965(88):48.

❼ 沈冠伶.既判力客观范围与程序保障[M]//程序保障与当事人.台北:元照出版有限公司,2012:114.

在借款保证合同案件中,关于主合同债务关系是否有效成立的判断,最终也会表现为对"出借人是否交付款项""借款人是否已经清偿""出借人借出钱款的意思是否系其本人自愿"等具体事实层面。因此,争点应当是一种事实上的争议焦点;所谓"共通争点"是指具有牵连关系的复数诉讼标的间,就共通前提(基础)法律关系存否的判断具有重要意义的事实争点。

第二,争点共通型必要共同诉讼合一确定的对象,限于对共通前提(基础)法律关系判断有重要意义的共通争点范围。从合一确定的对象来看,争点共通型必要共同诉讼中,因当事人间实体权利义务关系的性质相异,对诉讼标的无合一确定必要。但是,因复数诉讼标的间法律关系具有主从关系,或者复数诉讼标的间处于同一层次且各独立实体权利义务关系的构成要件相同,从而对涉及前述具有先决性或者相同构成要件的复数诉讼标的之共通前提(基础)法律关系的判断不得为矛盾裁判。否则,可能造成实体法律关系的混乱。具有主从关系的复数诉讼标的情形典型如借款合同保证纠纷中,对前提法律关系——主借款合同有效成立与否的判断,就不得在债权人与主债务人之借款法律关系和债权人与保证人之保证法律关系中作出相异的判断;处于同一层次的复数诉讼标的情形典型如因共同借款而产生的连带责任纠纷中,债权人与各连带债务人分别产生数个性质与内容均相同的请求权,即复数权利内容相同的诉讼标的之间在连带债权的成立、连带债务的消灭等法律关系构成要件上有共同的基础性关系,不得为矛盾判断。但是,除涉及共通前提(基础)法律关系判断以外的其他事项上则无合一确定的必要。如对连带责任人因个人关系而产生的影响连带责任成立的非涉他性事项之判断、对保证合同中保证人主体资格或者保证财产范围等事项的判断,在共同诉讼人间均无合一确定的必要。

概念是对所欲描述之对象的特征的列举,但不是毫无目的地将一定特征组合或排列凑合在一起;概念建构是对被描述对象的特征予以抽象化和一般化的过程,❶其表达方式应当是高度概括并简约明确。在法律概念的建构过程中,法律概念是被设计出来的,但设计法律概念并不是仅仅描述事实,概念化只是一种手段。除了处理描述对象的特征取舍外,还应有价值方面的考虑;即法律概念是

---

❶ 卡尔·拉伦茨.法学方法论[M].陈爱娥,译.北京:商务印书馆,2004:355.

"为一定之目的将一定价值储存于其中,并经由设计而构成的一个当为命题。"❶由于相互牵连的复数诉讼标的间存在着需要合一确定的共通争点,符合了必要共同诉讼"合一确定必要性"之外部识别基准。但是,既不要求牵连性纠纷的所有利害关系人必须共同起诉或共同应诉,也不要求对涉案的诉讼标的在最广范围内的全面合一确定,仅是在涉及共通前提(基础)法律关系判断层面的共通争点问题上,为避免矛盾判决而有为相同裁判的需要,其根本目的是通过必要共同诉讼人诉讼行为独立性限制这一非常强烈的程序技术,透过诉讼进行统一与裁判资料统一,实现共通争点问题的一致判断,实质上只是要求在共通争点问题部分实现共同审理和合一确定。因此,在"合一确定必要性"判断基准框架下,对诉讼标的不同但具有合一确定必要的必要共同诉讼的类型归整,由于其合一确定之范围实质上限于复数诉讼标的间的共通性争点范围,选择"争点共通型必要共同诉讼"术语作为其概念表达。"争点共通型必要共同诉讼"是一种非典型的必要共同诉讼形态,有部分适用必要共同诉讼审理规则,而部分适用普通共同诉讼审理规则的程序动态性特征,也可以说是一种处于类似必要共同诉讼和普通共同诉讼之间的"中间类型"。

总而言之,以必要共同诉讼类型轴为思考工具,对必要共同诉讼类型化基准的动态观察,并借用早已形成共识的概念工具来表达必要共同诉讼类型,其完整体系应当包括由两种典型类型和一种非典型类型所构成的三分格局(见图4-2)。

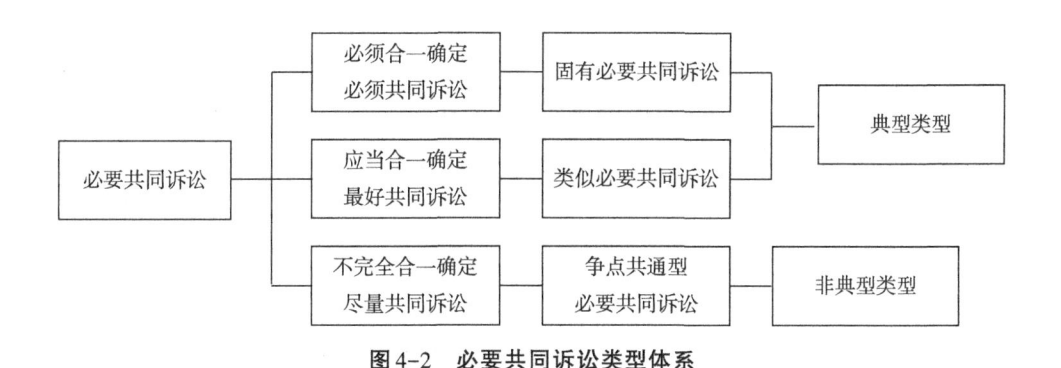

图4-2 必要共同诉讼类型体系

---

❶ 黄茂荣.法学方法与现代民法[M].北京:法律出版社,2007:66.

三、争点共通型必要共同诉讼的理论证成

以必要共同诉讼类型轴作为一种思维模型,从"合一确定必要性"这一必要共同诉讼共性特征之程度强弱变化视角,观察必要共同诉讼类型归整和概念化的结果是,因复数诉讼标的间具有共通争点合一确定必要,形成了一种非典型形态的"争点共通型必要共同诉讼"类型。但这仅是一种纯粹理论化的类型思考结果,余下的问题是,争点共通型必要共同诉讼在民事诉讼法理论和民事诉讼制度体系中成立的正当性何在?有鉴于此,本部分重点讨论在我国民事诉讼法框架下,争点共通型必要共同诉讼在必要共同诉讼类型体系中成立的正当性与合理性。

(一)争点共通型必要共同诉讼的理论基础

诉讼标的牵连型诉讼合一确定的正当性在于,避免矛盾判决、一次性纠纷解决和保护积极诉讼主体的合法权益,这仅是从价值论和目的性层面论证了诉讼标的牵连型诉讼采用必要共同诉讼形式的基本理由,还需要在民事诉讼基础理论层面,找寻出复数诉讼标的间共通前提(基础)法律关系所涉及共通争点应当合一确定的正当性。共通争点系判决理由部分的判断,并不受判决既判力所涵盖,无法在通说所坚持的诉讼法上合一确定理论中得到合理化阐释。因此,判决理由部分是否可以产生拘束力,产生何种性质的拘束力,涉及相关事件的共同诉讼类型归属,以及争点共通型必要共同诉讼的理论证成。

  1. 判决理由效力性质的争议

排除判决理由部分判断事项的既判力,是大陆法系立法例和传统理论的通说见解。但是,在承认以判决主文中有关实体法请求权所为的判断,作为既判力客观范围确定边界的共识基础上,诉讼理论层面对判决理由部分判断事项是否具有拘束力一直存在争议,不仅解释方法出现差异化,而且判决理由拘束力性质定位也不同。

一种解释方法是自既判力客观范围传统理论出发的既判力扩张说。第一,既判力间接扩张说。《德国民事诉讼法》立法之初,萨维尼(Savigny)就明确提出,应赋予判决理由部分既判力,为确保法官对系争权利关系之确定判决的效用,必须肯定判决理由中关于先决权利关系之判断对将来全部的诉讼发生拘束力,以

保障将来诉讼上被确定权利关系之安定性得以维持。❶但是,《德国民事诉讼法》并未采纳萨维尼(Savigny)的既判力理论,而是在程序技术上创设中间确认之诉制度,当事人可以在诉讼中就先决性法律问题提出中间确认之诉,从而将先决性法律问题作为中间确认之诉裁判对象,在中间确认之诉判决之判决主文中对先决性法律问题作出判决,其实质是将本属于判决理由部分的内容,在程序技术上纳入中间确认之诉既判力客观范围,既判力客观范围等于诉讼标的范围的原则性要求就得以满足。日本学者也赞同既判力扩张的解释路径,但从解释方法来看,为论证扩张既判力范围而将"诉讼标的范围"予以扩张,提出"复合性诉讼标的"概念,实质上仍然遵循了既判力客观范围判断方式的传统理论,是一种间接的既判力扩张学说。如日本学者加藤雅信认为,给付诉讼之提起,虽以给付请求为中心而展开诉讼,但确认权利关系存在诉讼中亦作为前提而运作,因此,"主要纷争之给付请求"与"副次性纷争之先决性法律关系之确认",两者系形成"复合性诉讼标的",此时承认"关于主要纷争之给付请求的判断"具有既判力,而"关于先决性法律关系之确认"也应产生既判力。❷第二,既判力直接扩张说。既判力范围直接扩张的学说包括自实体法角度和诉讼法角度两种不同论证思路。侧重于实体法角度的既判力扩张说认为,基于"法之意义关联",当前诉所确定之事项与后诉中法律效果间存有实体法秩序之目的论意义关联,即使不属先决法律关系之情形,为维持前后诉讼法律效果之意义关联,判决理由也产生既判力扩张。如本金债权指向之法秩序包含利息债权,故本金债权请求诉讼中认定借贷关系存在之判断在利息请求之后诉中亦发生既判力;侧重于诉讼法角度的既判力扩张说认为,判决理由之既判力问题,必须从诉讼法观点及实体法观点寻求解答,就诉讼法层面来讲,将既判力限定于判决主文部分"经裁判之请求"的目的在于,揭示了作为既判力前提之判决正当性所及之程序保障范围,以及当事人对判决效之预测可能性范围,若前后诉在构成要件之举证责任分配不同时,也认为判决理由中判断产生既判力,则将发生因承认既判力而改变实体法秩序之问题。因

---

❶ 丁宝同.论争点效之比较法源流与本土归化[J].比较法研究,2016(3):79.
❷ 加藤雅信.実体法学もつれた訴訟物論争[M]//新堂幸司.特別講義民事訴訟法.東京:有斐閣,1988:256.

此,仅在前后诉中举证责任同属一人时,才认为既判力扩张至判决理由。❶

另一种解释路径的思考方向是完全区别于传统判决效力理论的争点效理论。自当事人间公平、自己责任和纠纷一次性解决需要的角度,在兼子一教授的参加效理论和英美法系禁反言法理的基础上,日本学者新堂幸司提出了争点效理论,主张在满足程序保障的条件下,法院在前诉中对主要争点之判断将对后诉发生拘束力,后诉不得作出与前诉判决理由中相矛盾的判断。❷在对争点效理论持肯定意见的多数学者看来,既判力与争点效系两种性质完全不同的判决效力,二者的不同之处在于:一是制度基础不同,争点效成立的基础来源于诉讼上诚信原则及当事人间公平和自己责任的要求,既判力是基于法之安定性和公益层面诉讼经济及私益层面的程序利益保护;二是发生效力的程序机制不同,争点效须经当事人主张才产生作用,既判力是法院职权调查事项;三是程序保障不同,争点效产生拘束力的范围必须是通过争点整理程序及争点简化协议明确的争点范围,以避免突袭,既判力客观范围的程序保障是经由起诉状送达于被告,以诉讼标的提示预告攻防范围;四是遮断效之法律效果不同,既判力于诉讼标的之判断有禁止基准时点既有诉讼资料于后诉提出并否定该判断的遮断效果,而争点效未必就同一争点有禁止提出既有诉讼资料加以推翻的遮断效果。❸

2. 我国民事诉讼法上争点效理论的承认与借鉴

从方法论角度而言,既判力客观范围扩张与争点效是对判决理由部分拘束性效力的两种不同解释路径。既判力间接扩张说仍然在既判力客观范围相对性原则下,通过增设中间确认之诉和扩张解释诉讼标的内涵,进而赋予判决理由部分之判断事项拘束力的实际效果。但是,中间确认之诉的方法将可以提出中间确认之诉的情形限定为先决性法律关系,而判决理由中判断事项可能会产生拘

---

❶ 梁梦迪.争点效之研究——扩大诉讼制度解决纷争功能与程序保障之平衡兼顾[D].台北:台湾大学,2012:72.

❷ 理论上一般认为争点效的产生条件包括:一是该争点为前后两个诉讼请求判断中可以左右判决结论的主要争点,二是当事人已在前诉中就该争点穷尽了主张及举证,三是法院对于该争点已做出实质性的判断,四是前后诉的系争利益等值或前诉系争利益大于后诉系争利益。参见新堂幸司.新民事诉讼法[M].林剑锋,译.北京:法律出版社,2007:499.

❸ 沈冠伶.民事判决之既判力客观范围与争点效——从新民事诉讼法架构下之争点集中审理模式重新省思[M]//民事诉讼法之研讨(十七).台北:元照出版有限公司,2010:86.

束力之情形却不限于此,典型还包括判决理由中关于事实问题的判断结果,即中间确认之诉的德国扩张路径并不能完全地涵盖判决理由之拘束力作用情形。而既判力直接扩张说将既判力范围直接扩大到判决理由部分,会造成"大既判力"与"小诉讼标的"之理论不一致情形。相较而言,与既判力扩张的德国式思维不同,争点效理论另辟蹊径,创造性地提出了与既判力完全不同的新概念,实质上将判决理由所产生的拘束性效力,定性为判决效力体系中与既判力平行的一种制度性通用效力。这样的性质定位下,争点效与既判力的最大区别在于其拘束性效力作用机制和作用效果的差异,既不会与既判力理论产生冲突,又恰当而巧妙地解释了判决理由拘束性效力问题。在我国民事诉讼法律制度和民事审判结构的框架下,应当承认和采取争点效理论。

第一,争点效理论的引入,能与现行既判力制度基本框架形成相互补充。我国学界对既判力问题的关注,早已超越了纯粹概念意义上的比较法研究,司法实践接受既判力理念的直接证据就是法院裁判文书中"既判力"概念的使用。[1]与大陆法系国家明文规定既判力制度的立法体例不同,我国民事诉讼法律制度层面并未明确将"既判力"概念吸收为法律概念,也未以具体条文方式直接肯认既判力。但在《民事诉讼法》及其相关司法解释中已显现出对既判力理论的接受与尊重,以及对既判力相对性原则的制度化端绪。[2]整体观之,我国已初步确立了以既判力相对性原则为基础的既判力制度的基本框架。如《民诉法解释》第247条关于重复起诉要件的规定,以及第248条关于以新出现事实允许再次起诉的规定,其制度逻辑实质上已经肯定了既判力主观范围、客观范围和时间范围的相对性原则。虽然,争点效与既判力在制度目的、是否应职权调查、是否具有遮断效及程序保障方面存在着诸多差异。但是,从争点效对后诉及当事人拘束力的发生机制和法律效果来看,在争点效作用范围之判决理由领域,实质上与既判力将具有相同的作用:既判力的积极作用指后诉法院在审理过程中,不得作出与前诉判决就诉讼标的之判断相矛盾的判断,其发生作用的主要情形包括前后诉的诉讼标的同一、前诉之诉讼标的为后诉诉讼请求的先决法律关系。争点效的主

---

[1] 截至2020年3月1日,笔者以"既判力"作为关键词,以中国裁判文书网为检索平台,检索结果统计显示四级人民法院共计15 820篇民事裁判文书中引用了"既判力"相关理论。

[2] 林剑锋.既判力相对性原则在我国制度化的现状与障碍[J].现代法学.2016(1):130.

要作用是使后诉法院对前后两诉共同争点的判断不得违反前诉判决的判断结果,即前诉判决的争点判断对后诉在共同争点判断上产生拘束力,其发生作用的争点限定为可能影响争议权利构成要件之主要事实或可能左右判决结论的主要争点。因此,争点效理论的引入,可以与我国现行法上以相对性为原则所构建的既判力制度基本框架形成判决效力的体系自洽。

第二,争点效理论的借鉴,能促进我国判决效力体系层次的形成与丰富。我国《民诉法解释》第93条关于已决事实之免证效力的规定,一方面肯定了前诉判决事实认定结果对后诉的拘束性作用——当事人无须举证,另一方面又允许当事人提供反证予以推翻,即该免证效力以法院判决书作为公文书证的性质为基点,肯定了判决理由事实认定结果仅具有证据法意义上的证明效,而非绝对化的强制性拘束力。从判决效力体系出发,虽然该效力不同于判决之实质意义上的既判力,但其制度逻辑在一定程度上已实质性地认可了判决理由部分应当具有与既判力本质所不相同的某种形式之拘束力。事实认定本质上应当属于法院自由心证和自由评价的范围,与此同时,基于法之安定性、诉讼经济和一次性纠纷解决理念等价值追求,对前诉中关于主要事实问题的判断,若在后诉中也可能会产生左右判决结论的情况下,应当认可前诉判决之判决理由部分对主要争点的判断结果。争点效理论正是一种试图在判决效力体系中合理地构建出与既判力相并列、并作为其补充的判决理由之法律效力的制度尝试,既无损于传统理论中"既判力范围=诉讼标的范围=判决主文范围"原则,也不会损害法院审理双方当事人攻击防御方法之裁判技术的灵活性,是一种"更加充实地一次性解决纠纷"的有效手段。❶因此,借鉴争点效理论修正我国法上已决事实免证效力制度规定,让已决事实中符合争点效成立条件的前后两诉共同争点事实的判断结果,产生争点效之通用力,更有利于纠纷解决统一的法效果实现,形成并丰富包括判决固有效力、附随效力与事实效力在内的判决效力层次体系。❷

第三,民事审前程序的完善为引入争点效理论奠定了制度基础。既判力相对性原则下,既判力客观范围限定在诉讼标的范围,程序技术上需要透过判决主文所表示内容予以判断,其正当性基础在于对当事人之程序保障与自己责任原

---

❶ 新堂幸司.新民事诉讼法[M].林剑锋,译.北京:法律出版社,2007:496.
❷ 张卫平.民事诉讼——关键词展开[M].北京:中国人民大学出版社,2005:299.

则,即当事人可以预测和确定产生拘束力的客观范围,并围绕诉讼标的展开充分的攻击与防御,而不会对当事人造成突袭审判。争点效所产生的判决通用力超越了判决主文所表示的诉讼标的范围,由于法院对攻击防御方法的审判具有极强灵活性,当事人对判决理由部分的可预测性降低,从程序保障原则出发,若能为赋予判决理由部分的判断正当性保障,那么,将判决理由部分判断结果对后诉产生拘束力也并不是不可承认。因此,争点效的正当化基础一方面在于对可能产生法律效力的争点范围之明确界定,另一方面更在于如何透过民事诉讼程序的精细设计,赋予当事人充分程序保障,确定争点并就该争点展开充分争执,而不致产生突袭。虽然,我国现行民事诉讼制度体系中存在答辩失权制度的缺失和证据失权制度的非严格化,使得争点整理程序生长所需的制度土壤确有先天不足;但随着我国司法体制改革的有序推进,以审判为中心的诉讼制度改革渐次深入,越来越强调庭审的实质化和集中化要求,不仅法庭调查前指明调查重点,而且在法庭调查后应归纳本案争议焦点,已成为法庭开庭审理的法定程序环节,以强化争点和证据整理为目标,在准备方式、程序内容与法律效力等方面,我国审前准备程序也逐步完善。❶ 如《民诉法解释》第225条不仅规定法院可在答辩期满后审理前准备阶段召开庭前会议的方式整理归纳争议焦点,第228条更明确了应当围绕着审前阶段所归纳总结的争议焦点展开庭审程序的规则。随着审前程序的充实,我国民事诉讼制度语境中的争点整理程序,正朝着更加符合集中审理主义要求的方向发展,这为争点效制度的本土化借鉴奠定了充分的程序保障基础。

3. 共通争点之争点效

争点效理论肯定了判决理由部分判断事项在法律上的拘束力,值得进一步深入探究的问题是,在前后两诉之诉讼标的不同但具有牵连关系的情形下,前诉关于共通争点的判断对后诉之拘束力性质为何,拘束力的主体范围如何界定等。

---

❶ 在我国民事司法体制改革过程中,具有里程碑式意义的改革举措典型主要包括:1998年《关于民事经济审判方式改革问题的若干规定》第8条、第14条、第16条、第17条条对开庭审理顺序和争议焦点归纳的强调,2014年《中共中央关于全面推进依法治国若干重大问题的决定》第四部分明确提出推进审判为中心的诉讼制度改革,2015年《民诉法解释》第225条、第226条、第228条关于庭前会议的相关规定。这些规范性文件的具体内容均体现出了民事审前程序改革正在朝着符合民事诉讼规律要求的方向发展,越来越强调双方当事人主体地位平等基础之上的对抗。

例如,前诉中债权人请求保证人履行保证债务(主债务人并未参加本诉),法院以"主债务不存在"为由,作出债权人败诉的裁判,债权人又提起后诉,请求主债务人履行主债务。显然,关于"主债务存否"的判断即构成前后两诉的共通争点,若前诉判决对该共通争点已作出"主债务不存在"的判断结论,那么,后诉审判就必须回答以下两个问题:一是后诉中的债权人(前诉当事人)是否受到前诉判决关于共通争点判断结论的拘束,二是主债务人(前诉当事人以外的第三人)又能否在后诉中援引前诉关于"主债务不存在"判断之争点效来对抗债权人。从更一般化的判决效力体系之抽象层面,观察理解判决效力的两个角度,上述两个疑问实质上揭示了更为抽象的问题,即判决效力客观范围与主观范围的划定实质上有密切关联。对"共通争点之争点效"正当性的诘问,实际上就需要解决在判决效力客观范围已扩大至判决理由部分判断事项的背景下,争点效主观范围是否扩张及于第三人的问题。囿于笔者研究主题范围,下文将透过"争点效之第三人效力"问题的简要论述,从争点效对第三人效力是否成立,以及在多大范围内承认争点效对当事人以外的第三人之效力两个层次,合理阐释共通争点之争点效作用范围,从而论证共通争点合一确定的正当性依据。

  在日本理论界对判决效力主观范围可否及于第三人的讨论中,有学者提出判决效力可否及于第三人问题,并不限于传统理论所肯定的"判决主文关于诉讼标的之判断",还包括判决理由中判断事项的效力是否及于第三人的问题。讨论最初集中于判决效力向第三人扩张作用的性质界定层面,还存在着"既判力主观范围扩张"和"反射效"的争论。后来学者提出,判决效力及于第三人的作用并不限于"判决主文关于诉讼标的之判断",还应包括"判决理由中之判断",更为实际地深化判决之效力及于第三人问题,应当着重关注如何将此作用及于第三人。❶争点效理论的首创者新堂幸司教授认为,争点效主体范围的扩张应当准用既判力主体范围扩张的规定,可扩张及于当事人的之继受人和实质上应视同当事人的人,否定了向当事人以外的第三人扩张。与此同时,在解释反射效的作用范围和评价争点效与反射效的互动关系时,以债权人向保证人提出履行保证债务为实例,新堂幸司教授主张若前诉中"主债务存在与否"已作为重要争点在债权人与保证人之间展开充分辩论后,法院作出"主债务不存在"的判断;债权人败诉

---

❶ 高桥宏志.重点讲义民事诉讼法[M].张卫平,等译.北京:法律出版社,2007:167.

后,以主债务人为被告提出履行主债务的后诉中,债权人不能对"主债务不存在"的判断提出争议,主债务人(前诉当事人以外的第三人)可以援引前诉关于"主债务不存在"的判断,实际上应为争点效扩张的例子。❶显然,新堂幸司教授又认可了争点效可以向当事人以外的第三人扩张的特定情形。回溯到争点效理论被普遍承认并发展成熟的美国法,在美国法院负担增加的背景下,出于诉讼效率性追求,为避免对某一争点进行重复审理的危险,对争点效之利益第三人扩张效力的基本态度由"原则否定"转变为"原则肯定",最终采取比较宽松的标准允许不受前诉判决当事人以外的第三人,可在后诉中援引对其有利的前诉判决争点效。❷后来,在更为广泛的层面,基于前诉与后诉当事人之实体与程序上公平保障的需要,进一步将排除争点效之利益第三人效力限定在"受拘束的当事人在前诉欠缺充足及公平之诉讼机会"或"允许第三人在后诉援引争点效会对受拘束的当事人不公平而存在可正当化赋予就同一争点再次诉讼机会"的例外情形。❸

从争点效作用范围之主体层面观察,争点效对第三人效力包括前诉判决争点效的不利益扩张与有利扩张两个方面,即第三人是否受前诉判决所生争点效之不利益拘束和第三人可否援引他人判决对自己有利之争点效。为说明具体争点的争点效扩张及于第三人的实际范围,以保证债务这一典型的多数债务人纠纷为例,在债权人请求保证人履行保证债务的前诉中,可能会出现债权人胜诉或债权人败诉两种情况,因此,应当有区别地认识"主债权是否成立"这一共通争点之争点效,对后诉中第三人(主债务人)产生的不同作用效果(见表4-1)。❹

---

❶ 新堂幸司.民事诉讼法[M].林剑锋,译.北京:法律出版社,2007:514.
❷ 关于美国法上争点效之第三人效力态度在Bernhard案、Blonder-Tongue案、Parklane案三个典型判例中的转变历程,请参见LAWRENCE C. George, sweet use of adversity: parklane hosiery and the collateral class action[J]. Stanford law review, 1980(32):655.
❸ 骆永家.判决理由中判断之拘束力[M]//既判力之研究.台北:三民书局,1994:52.
❹ 以保证债务为例,在争点问题上值得讨论的是债权人若先诉主债务人,则关于主债务成立与否的判断系判决主文之诉讼标的判断,系既判力客观范围和主观范围问题,不属于本部分讨论的争点效之第三人效力问题,故本部分不作讨论。

表 4-1　争点效之第三人效力类型

类型	前后诉基本情况	共通争点 （主债务成立与否）	争点效之第三人效力类型
情形一	前诉：债权人诉保证人 后诉：债权人诉主债务人	主债务不成立	于第三人有利争点之争点效
情形二	前诉：债权人诉保证人 后诉：保证人诉主债务人	主债务成立	于第三人不利争点之争点效

第一种情形，在债权人诉保证人的前诉中，若法院认定主债务不存在，判决债权人败诉；债权人又对债务人提出主债务履行之后诉。自实体法层面观察，债权人与保证人之保证债权债务关系具有从属性，前诉关于保证债权关系的判断必须以主债务为基础，而前诉否定保证债权之原因系主债务不存在。所以，基于保证债务的从属性特征，后诉在对主债务是否成立这一共通争点的判断上，不得作出与相互矛盾的裁判。否则，将导致实体法秩序的冲突。自诉讼法层面观察，若前诉中债权人已就主债务是否存在进行过充分的争执，其听审请求权已实际行使，根据自己责任原则，就应对此诉讼结果负责。因此，关于"主债务是否存在"这一共通争点的判断结果，应当承认债权人作为前诉当事人，已受充分程序保障，应当受到关于共通争点"主债务不存在"之前诉判断结论的争点效拘束；同时，出于诉讼标的牵连型纠纷的统一解决和诉讼效率的价值追求，后诉中主债务人虽然未参加前诉，但赋予主债务人援引前诉关于"主债务是不存在"之有利共通争点的争点效即具有正当性。

第二种情形，在债权人诉保证人的前诉中，保证人自认主债务成立并有效，但主张保证合同因债权人与债务人故意通谋而无效，法院最后认定主债务和保证债务均存在，判决债权人胜诉。保证人承担责任后，向主债务人提出追偿之后诉，主债务人提出债权人并未实际交付借款，主张主合同不成立。此时，若不认可前诉判决关于主债务成立的争点效，许可当事人提出借款未实际交付的抗辩。那么，在纠纷的相对性解决原则下，即使法院判决借款未交付的事实成立，该判决虽然未违反逻辑，但将会使得保证人之追偿权落空；若承认前诉判决关于主债务成立之争点效，实现保证人之追偿权，但又将使得主债务人无法在后诉中行使自己固有的防御抗辩权,反而承受保证人拙劣诉讼水平的判决结果,有违对债务人之程序保障。本书认为,"主债务是否成立"之共通争点的合一确定,是维护实体法秩序之公平理念的要求,也是诉讼效率与一次性纠纷解决的需要。解决保证人之追偿权诉讼判决的两难困境,其关键点在于对主债务人在前诉中程序保障的充分赋予,如当法院在对债权人与保证人之间法律关系判断时,根据证据调查结果对"主债务成立"的事实形成内心确信时,应当对第三人(主债务人)发出诉讼通知,向当事人开示其事实认定结果,而法院为查明主债务存否之事实,也可以向第三人(主债务人)发出诉讼通知,追加第三人(主债务人)为本案共同被告,并以前述关于"主债务成立"的内心确信之事实作为保证人与债务人之裁判的基础事实。从反向观察,共通争点之争点效向第三人扩张,可以诱导当事人选择共同诉讼,增加第三人(主债务人)的程序保障,以充实共通争点在当事人间合一确定的正当性。

争点效之第三人效力的论证框架,无论是从公平理念和维护实体法秩序需求的角度,还是从程序保障原则的诉讼法视角,在承认第三人有利争点效扩张和充分赋予第三人程序保障前提下,应当有条件地允许于第三人不利争点效扩张。同时,必须明确的是,共通争点之争点效并不表明只要是共通争点就具有完整的合一确定必要性,从而完全适用必要共同诉讼之合一确定程序规则,在争点共通型必要共同诉讼中,这需要区分诉讼进行与裁判资料层面的统一要求。本书将在第五章第三节中再予以详细分析,此处不予赘述。

(二)争点共通型必要共同诉讼的合理性分析

1. 牵连型诉讼标的合一确定路径的可能方案

"合一确定"是一种裁判内容同一与裁判时间同一的双重法律效果追求,就牵连型诉讼标的而言,从民事诉讼法整体观察,实现合一确定法律效果的方法和路径有多样化选择。

第一,固有必要共同诉讼的具体化适用路径。该说透过固有必要共同诉讼判断标准的动态把握,强调从诉讼政策角度考量"共同诉讼必要性"与"合一确定必要性",平衡纠纷所涉各方的实体利益与程序利益,通过法院释明,在实际诉讼中予以具体化的判断,鼓励将与纠纷解决有实质性利害关系的当事人纳入同一

诉讼程序,从而将不属于传统理论上的固有必要共同诉讼纠纷,诱导成必要共同诉讼,以为纠纷的统一解决创造契机。❶

第二,类似必要共同诉讼的扩大化解释方案。该说认为通过扩大化解释必要共同诉讼成立的识别标准,达到涵盖更广范围案件类型的适用。如德国学理中有观点认为,诉讼法上原因的必要共同诉讼不仅包括既判力扩张情形,还包括裁判上有统一审判结果需要的情形。❷在我国,学界主要有三种思路:第一种思路认为,既判力扩张可以从前提性诉讼标的向牵连性诉讼标的单向扩张;❸第二种是将其他判决既判力扩张情形——反射效成立的情形也视为与既判力扩张有相同作用,如连带责任案件中其他债权人可以援用确定判决的既判力即是一种反射效力;❹第三种认为,应从实体法上的合一确定理论来解释类似必要共同诉讼的合一确定必要性,进而将类似必要共同诉讼扩大到诉讼标的不同但具有等同关系、包含关系和牵连关系的复数诉讼。❺

第三,新类型共同诉讼说。该说通过论证新类型必要共同诉讼的成立,将诉讼标的牵连型纠纷纳入必要共同诉讼范围。如日本学者山田正三和中村英郎,从统一解决纠纷的目的出发,明确指出共同诉讼人间诉讼标的不同一但有共通基础的案件中,因各共同诉讼人可主张各自的抗辩而互有胜败,明显有别于必要共同诉讼;但自不同诉讼标的间的共通基础判断又有论理上合一确定的显见必要,从而有准用必要共同诉讼程序规定的需要,可称为"准必要共同诉讼"。我国学者谭兵教授和章武生教授,则从必要共同诉讼成立条件的重构角度,提出必要共同诉讼在相互牵连的复数诉讼标的间,因其相互之间的紧密联系具有合一确定需要时也可以成立,但这在传统民事诉讼理论的两类型划分中无法找到妥当的对应适用,无法归入其中任何一种类型,成立新的必要共同诉讼类型,称为"诉

---

❶ 关于固有必要共同诉讼具体化适用路径方案,其实质是坚持固有必要共同诉讼适用的弹性化学说,参见本书第二章第三节对该学说的主要内容的详细介绍。

❷ 我国台湾地区学者陈荣宗教授认为,类似必要共同诉讼具体可以分为四种:即判力扩张的必要共同诉讼、有对世效力形成之诉的必要共同诉讼、诉讼标的不可分的必要共同诉讼、其他判决效力扩张情形的必要共同诉讼。

❸ 肖建国,宋春龙.民法上补充责任的诉讼形态研究[J].国家检察官学院学报,2016(2):8.

❹ 卢正敏,齐树洁.连带债务共同诉讼关系之探讨[J].现代法学,2008(1):79.

❺ 张宇.类似必要共同诉讼研究[D].重庆:西南政法大学,2017:127.

讼标的牵连型必要共同诉讼"。❶

第四,普通共同诉讼改良适用方案。该学说认为通过主张共通与证据共通原则,合理协调法院与当事人的权限分配,实现普通共同诉讼弥合个人独立诉讼和必要共同诉讼之间应予衔接的空白地带。❷从法官在普通共同诉讼对证据评价的心证角度,也可以避免对同一事实的不同认定。❸因此,诉讼标的同一种类不是我国法上普通共同诉讼的识别标准,应将法律牵连性和事实牵连性标准也纳入普通共同诉讼的外延限定,通过扩张普通共同诉讼适用范围,从而使得因有共通事实基础的牵连型诉讼标的也作为普通共同诉讼对待。❹

第五,拓展诉讼进行统一与裁判资料统一规则适用范围说。从必要共同诉讼审理程序规则的法律适用角度,通过对有关法律规定的目的性解释,准用诉讼进行统一与裁判资料统一规则,从而扩大必要共同诉讼合一确定适用范围。我国台湾地区学者对共同诉讼人间有共通基础而需要合一确定的情形,提出了如何适用必要共同诉讼合一确定程序规则的三种可能方式:其一,直接适用说,该观点认为若共同诉讼人间诉讼标的在实体法上有目的或手段上牵连关系时,应直接适用必要共同诉讼审理规则而为一致判决;❺其二,类推适用说,该观点认为从统一解决纠纷的角度和避免纠纷再燃的利益要求来看,共同诉讼人间有共通基础时,具有与必要共同诉讼制度规范目的相同的基础,虽然诉讼标的不同一但可以类推适用必要共同诉讼规定;❻其三,准用说,该观点认为无论是诉讼标的合一确定还是共通基础应当合一确定,都可以视为符合必要共同诉讼所规定的"合一确定"者,即可准用必要共同诉讼相同规定处理。❼这三种学说虽然并不直接触及必要共同诉讼类型改革层面,而是通过对必要共同诉讼审理程序规则的法

---

❶ 我国对诉讼标的牵连型必要共同诉讼持赞同观点的学者有谭兵、章武生、张晋红、肖建国等。参见胡震远.共同诉讼制度研究[D].上海:复旦大学,2009:65.
❷ 刘鹏飞.普通共同诉讼的权限分配与范围界定[J].法学论坛,2021(1):77.
❸ 卢正敏.共同诉讼制度研究[M].北京:法律出版社,2011:217.
❹ 任重.反思民事连带责任的共同诉讼类型[J].法制与社会发展,2018(6):155.
❺ 杨建华.多数被告间有目的手段牵连关系之共同诉讼[M]//问题研析民事诉讼法(一).台北:三民书局,1996:264.
❻ 沈冠伶.类似必要共同诉讼与共同诉讼人之上诉[M]//程序保障与当事人.台北:元照出版有限公司,2016:310.
❼ 许士宦.民事诉讼法(上)[M].台北:元照出版有限公司,2016:455.

条适用路径,实质上通过对合一确定范围的扩大化解释,将必要共同诉讼扩展适用于诉讼标的不同一的事件类型中,但不同解释结论下的法律适用方式不完全相同,对扩大化解释下形成的必要共同诉讼类型也未予以明确的界定。

2. 争点共通型必要共同诉讼的类型优势

前述第五种方案,采用必要共同诉讼审理程序规则的目的性解释方式,固然可以解决诉讼标的牵连型案件的法律适用问题,但自必要共同诉讼类型视角观察,其实质是扩大了原有的必要共同诉讼适用范围,余下的问题仅是这到底是一种新类型的必要共同诉讼还是类似必要共同诉讼类型的扩大。因此,既有的理论阐释可以总结为两条基本路径:一是通过对传统必要共同诉讼类型划分标准的再解释,力图将诉讼标的牵连型诉讼纳入必要共同诉讼适用范围,以通过必要共同诉讼对诉讼进行与裁判资料的统一要求,从而实现牵连型诉讼标的的合一确定需要;二是共同诉讼体系中普通共同诉讼类型的适用改良,扩大普通共同诉讼适用范围至牵连型诉讼标的的,通过证据共通与主张共通原则的扩张适用实现对同一事实问题的相同评价。仔细对比分析学界关于诉讼标的牵连型案件合一确定实现路径的各种方案,本书认为更优的选择应是将其纳入必要共同诉讼适用范围。

首先,诉讼标的牵连型纠纷适用必要共同诉讼的优势。普通共同诉讼方案的最大缺陷可能在于:因为必须尊重普通共同诉讼人的程序选择权,只有当事人选择将具有牵连性的复数诉讼标的在同一诉讼程序中提起时才可适用;若当事人因法律知识欠缺或其他诉讼策略考虑,选择分别起诉时,主张共通与证据共通审理原则将无法适用,分别辩论与分案审理的最终结果还是可能会造成矛盾裁判。必要共同诉讼的最大优势在于:必要共同诉讼方案对合一确定要求的强制性,较普通共同诉讼阐释方案更为强烈,不仅可以通过法院的诉讼告知甚至强制命令,使得相互牵连的复数诉讼标的涉及的利害关系人可以实质性地参与同一诉讼程序,以让可能受判决影响的利害主体得到更为充分的事前程序保障。在诉讼资料获取层面,相较于普通共同诉讼的主张共通与证据共通原则,更能通过诉讼进行统一规则和裁判资料统一规则,在共同诉讼人间塑造出统一的诉讼行为秩序,实现法院对共通争点的统一认定,在避免矛盾裁判和保证裁判一致性上,可以获得更为彻底的保障,更有利于纠纷的集中统一解决。

其次,诉讼标的牵连型纠纷适用争点共通型必要共同诉讼的优势。在必要共同诉讼思考路径下前述三种具体方案中,毋庸置疑的是,诉讼标的牵连型纠纷因其诉讼标的的复数特征,在实体法上复数当事人间并不共同享有诉讼实施权,实质上无法与固有必要共同诉讼之本义契合,如采用固有必要共同诉讼的弹性化方案,因对固有必要共同诉讼适用的判断与处理标准之具体化和柔性化特征,可能会带来司法实践具体把握是否将某类型纠纷纳入必要共同诉讼程序处理的无序化。而将类似必要共同诉讼适用范围扩张至诉讼标的牵连型纠纷,其实质上不仅动摇了传统通说关于必要共同诉讼识别标准的本质要求,还会使得以"诉讼标的"为核心概念所构造的民事诉讼理论体系不协调,更未能注意到因诉讼标的牵连型纠纷的合一确定要求,已呈现出程度上弱化之势,而无类似必要共同诉讼类型适用的完整空间,还应当在审理程序中予以区别对待的要求,类似必要共同诉讼扩张方案恐将导致类似必要共同诉讼制度无法承受之重。

总而言之,无论何种理论阐释方案,其承认了诉讼标的牵连型纠纷因其在事实与法律层面关联性,而有合一确定的正当性。就避免矛盾裁判和一次性纠纷解决目标的实现而言,选择何种合一确定实现路径与方案,既要考虑到各方案之合理性,也要平衡何种程序技术系更优选择。争点共通型必要共同诉讼的类型归整,基本原因在于认识到了在诉讼标的牵连型纠纷解决中,必要共同诉讼共性要素"合一确定必要性"程度上的强弱变化,但这并不是将其类型独立化的不必要文字游戏,其更深刻的原因在于不同类型必要共同诉讼的审理程序应有区别处理之必要性,从而应是一种更优的方案选择。

第三节　必要共同诉讼类型体系的适用

必要共同诉讼作为一种应对纠纷主体人数众多的复杂诉讼形态,是为适应多数人债务纠纷样态解决需要的程序法努力。《中华人民共和国民法典》(以下简称《民法典》)的编纂,进一步完善了我国多数人债务体系的实体法规则,如《民法典》第518条和第520条分别从连带债务的外部法律关系与内部法律关系两个层次,在立法层面更精细地规定了连带债务人个人事项的涉他效力规则;第1145条和第1147条遗产管理人制度的增设,确立了数人共同担任遗产管理人的遗产处理规则。在《民法典》实施的大背景下,当债权人将其所认为的全部责任主体一揽子地作为被告诉至法院时,在程序法层面如何认识由复数债务人所形成的诉讼形态?连带债务外部效力规则与内部效力规则在诉讼程序中如何实现?又如何看待补充责任形态中先承担赔偿责任主体对终局责任人之追偿权的程序实现机制?本部分以《民法典》关于多数人债务体系的规定为参照,梳理我国法上多数人债权债务关系中可能或应当适用必要共同诉讼形态的具体情形,重点剖析并检验本书关于必要共同诉讼类型体系重新归整的司法实践价值。

一、固有必要共同诉讼的类型适用

(一)我国固有必要共同诉讼类型的典型适用

固有必要共同诉讼类型适用的基本特征在于,共同诉讼人于诉讼上所主张的实体法律关系同一,诉讼实施权也归属于该多数主体共同享有,必须由全体共同诉讼人一同行使或负担,法院必须合一判决。根据固有必要共同诉讼识别标准,其类型适用的判断核心在于是否具有"共同诉讼必要性",让共同诉讼实施权主体都成为必要共同诉讼的适格当事人,从而赋予其足够的程序保障,以正当化法院判决的基础。结合民事实体法规定,我国固有必要共同诉讼适用范围的典型情形包括以下三种。

1. 变更他人间法律关系效力的形成之诉

(1)债权人撤销权诉讼。《民法典》第539条规定债权人可以请求撤销债务人不当处分自己的财产或权利,但其条文表述方式仅仅从实体法层面肯定了债权人可以行使撤销权之实体事由及诉讼救济方式,并未对撤销权涉讼的适格当事人予以规范。2023年《最高人民法院关于适用<中华人民共和国民法典>合同编通则若干问题的解释》第44条明确规定,撤销权诉讼应当以债务人和债务人的相对人为共同被告。❶我国台湾地区实务界认为,应当根据撤销权之对象不同区分适格当事人,若债务人之行为是双方行为,如赠与或买卖,应当将债务人和第三人作共同被告;若债务人之行为是单方行为,因被撤销之法律行为并无相对

---

❶《最高人民法院关于适用〈中华人民共和国合同法〉若干问题的解释》(二)第24条曾规定,债权人撤销权诉讼中,可只列债务人为单独被告,但人民法院可以追加该受益人或者受让人为第三人。该司法解释于2021年被废止。

人,仅将债务人作被告即可。[1]本书认为,债务人不当处分自己财产和权利的行为方式多样,其本质是影响了债务人自身的债务清偿能力,进而对债权人之债权的实现可能造成损害。债权人撤销权纠纷不是债权人与债务人因合同权利义务关系而直接产生的纠纷,债权人行使撤销权的初衷是保护自己的债权,内容是撤销因债务人不合理低价转让或放弃到期债权行为,根本目的是否定债务人与第三人之间形成的法律关系,法律效果是变动(变更或消灭)债务人与第三人之间原已确定的法律关系。因此,无论债务人之行为系其单方行为还是双方行为,债权人撤销权诉讼原则上应当以该法律关系的权利义务归属主体之复数当事人——债务人与第三人为共同被告。

(2)解除收养关系诉讼。收养人与被收养人之间的收养关系,自收养人和送养人到民政部门登记之日起成立。收养是一种特殊的身份关系,具有浓重的伦理道德与世俗感情色彩,[2]对身份关系的判断具有强烈的统一确定要求,关于身份关系的判决原则上应当具有对世效。因此,根据《民法典》第1114条规定,若收养人有虐待、遗弃等不履行抚养义务行为,侵害未成年养子女合法权益行为时,送养人向法院提起诉讼请求解除养父母与养子女间的收养关系的,应当以收养身份关系的双方主体为共同被告。

2. 确认他人间法律关系效力的确认之诉

确认之诉以明确当事人间法律关系状态为其基本宗旨,[3]确认之诉的判决结果对他人间的民事实体权利义务和当事人间的私法关系有直接影响。当他人间法律关系的存否对自己的民事实体权益有影响时,就有通过确认诉讼明确他人间法律关系存否之必要。

(1)确认他人间财产关系效力之诉。民事诉讼学理一般认为,确认之诉当事人适格的判断被确认诉讼之诉的利益所吸收,即主张作为诉讼标的之法律关系存否不明确的主体和对其主张有争议的相对方主体,有受确认判决拘束的实效性与必要性即认定为当事人适格。[4]关于确认他人间法律关系的适格当事人的

---

[1] 张文郁.固有必要共同诉讼[M]//共同诉讼.台北:元照出版有限公司,2006:26.
[2] 余延满.亲属法原论[M].北京:法律出版社,2007:196.
[3] 刘哲玮.确认之诉的限缩及其路径[J].法学研究,2018(1):131.
[4] 曹志勋.论我国法上确认之诉的认定[J].法学,2018(11):45.

争议点在于,是否有必要将该法律关系的双方当事人一并作为被诉主体,即涉及是否属于固有必要共同诉讼的问题。肯定论者认为,确认他人间法律关系存否案件,是对他人间实体权利义务关系之存否的判断,必须以该法律关系的双方当事人为共同被告,才可认定为当事人适格;否定论者认为,"第三人(原告)否认当事人间法律关系而提起消极确认之诉,如当事人中一方同时否认该法律关系,只需以主张法律关系存在之他方为被告即可,无以该法律关系之双方当事人为共同被告之必要"。❶亦即确认他人间法律关系诉讼是否属于固有必要共同诉讼,应当根据该法律关系主体对法律关系存否的态度而决定。本书认为,财产关系与身份关系所具有强烈伦理道德性的法律性质不同,应当根据纠纷具体状态,从原告主张内容与财产关系双方主体对纠纷的态度而具体看待,当该财产法律关系主体一方与作为原告的第三人关于该法律关系的效力及存否持相同立场与主张时,即可认为原告对主张一致者无确认利益,无必要将其作为共同被告。

(2)确认他人间身份关系效力之诉。身份关系与财产关系法律性质之最大不同在于,身份关系的强烈伦理色彩对人类社会正常道德秩序的维护有着紧密影响。对他人间身份关系确认诉讼的典型是确认婚姻效力案件。❷根据《最高人民法院关于适用〈中华人民共和国民法典〉婚姻家庭编的解释》(一)第9条规定,可以提出请求确认婚姻关系无效的主体,不限于婚姻关系的双方当事人。尽管当事人的近亲属、当事人所属的基层组织作为原告提起确认婚姻关系无效之诉,该案的判断对象也是既存婚姻关系双方当事人间婚姻关系成立与否。因身份关系的法律性质决定身份关系判决具有对世效,应当在身份关系当事人间统一确定,第三人(原告)提起确认他人间婚姻或收养等身份关系效力的案件,应当以该身份关系的双方主体为共同被告。

---

❶ 黄国昌.确认他人法律关系之存否之诉之当事人适格[J].月旦法学教室.2006(39):18-19.

❷ 虽然在2020年修改的最高人民法院《民事案件案由规定》中,第17项案由"婚姻无效纠纷"案由的术语概括中,并未使用"确认"一词,但从该表达的完整性上看,最高人民法院应当将婚姻关系效力案件理解为确认之诉。但是,《最高人民法院关于适用〈中华人民共和国民法典〉婚姻家庭编的解释》(一)第9条改变了《最高人民法院关于适用〈中华人民共和国婚姻法〉的解释》(一)第9条"申请宣告婚姻关系无效"的语言表述,明确采用了"请求确认婚姻关系无效"的语言表述。在理论上,婚姻法学界和民事诉讼法学界也一般认为,婚姻关系效力之诉的类型应当属于确认之诉的范畴。参见陈苇.婚姻家庭继承法学[M].北京:中国政法大学出版社,2011:119;刘哲玮.确认之诉的限缩及其路径[J].法学研究,2018(1):132.

3. 数人共同行使管理权与处分权情形

在当事人根据法律规定或他人授权,负有相应职务或承担相应管理职责,取得特定诉讼的正当当事人资格时,若该职务由数人共同行使或执行,涉讼时应由该数人共同担当诉讼,进而成立固有必要共同诉讼。根据《民法典》第1133条和1145条规定,遗产管理人可以由被继承人在遗嘱中指定或者继承人推选产生,法律对遗产管理人和遗嘱执行人之人数并不为限制。因此,当数人共同担任遗产管理人时,数人应为遗产管理之目的共同履行职责,当为遗产管理而涉讼时,就必要一同应诉或起诉。与此相类似的情形,还应包括数人为遗嘱信托财产管理人、破产管理人、失踪人财产管理人等诸多情形,以通过负有职责之数人间的相互牵制与监督,确保其职责的慎重行使并妥善保护其职务管理范围的财产,保护信托人、破产企业、失踪人等利害关系人的合法权益。

(二)涉共有财产纠纷适用固有必要共同诉讼形态的具体情形

在固有必要共同诉讼适用范围的判断中,最有争议的问题莫过于共有财产涉讼的情形。从诉讼标的物所有权为数人共有的表面形式看,似乎应当将数共有人作为共同原告或共同被告才能认定为当事人适格。典型例证是,司法实践中对《民诉法解释》第72条的适用范围普遍地为扩张解释,将第72条共有财产侵权纠纷的适格当事人规范作为处理共有财产涉讼的一般规则,延伸适用于共有财产涉讼的各类案件,凡共有财产涉讼要求共有权人全部一同起诉或一同被诉,否则,法院将职权追加未参加诉讼的部分共有权人。

事实上,共有财产涉讼案件的类型复杂。首先,从共有关系的种类来看,以共有人对共有财产权的关系不同作为分类标准,我国实体法上各共有人对共有财产的管理处分规则及共有财产所有权的享有状态,在共同共有或按份共有形态下并不完全相同,在诉讼形态适用的程序设计上就必须充分考虑共有关系实体规则对诉讼程序的影响。其次,司法实践中因各利害关系主体对实质上争议法律关系之具体主张可能有不同认识,存在着共有人内部关于共有份额和共有物管理处分的争议,也有第三人对共有份额或共有物所有权的争议,还有第三人侵害共有物而产生物上请求权争议等。因此,共有财产涉讼问题必须个别而具体地分析判断,不可一概而论。下文在按份共有和共同共有的种类划分基础上,以共有人之间的内部纠纷和共有人与第三人之间的外部纠纷划分为主线,分别讨论涉共有财产纠纷主要类型的诉讼形态适用问题。

1. 共有人相互之间的内部纠纷

以《民法典》关于共有关系规范的实体法框架为基础,结合民事司法实践,共有人之间因共有财产而发生的纠纷,主要表现为共有财产分割纠纷、共有财产管理处分纠纷和共有人间持分权纠纷三种类型。其中,适用固有必要共同诉讼形态的涉共有财产纠纷主要有:

(1)共有财产分割纠纷。《民法典》关于共有财产分割规则的实体法规范重点在于,分割程序启动的实质条件与分割方式两方面。我国学界有观点认为,由于我国民法承认各按份共有人有随时请求分割共有财产的权利,无须其他共有人之同意,因此,仅将有争议的按份共有人作为当事人即可,除非分割会对其他按份共有人的利益产生影响。如在共有财产不具有物理分割属性而需要金钱折算时,才有必要将其他共有人全体作为共同诉讼当事人处理。❶本书认为,从《民法典》第303条规定的文义来看,虽然使用"随时请求分割"一语,似乎表明了各共有人之独立分割请求权,在共有财产为部分共有人或特定主体占有情形下,法院裁判生效后,还会产生共有物应得部分的交付问题。但是,共有财产分割之诉并非单一的给付之诉,共有财产分割请求权仅是一种可以启动分割财产程序之意义,而且该权利一经行使,即可以产生改变共有人间共有法律关系的原初状态的效果;在财产分割的实施阶段,无论经当事人协议还是法院裁判,最终在各共有人之间形成新的单独所有权关系状态。也即,"请求分割共有财产"的权利应当属于一种"形成权",共有形态对分割争议的解决并无关键影响,共有财产分割实质是在全体共有人之间进行应得份额的划分。否则,即使保留未参加诉讼之其他共有人之应得份额,而仅在部分共有人之间进行分割,无法根本实现共有物分割之诉的目的。因此,共有财产分割之诉具有形成之诉与给付之诉的双重性质,全体共有人均应作为共同诉讼当事人,是最典型的固有必要共同诉讼形式之一。

(2)共有财产管理处分纠纷。《民法典》第301条规定,除明确约定外,各共有人对共有财产均有管理的权利与义务,并区分共有形式而有差别地设计了共有财产管理处分规则,共同共有财产适用"全体一致同意规则",而按份共有财产适

---

❶ 罗恬漩.涉及共有财产权的共同诉讼形态[J].华东政法大学学报,2015(6):57.

用"三分之二份额多数决规则"。由于实体法上明确规定共有财产之管理与处分必须由全体（多数份额）共有人共同行使，在诉讼法上仅能解释为全体共有人共同享有诉讼实施权。因此，当共有人间对共有财产的管理和处分产生争议时，如就共有物让与所有权、设定抵押担保等法律上处分行为或者拆除共有不动产重建等事实上处分有分歧时，必须全体共有人一并进入同一诉讼程序，但应当根据各共有人对共有财产管理处分内容的具体主张，要么作为共同原告参诉，要么作为共同被告应诉。

2. 共有人与第三人之间的外部纠纷

共有关系存续期间，共有人与第三人之间的外部纠纷主要表现在以下两种情况：一是共有人与第三人关于共有财产权属的所有权争议；二是共有人与第三人因共有财产而生的债权争议，如因买卖共有财产而产生的合同争议和因第三人侵害共有财产而产生的侵权纠纷。其中，属于固有必要共同诉讼范围的两种典型外部争议是：

（1）共有权确认纠纷。共有人与第三人之间的共有权确认纠纷是指第三人与数共有人对某财产之所有权权属产生的争议。如共有人一方主张该争议财产为数共有人所共有，而第三人则主张自己对该争议财产的所有权。因此，关于争议财产权属问题的法院裁判结果，将会影响全体共有人之利益，必须在各共有人之间不得为矛盾判决，避免于共有人全体不利的生效裁判对未参加诉讼的共有人产生判决效力扩张的负面影响；而且，在对外关系上，各共有人关于争议财产的权利主张保持立场一致时，虽然部分共有人可以为全体共有人之利益而提出共有关系主张，但其请求实质也是要求确认全体共有人的共有权，即共有人与第三人之间争议明确针对共有人全体的共有权，而非第三人与自己关于争议财产所有权或者共有份额的争议。共有权确认纠纷是以共有财产之所有权本身作为诉讼标的，并不是属于部分共有人独立支配的对象，应以全体共有人均作为诉讼当事人，构成典型的固有必要共同诉讼。

（2）因共有财产而生的交付共有物纠纷。共有人与第三人之间的债务履行纠纷主要是指，因归属于数人的共有财产对第三人负有义务而产生纠纷。如在涉及共有财产的买卖合同关系中，数共有人取得对合同交易相对方的合同价金给付请求权之债权时，也负有根据约定按时按质交付共有财产的义务。《民法典》

第307条适用连带债权债务规则处理因共有财产而产生的债权债务关系,买受人可以向共有人中的任何一人请求交付共有财产之全部,也可以向全体共有人请求交付共有财产之全部,包括动产之占有转移和不动产之所有权登记转移,均应当属于共有财产买卖合同项下共有人应付之义务。但是,即使是在按份共有情形下,或者在共有物的自然属性上具有可分性时,从应交付共有物的权利属性上看,并不是将共有财产划分为若干部分,对各部分财产而享有权利或负担义务,而仅是对各共有人之所有权在量上的分割。❶因此,根据共有之本质要求,每一按份共有人仅是根据其持份享有共有财产,除非经全体共有人之同意,单一共有人无权将共有物之全部为债务履行。换言之,共有财产交付之债属于"协同债务",❷要求给付必须由全体债务人或者为全体债权人"共同实施"。❸部分共有人之部分履行根本无法实现买受人之合同标的物请求权,而必须由全体共有人"协作性"地共同完成。因此,因交付共有之标的物而发生的争议,属于固有必要共同诉讼之典型形式。

二、类似必要共同诉讼的类型适用

类似必要共同诉讼的基本要求是"最好共同诉讼",但不强制全体共同诉讼人一同起诉或应诉,若单独诉讼时确定判决的既判力扩张及于其他利害关系人,当数人共同诉讼时则认定为有"合一确定必要性",法院必须合一判决。本部分将结合我国民事实体法之规定,对学说及实务上仍然争议较大的纠纷——共有物之物上请求权纠纷和共同共有债权纠纷的共同诉讼形态适用问题,进行类型化的梳理和分析。

---

❶ 江平.民法学[M].北京:中国政法大学出版社,2000:386.

❷ 协同债务是与按份之债、连带之债并列的多数人债务类型体系中的主要形态之一,指在多数人债务场合,给付必须为了全体债务人的利益而履行,任一债务人不得单独履行该给付;相应地,在多数人债权的场合,给付必须为了全体债权人的利益而主张,任一债权人不得单独受领该给付,称为"协同债权"。我国民法理论界关于协同之债的概念采用广义说,包括协作关系和共同共有关系领域。参见史尚宽.债法总论[M].北京:中国政法大学出版社,2000:699.

❸ 孙森焱.民法债编总论[M].北京:法律出版社,2006:770.

(一)我国法上类似必要共同诉讼适用的基本形态

以"法律上的合一确定"作为我国类似必要共同诉讼的类型识别标准,并以传统通说所坚持的中间判断工具——"既判力"来识别类似必要共同诉讼适用范围,判断重心从起诉阶段的当事人适格与否,转移至确定判决既判力作用范围问题层面。结合我国民事实体法之现行有效规定,我国类似必要共同诉讼适用范围的典型情形,可以整理为以下两种主要类型。

1. 基于相同法律关系而请求相同目的之给付诉讼

(1)股东代表诉讼。《中华人民共和国公司法》(以下简称《公司法》)第189条作为股东代表诉讼的请求权基础,从实体法层面明确了公司高级管理人员职务行为损害公司利益情形下的诉讼救济方式,以及享有损害赔偿请求权的主体,并且严格限定了以自己的名义直接提起赔偿诉讼的股东资格。从该规定的字面意思而言,有资格起诉的股东只是以持股情况为条件的实体资格限定,[1]各自均可以代表公司以自己名义请求被告承担损害赔偿责任,并未对起诉人数有限制,不要求有资格的股东全体共同起诉。但是,从股东代表诉讼的诉讼标的来看,若符合持股时间和份额条件的数名股东共同提起股东代表诉讼时,各共同诉讼人间的诉讼标的均为股东对公司高级管理人员违法职务行为之损害赔偿请求权,法院在认定相关管理人员是否存在损害公司利益行为以及损害赔偿责任等层面,对各股东有合一确定的必要,属于类似必要共同诉讼。

(2)数债权人提起的代位权诉讼。若数债权人对同一次债务人共同提起代位权诉讼或法院将数债权人之分别诉讼合并审理时,其共同诉讼形态为何?在各共同诉讼人间是否适用诉讼进行统一和裁判资料统一的审理程序规则?法院对数债权人的判决是否有合一确定之必要?关键点在于回答债权人代位权诉讼之诉讼标的为何?债权人代位权诉讼中,法院实质上需要审查两重法律关系:一是债权人对债务人的合同关系,以主债权是否存在而且合法为审理重点;二是债务人对次债务人的合同关系,以次债权是否到期、债务人是否怠于行使次债权、次债务是为人身专属债务等为审理重点。债权人代位权是法律为保护债权人利益的特别规定,从实质内容上看,债权人以自己的名义行使债务人对次债务人

---

[1] 根据2023年最新修改的《中华人民共和国公司法》第189条之规定,起诉股东资格限定条件是:有限责任公司的股东、股份有限公司连续180天以上单独或者合计持有公司1%以上股份的股东。

（合同以外的第三人）享有的债权，债权人与次债务人之间并无合同法律关系。债权人在诉讼中主张的内容是要求次债务人履行其对债务人之义务。债权人代位权诉讼的诉讼标的是债务人对第三人的债权，并非各债权人均享有的"代位权"。从数量上看，即使数债权人共同提起代位权诉讼，只要数债权人以同一次债务人被告，以债务人对次债务人之同一到期债权为诉讼主张，其诉讼标的应为单数。所以，在数债权人提起的代位权诉讼中，法院就"债务人对次债务人的债权是否成立"这一法律关系的判断层面，在数债权人间必须合一确定，否则将导致矛盾裁判，因而构成类似必要共同诉讼。而且，有必要说明的是，在第一层诉讼结构中，数债权人与债务人间法律关系分别基于属于各债权人个人事项的不同法律事实而产生，就债权人对债务人之债权是否存在的判断，以及该债权人是否为代位权诉讼适格当事人的判断，均与第二层诉讼结构中作为诉讼标的之次债权债务关系无本质关联。因此，在数债权人间并无合一确定的必要。

2. 请求变动相同法律关系的共同诉讼

（1）数名股东请求撤销公司决议纠纷。❶《最高人民法院关于适用〈中华人民共和国公司法〉若干问题的规定》（四）第3条规定，有撤销公司决议诉讼原告资格的股东在诉讼中的诉讼地位为共同原告，需要讨论的问题是数名股东提起的撤销公司决议之诉所形成的共同诉讼形态。若数名股东以共同理由起诉时，其权利基础为《公司法》第26条，撤销公司决议为各公司股东所独立享有的形成权，通常由公司决议所涉及的有利害关系的股东提起，并不要求公司全体股东共同行使。各股东所主张的诉讼标的法律关系均为股东对瑕疵公司决议的撤销权，从而在数名股东之间对公司决议是否存在违反公司章程或者表决程序是否违法等情形，是否应认定为瑕疵决议而应予撤销的判断层面，有合一确定之必要性。因此，数名股东请求撤销公司决议纠纷属于类似必要共同诉讼。

（2）案外人执行异议之诉。《民诉法解释》第306条进一步细化了《民事诉讼法》第238条案外人异议之诉的当事人诉讼地位，根据债务人对案外人主张权利

---

❶ 在公司法领域与此相类似的案件类型还包括《中华人民共和国公司法》第26条规定的确认公司决议无效纠纷、第231条规定的股东请求解散公司诉讼等。根据《中华人民共和国公司法》的相关规定，符合法律规定条件的股东均可以提起此类公司诉讼，并不要求全体股东或者符合条件的股东共同诉讼，但在此类诉讼的诉讼标的同一而对公司决议是否无效或是否满足公司解散事由等实质要件有合一确定的必要性，均属于类似必要共同诉讼，在此不予赘述。

第四章 必要共同诉讼类型的体系重构

支持与否的态度为分界线,规定被执行人(债务人)对案外人权利有异议时,被执行人与申请执行人在案外人异议之诉中应列为共同被告。值得讨论的问题是,被执行人和申请执行人的共同被告诉讼形态是否属于必要共同诉讼。强制执行程序依据申请执行人的强制执行请求权而启动,强制执行法律关系主要由法院、申请执行人和被申请执行人三方构成。案外人执行异议之诉的目的在于,阻却申请执行人针对被执行人已启动的强制执行程序,并不具有直接确认案外人对执行标的之权利的功能。因此,无论被执行人是否有异议,案外人诉讼主张的内容均是排除对特定标的物的强制执行,消灭强制执行法律关系,案外人执行异议之诉的诉讼标的只可能是"排除强制执行的异议权"。也即,在是否足以排除对特定执行标的物强制执行问题上,在申请执行人与被执行人之间就不能为矛盾裁判,应认定为对债权人和债务人有"合一确定的必要"。但申请执行人与被执行人间并不具有实体法上的共同权利义务关系,在被执行人对案外人权利主张有异议时,将其一并作为共同被告的处理方式,可以利用被执行人作为执行程序中所认可的执行标的物名义上的权利人,充实案外人执行异议之诉的裁判资料,更为彻底地解决针对执行标的物之执行程序是否合法的争议。因此,案外人执行异议之诉是类似必要共同诉讼。

比较复杂的问题是,根据我国民事诉讼法的规定,案外人不仅对特定标的物提出排除强制执行主张,还享有是否同时提出确认其对执行标的之权利的选择权。我国台湾地区学者认为,若案外人分别针对申请执行人和被执行人同时提出不同诉讼请求时,两诉的诉讼标的与诉之声明并非相同,对两个不同诉讼标的并无合一确定之必要,而属于普通共同诉讼。法院经审理后,两诉的判决结果完全有一胜一败的并存可能性,一方面认定原告确为执行标的之所有权人,认为不得执行该执行标的而判决案外人胜诉,另一方面却因被执行人占有该执行标的物系善意取得而非无权占有,那么案外人对债务人返还原物请求权不成立而判决案外人败诉。❶本书认为,在案外人对申请执行人请求排除强制执行之诉和案外人对被执行人提出确认其对执行标的物所有权之诉之间,两诉可能的关联性在于,若基于权利确认之诉中关于所有权的判断成立,那么排除强制执行异议权也同时成立。但是,执行标的物之物权归属的判断并不构成案外人异议之诉中

---

❶ 姚瑞光.类似必要共同诉讼之研究[M]//民事诉讼法之研讨(一).台北:元照出版社,1986:261.

排除强制执行异议权判断的前提条件,两诉系基于两个相互独立的法律关系而提出的不同诉讼请求,诉讼标的分别为"排除强制执行异议权"和"物上请求权",而且两诉的权利保护形式和请求权基础并不相同也不是同一种类,也无法成立我国民事诉讼法上的普通共同诉讼,仅是为便利案外人利用司法程序保护自己合法权益,法院可以合并审理并裁判。

(二)涉共有财产纠纷适用类似必要共同诉讼的主要情形

结合我国《民法典》关于共有的制度规定,涉及共有财产纠纷适用类似必要共同诉讼的主要情形有:

1. 共有物之物上请求权纠纷

共有物之物上请求权纠纷是指因共有物之所有权被侵害,共有人基于其所有权请求他人排除干涉而产生的纠纷。我国《民法典》关于物上请求权的规范,仅是在物权编通则中一般性地规定了返还原物等三种物上请求权的具体保护方式,并未在共有专章中特别规定共有权人之物上请求权行使规则。虽然,从共有人对共有物之所有权和一般所有权之本质来看,共有之物上请求权应当与一般物权之物上请求权并不存在质的差异,共有人行使物上请求权应当适用物上请求权的一般规范,即各共有人均应享有《民法典》第235条和第236条规定之物上请求权。但是,共有与单独所有不同,各共有人之所有权仅仅为共有物之完整所有权的部分。因此,当共有物被第三人无权占有或妨害共有人之所有权享有时,各共有人在诉讼上行使物上请求权的方式及主张内容,就会影响到涉及共有物之物上请求权纠纷的诉讼形态。

目前学界关于共有物之物上请求权纠纷的共同诉讼形态存在四种主要学说。(1)类似必要共同诉讼说。有学者认为,基于物上请求权之请求均可以解释成为共有人全体利益而单独行使的保存行为,[1]原则上均可以单独起诉而无全体共有人一同起诉之必要,而构成类似必要共同诉讼,以缓解部分共有人拒绝起诉时之困境,也避免部分共有人分别起诉可能产生矛盾判决。[2](2)固有必要共同诉讼说。我国台湾地区学者认为,根据台湾地区有关规定各共有人均有独立的

---

[1] 罗恬漩.涉及共有财产权的共同诉讼形态[J].华东政法大学学报,2015(6):54.
[2] 段文波.共有财产涉讼类型化析解[J].国家检察官学院学报,2016(2):24.

回复原物请求权,[1]但各共有人仅得"为共有人全体利益"请求向债权人全体为给付,禁止部分共有人向债务人请求返还共有物于自己。[2]但是,由于有关规定承认各共有人可以单独行使物上请求权,部分共有人则可以独立提起诉讼。通过法定诉讼担当原理,部分共有人起诉时的当事人适格和确定判决的既判力范围问题得以合理解释,即提起诉讼的部分共有人作为未起诉的共有人之法定诉讼担当人享有诉讼实施权,法院对部分共有人的确定判决,也对作为被担当人之未起诉的共有人具有拘束力,以确保判决之合一确定。(3)特殊形态必要共同诉讼说。另有我国台湾地区学者认为,类推适用台湾地区有关连带债权的规定,即部分共有人所提起返还共有物之确定判决,仅当基于部分共有人非个人关系的原因事实主张作出时,才可以对未起诉之共有人产生判决拘束效力。我国台湾地区民事诉讼实务界也认为,绝大多数案件中全体共有人就共有物返还请求权立场是一致的,即使部分共有人起诉,不论胜败,对未参加诉讼的共有人也有拘束力。[3]但在擅自出租情形下,部分共有人请求第三人返还租赁物时,若法院认定租赁契约未届期而判决部分共有人败诉时,应认定为是基于该共有人个人原因的判决,不对其他共有人产生拘束力。[4]因此,返还共有物之诉与传统定义下典型的类似必要共同诉讼有区别,同时也无法归属普通共同诉讼。[5](4)普通共同诉讼说。持该说的学者认为,当数个共有人一同提起请求返还共有物之诉时,各共有人之所有权皆系独立的所有权,而享有自己的物上请求权,均可单独基于独立的诉讼实施权有效提起返还共有物之诉,形成数个诉讼标的之普通共同诉讼。

共有物之物上请求权纠纷共同诉讼形态的问题,系体现实体法与程序法原理相互联结交错的典型事例,既不能简单地满足共有规则之实体法规范要求,也不能单纯地追求诉讼经济和避免矛盾裁判的诉讼法要求。本书认为,界定共有

---

[1] 根据我国台湾地区有关规定,各共有人对于第三人,得就共有物之全部为本于所有权之请求。回复共有物之请求,应为共有人全体之利益为之。

[2] 姜炳俊.共有物请求之诉讼[J].月旦法学教室,2003(9):160.

[3] 黄国昌.共有物返还诉讼之再考——代表诉讼法理与事后程序保障参与之联结与交错[M]//民事诉讼理论之新开展.北京:北京大学出版社,2007:317.

[4] 刘明生.民事诉讼法实例研习[M].台北:元照出版有限公司,2013:280.

[5] 杨建华.多数连带债务人为共同被告时诉讼行为之效力[M]//问题研析民事诉讼法(一).台北:三民书局,1996:109.

物之物上请求权纠纷的共同诉讼形态的关键点在于以下两个方面。

第一,共有物之物上请求权纠纷的诉讼标的应为全体共有人共有的权利。当共有物之所有权受到第三人侵害时,从共有物之物权保护方式的实现角度来看,各所有权人均可单独地对第三人作出停止侵害或恢复原状的物权保全行为。而且,从物上请求权的行使结果来看,无论是部分所有权人单独行使还是全体所有权人共有行使,在回复所有权人对物的支配性利益这一点上并无本质差别。但必须注意的是,共有是特定的同一财产之所有权为数人共同享有的一种法律状态,共有并不改变所有权的性质,全体共有人分享一个所有权,而不是各共有人均有自己独立的所有权。这意味着,即使是按份共有也并不将共有财产按比例分割成若干部分,共有人根据其所有权份额享有及于共有物整体的权利。若因共有物之物上请求权产生争议,其诉讼标的是全体共有人共同享有的物上请求权,无论具体的物上请求权内容差异,在数量上表现为单数。

第二,对部分共有人的确定判决产生扩张及于全体共有人的效力。从共有物之物上请求权系单数出发,理论上共有物之物上请求权应由全体共有人一同行使。但是,共有人可以基于物权法上保存行为原理,为避免共有物遭受损害,单独地对共有物作出请求恢复原状排除妨碍等保全行为。[1]因此,从物上请求权行使方式和实现角度而言,应当承认各共有人均可以基于对该共有物之所有权,提起物上请求权诉讼,并不要求共有人全体一同起诉才能认定当事人适格。在解释论上,可以借鉴我国台湾地区学者的分析视角,以我国《民法典》第300条关于各共有人均有管理共有财产的权利义务规则为基础,将共有人之"管理权利义务"解释为包括行使诉讼方式为全体共有人利益之物权保护行为,自法定诉讼担当原理出发,将起诉的部分共有人视为未起诉部分共有人之法定诉讼担当人而享有完整的诉讼实施权,部分共有人虽然并未成为共同诉讼人,却是受判决拘束的实质当事人。这既避免了部分共有人拒绝提诉时,损害积极行使物上请求权的部分共有人之利益,也符合全体共有人的利益和共有物之物权保护目的。因此,无论胜诉或败诉,确定判决均对未起诉部分共有人有既判力。总言之,共有物之物上请求权纠纷应当适用类似必要共同诉讼。

---

[1] 崔建远.物权:规范与学说——以中国物权法的解释论为中心[M].北京:清华大学出版社,2011:477.

2. 共同共有债权纠纷

在民法理论上共同共有债权是一种"准共有"形态,[1]其形成是因债权成立时即归属于特定的由多数权利人共同共有的财产,主要因为合伙财产共有关系、夫妻共有关系和遗产分割前共同继承人间的共有关系三种共有关系而产生。依共有原理和共有制度实体规则,从共同共有债权主体关系角度来看,债权共同共有关系中既不存在份额持有之抽象观念,也不存在部分共有人可单独行使全部共有权利之规则。在共同共有债权纠纷中,若涉及作为标的物之共有物的交付或者所有权登记转移等债务履行时,债务人也不能对各个共同共有人为独立给付。以此逻辑,似乎凡涉及共同共有债权的纠纷,必须要共同共有人全体一同起诉才能实现权利义务关系之确定。然而,在实体法层面,关于共同共有债权是否必须由全体共有人共同行使问题上存在着不同理解,这就造成了程序法层面对共同共有债权诉讼应当归属于类似必要共同诉讼还是固有必要共同诉讼定位的争议。

目前关于共同共有债权纠纷共同诉讼形态的争议,主要基于对共同共有债权行使规则的实体法理解差异,而产生了固有必要共同诉讼和类似必要共同诉讼两种观点:(1)固有必要共同诉讼说。该说认为共同共有债权必须由全体债权人共同行使,以通过拘束共同共有人全体行为而保护共同共有关系,例外情况是经全体共有人同意。[2]诉讼法学界也有学者指出,共同共有债权与基于共同共有物之物上保全行为不同,如因继承而取得借款债权、不当得利债权或侵权行为债权等,只能依全体共同共有人同意后才能行使。[3](2)类似必要共同诉讼说。该说认为债权共有实质上就是数人共有同一债权,与多数人不可分之债类似,应当适用连带债务规则,可以由部分债权人为全体共有人之利益而独立行使。还有观点指出,共同共有债权的实体法属性要求,债务人仅得向债权人全体为同一给付,但是当部分债权人为全体共有人之利益而独立行使时,其实质基础在于共同

---

[1] 准共有是指所有权以外的财产权,包括债权、知识产权、抵押权等为数人享有的共有样态。参见史尚宽.债法总论[M].北京:中国政法大学出版社,2000:696.

[2] 关于我国台湾地区共同共有债权应共同行使规则的理论观点,参见郑玉波.民法债编总论[M].北京:中国政法大学出版社,2004:423.

[3] 许士宦.民事诉讼法(上)[M].台北:新学林出版公司,2016:448.

共有债权系"实现共益之请求权",❶这与基于物上请求权之请求权能相同,只要部分共同共有债权人的请求内容不是向自己为给付,就不会危及共同共有关系或其他共有人利益,即可认为满足全体共有人利益的要件得以满足。❷还有学者从诉讼法层面指出,共同共有债权的行使必须顾及"便利权利人诉讼、避免拒绝起诉者负担、追加当事人劳费增加"等诉讼法上的考虑,通过法定诉讼担当原理和判决效力扩张构造,可以解释部分共同共有人行使共同共有债权请求权的诉讼法上正当性。❸

理论学说对共同共有债权共同诉讼形态争议的实质是,对共同共有债权实体法属性及共同共有债权行使规则的不同理解。因此,从诉讼法角度讨论我国共同共有债权纠纷的共同诉讼形态问题,还必须回到民事实体法规范层面,以确定程序法路径的实体分析基础。我国《民法典》第307条并未区分共同共有和按份共有的不同样态,统一规定因共有而生的债权债务对外关系适用连带规则,其规范空白在于:如果不否定部分债权人之独立请求权,那么部分共同共有债权人可否请求或者受领债务人所为的全部给付?表面上看,这属于共同共有债权应当共同行使还是独立行使的实体法层面问题。但是,对该问题的回答将涉及共同共有债权纠纷适格当事人问题,并进而引起诉讼法层面共同共有债权纠纷的共同诉讼形态确定。若按协同债权规则,应由全体债权人共同起诉才能认定当事人适格;而按单独请求权规则,共同共有债权纠纷是类似必要共同诉讼,部分债权人具有独立的诉讼实施权。这是在我国实体法背景下讨论共同共有债权共同诉讼形态问题时必须厘清的前提问题。

依共同共有之原理,部分债权人无法单独受领债务人对全部债权的给付。从比较法上看,共同共有债权行使规则的共性特征是,均要求各个债权人请求债务人向全体债权人为给付。然而,在债权人全体共同行使共同共有债权问题上,大陆法系共同共有债权的权威理论通说并不存在原则性差别,仅是对共同共有债权行使方式所要求的"共同"程度存在不同,与《德国民法典》第432条所承认的各债权人独立请求权规则相比,我国台湾地区有关规定坚持的共同共有债权

---

❶ 游进发.再论准公同共有债权之行使[J].月旦法学杂志,2015(246):188.
❷ 林诚二.准共同共有债权之请求[J].月旦裁判时报,2016(45):13.
❸ 陈玮佑.论继承债权之诉讼上请求[J].月旦法学杂志,2016(254):39.

行使规则就更为严格,要求全体债权人共同行使,但在具体行使方式上存在着经"全体共有人同意"这一变通方式。更有建设性与操作性的民法学理解释认为,将共同共有债权的法律性质定位于"协同债权",但允许各债权人为全体债权人利益而单独提起诉讼,不仅有利于债权人全体的利益保护,也避免部分债权人拒绝的起诉困境,"协同性并不排斥各债权人的独立请求权"。❶是以,在我国《民法典》第307条共有债权对外关系的规范框架下,共同共有债权纠纷并不要求全体共同共有债权人共同起诉,原则上应当属于类似必要共同诉讼。如共同共有债权人根据夫妻间财产关系的家事代理原理,获得对夫妻共同财产的管理权限时,或者执行合伙人根据合伙人间的合伙协议,获得对合伙事务的执行授权时,夫妻中一方或执行合伙人作为部分共同共有债权人,就可以单独行使共同共有债权而独立起诉。同时,为了强化法院判决的可执行性以及判决的公平实效,应当适用类似必要共同诉讼特殊审判程序规则,充分赋予未起诉共同共有债权人的事前和事后的程序保障。

三、争点共通型必要共同诉讼的类型适用

争点共通型必要共同诉讼的提出,主要是解决复数当事人相互间因诉讼标的不同,无须合一确定,但在各实体权利义务关系间的共通前提(基础)法律关系存否的判断层面上,存在着合一确定需要的共同诉讼类型。其典型特征表现为,共同诉讼人间的权利义务关系内容在实体法层面并不相同,但各当事人间的实体法律关系却处于一种高度牵连状态,只有经过合并审理才可能对各主体间的复数权利义务关系予以明确界分,从而保证实体权义务关系判断不相矛盾。❷以相牵连的复数诉讼标的间是否具有应合一确定的共通争点为主要判断标准,本部分将结合我国民事实体法之规定,简单整理争点共通型必要共同诉讼在我国多数人债务体系中的可能适用范围。

(一)连带责任纠纷适用争点共通型必要共同诉讼的理论证成

在多数人之债的类型化问题上,我国民事立法自《中华人民共和国民法通

---

❶ 李中原.共有之债的理论解析——《物权法》第102条之反思[J].江苏社会科学,2019(6):163.

❷ 我国有学者将这种诉讼标的强牵连性状态称为"请求权会合",并主张适用准必要共同诉讼形式,参见梁开斌.论诉之牵连[M].北京:社会科学文献出版社,2021:136.

则》(已废止)到《民法典》,一直坚持以债之主体为标准,根据债权债务关系主体之间的牵连性程度差异,将多数人之债细分为连带责任与按份责任。我国《民法典》第178条明确了连带责任实现方式的一般规则,民法理论界关于连带债权请求规则和连带责任承担规则已形成基本共识。但是,我国《民事诉讼法》对连带责任实现规则之实体规定的程序法回应缺乏统一规范,虽然相关司法解释对不同民事法律关系领域连带责任纠纷的适格当事人确定有相应规范,但具体的制度安排却存在差异。❶

1. 连带责任共同诉讼形态的主要争议

基于《民事诉讼法》及相关司法解释关于连带责任诉讼形态规范的分散模式,在诉讼法领域关于连带责任纠纷共同诉讼形态的类型归属问题却极具争议。主要存在以下几种理论观点。

第一,固有必要共同诉讼说。持该观点的学者认为,连带责任案件的诉讼形态选择必须兼顾实体法的要求与诉讼法的追求,应当充分考虑连带责任案件的纠纷解决实际需要和诉讼效率的价值要求,既要解决连带责任人与权利人间的外部求偿关系,还要解决连带责任人间的内部分担关系,要求全体连带责任人共同参加诉讼,法院应就内外责任的承担统一进行审理并裁判。❷同时,该学说认为将全体连带责任人作固有必要共同诉讼人,在外观形式上的确制约了连带债权人诉权行使,但这并非对连带债权人自由选择被告权利的简单否定。如果将诉讼程序的视野延伸至执行程序,债权人的这一选择权完全可以在执行环节实现。因为,在连带责任案件判决确定的基础上,债权人可以选择连带责任人之全部或部分作为被执行人从而实现自己的权利。❸

第二,类似必要共同诉讼说。❹为缓解我国必要共同诉讼类型单一和程序僵化问题,类似必要共同诉讼理论对"必须共同诉讼"与"可以单独诉讼"的折中解决方案,很快获得了我国民事诉讼理论界与民事司法实务界的普遍认同,从而作

---

❶ 如《民诉法解释》第60条规定未依法登记领取营业执照的个人合伙的全体合伙人为共同诉讼人;但该解释第71条又规定原告起诉要求被代理人和代理人承担连带责任的,被代理人和代理人作为共同被告。

❷ 姜强.《侵权责任法》中连带责任、不真正连带责任及其诉讼程序[J].法律适用,2010(7):15.

❸ 彭熙海.论连带责任案件的诉讼形式[J].法学评论,2012(3):134.

❹ 何文燕,廖永安.民事诉讼理论与改革的探索[M].北京:中国检察出版社,2002:219.

为确定连带责任案件诉讼形态的理论支撑。其基本主张是,根据连带责任实体规则,债权人可以向全部或部分连带债务人请求全部或部分的债权。协调程序法与实体法之理论与制度,尊重债权人之选择权,不得强制性地要求全体连带债务人共同参加诉讼。❶连带责任形成的基础具有同一性,本质上仅有一个连带债务,仅为一个整体给付,判决在连带债权之权利基础问题的判断层面对各连带债务人有合一确定的必要,可以适用类似必要共同诉讼形式。❷最高人民法院在有关《民诉法解释》之理解与适用的权威出版物中,明确指出连带责任是类似的必要共同诉讼,是否将全部连带责任人作为共同诉讼人,要根据当事人选择而定。

第三,普通共同诉讼说。持该说的部分学者认为,连带责任共同诉讼类型确定的关键点是,如何识别连带责任共同诉讼的诉讼标的数量。诉讼标的识别标准应当坚持传统旧实体法说,但民事法律关系的概念范围呈现出大民事法律关系、中民事法律关系和小民事法律关系三个层次,应根据诉讼类型的不同来判断不同诉讼类型中诉讼标的之具体内涵。连带责任案件属于给付诉讼,应当以民事法律关系的最小概念范围——请求权作为连带责任案件诉讼标的之识别标准。我国《民法典》第178条确认了债权人既可以向部分连带责任人请求给付,也可向全部连带责任人要求给付的自由,虽然各给付请求都具有"同一清偿目的",但其请求权的数量为复数,这符合现行民事诉讼法规定的普通共同诉讼构成要件。❸相反,从必要共同诉讼识别的学理标准出发,连带责任涉讼案件的诉讼标的不涉及基于同一请求的基础而无判决合一确定的必要性。❹即使对清偿、抵销、混同等涉及连带债务是否成立的绝对效力事项所生之绝对效力,均属于当事人的攻击防御方法,实质为一种实体法上的效力而非诉讼法上的合一确定必要,不满足既判力扩张这一类似必要共同诉讼的核心要求。❺

第四,动态调整说。持该说的学者主张,连带责任适用类似必要共同诉讼形

---

❶ 赵信会.必要共同诉讼制度的内部冲突与制衡[J].河北法学,2004(5):21.
❷ 王亚新."主体/客体"相互视角下的共同诉讼[J].当代法学,2015(1):59.
❸ 任重.反思民事连带责任的共同诉讼类型——基于民事诉讼基础理论的分析框架[J].法制与社会发展,2018(6):137.
❹ 段文波.德日必要共同诉讼合一确定概念的嬗变与启示[J].现代法学,2016(2):149.
❺ 卢正敏,齐树洁.连带债务诉讼关系之探讨[J].现代法学,2008(1):80;卢正敏.共同诉讼研究[M].北京:法律出版社,2011:199.

态的观点,大多基于便利当事人起诉的实用主义立场,并未充分关注连带责任案件判决既判力扩张的正当性。从实体法视角分析,连带责任人清偿义务的独立性和债权人请求给付的选择自由,意味着连带责任案件应当以普通共同诉讼为基本诉讼形态。但是,实体法应然状态下的权利只是为诉讼形态确定提供了静态基准,诉讼法需要兼顾纠纷的一次性解决需要、当事人间相互关系的关联性和程序进行具体状况等因素。因此,对当事人将全部连带责任人作为共同被告起诉后,对连带责任共通事项的判断会影响全体连带责任人,对共通事项的辩论、证据调查和认定结果应当统一,而更偏向于固有必要共同诉讼;对部分连带债务人被诉时,基于既判力和诉讼经济因素考虑,法院应通过释明方式引导债权人追加全体债务人为被告,必要时还可以主动追加,为债权人以最佳方式实现权利提供程序保障的基础上,使连带责任案件判决效力的遮断效果扩大,其效果上类似于类似必要共同诉讼。[1]我国台湾地区有学者认为,连带责任的共同诉讼形态归属,应当根据案件中当事人间具体争议不同而个别化讨论,因连带债务人一人原因而产生的绝对效力事项涉及连带债权本身存在与否的根本问题,基于诉讼经济和裁判一致性要求,应当强化其效果,在保障其他连带债务人受到合法听审请求权保障的前提下,承认涉及连带债权的成立与否的绝对事项层面具有既判力,不得矛盾裁判,进而成立类似必要共同诉讼。[2]综上,上述学说并不企图为连带责任案件设定统一的共同诉讼形态,而是根据连带责任类型、当事人抗辩事由等诉讼程序进行过程中具体状态,从而灵活地确定诉讼形态和相应程序规范,本书谓之"动态调整说"。

2. 连带责任纠纷适用争点共通型必要共同诉讼形态的主要理由

关于连带责任共同诉讼形态的学说观点对立,虽然均致力于为连带责任共同诉讼形态确定统一而固定的程序操作方式,但在追求纠纷一次性解决理念与尊重债权人之实体请求权选择自由的不同价值侧重背景下,又因为对诉讼标的识别标准、既判力扩张等基础理论的理解差异而有不同认识。相比而言,动态调整说的灵活调整模式虽然牺牲了连带责任诉讼形态确定的统一性,可能导致程

---

[1] 沈佳燕,史长青.连带责任的诉讼形态研究[J].苏州大学学报,2020(2):125.
[2] 吕太郎.连带债务之判决效力及相关问题[M]//民事诉讼法之研讨(十一).台北:元照出版有限公司,2003:153.

序操作的不确定性甚至混乱无序,但却明确地揭示了连带责任诉讼形态确定的复杂性,必须自实体法与诉讼法两个层面探讨,平衡连带责任实体法规定与连带责任纠纷解决实际的双重需要。本书认为,连带责任共同诉讼形态的确定应当充分考虑以下因素。

第一,连带责任承担规则的实体规定性。在多数人之债类型体系中,基于债之主体关系或债务人间牵连程度为视角的判断标准,连带责任是与按份责任相区分的独立责任形态。作为一种债之实现方式,连带责任关系中债之标的(给付)并不以不可分为必要,既可以是可分债务的实现方式,也可以是不可分债务的实现方式。❶连带债务实现方式的本质是强调连带债务主体之间具有极强牵连性,复数的债务主体间互享权利、互担责任,每个连带债务人都对债务整体负有责任。连带责任与按份责任类型区分的二分立法模式之实践意义在于,在连带责任的内部分担关系中,各连带债务人按份额相同规则平均分担债务,但债权人在与连带债务人的外部求偿关系中,可以向任何一个债务人请求履行全部债务,一旦该债务人履行全部债务后,将导致债务整体消灭,而又产生了连带债务人相互之间的追偿权。因此,连带责任是一种较担保更为强烈地保护债权人之利益的责任实现方式。《民法典》第518条关于连带责任对外承担规则表明,各债务人基于相同原因所负担的债务是相互独立的复数之债,债权人之请求权也应为复数请求权,这是确定连带责任案件诉讼形态时,必须正视并遵循的实体基本面。连带责任承担规则这一实体规定性表明,连带债务人并不必须全体共同参与实施诉讼,连带责任纠纷不可能是固有必要共同诉讼。

第二,连带债务产生原因的同一性。连带责任既是一种较担保更为强烈地保障债权人利益的债之实现方式,也是一种对债务人履行负担更为严格的要求。我国《民法典》总则编第178条和合同编通则第518条,仅仅明确了连带责任的实现方式,未能对连带责任的判定标准和责任实质给予精确的立法定义。在民法理论研究中,有关连带责任的判断与识别,形成了同一法律原因说、同一层次说

---

❶ 李中原.多数人之债的类型建构[J].法学研究,2019(2):49.

等不同见解。[1]在诸学说中,为较多数学者所认同,而且判断标准最为简单明确的应属于同一法律原因说,限于研究主题需要,下文以同一法律原因说作为展开连带责任诉讼形态研究的实体基准,对实体法上的争议问题不予赘述。所谓"同一法律原因说"是指复数之债的发生原因相同,其实质是复数债务的请求权基础相同。[2]当债权人将数连带债务人作为共同被告起诉时,虽然债权人与各债务人间形成复数的相互独立的诉讼标的,但因真正连带责任产生原因的同一性,各请求权基础相同,即各债务人间存在着共通的基础法律关系,若法院对此法律关系的判断不一致,将会导致矛盾裁判而造成实体法律关系的混乱。如我国《民法典》第520条关于连带债务人之一所生事项,因事关整体给付内容,涉及连带债权是否成立或有效的基础性问题,而对其他连带债务人产生绝对效力。然而,对该共通前提(基础)法律关系以外或者债务人所提出的个人效力事项的抗辩,则无合一确定必要。因此,连带责任纠纷应属于典型的争点共通型必要共同诉讼。

(二)不真正连带责任纠纷中争点共通型必要共同诉讼的区分适用

不真正连带责任并非我国民事实体法明文采纳的法律概念,[3]而系我国民法理论界和实务界普遍承认的一种与连带责任相并列的独立责任类型,[4]其主要特征在于债权人对中间责任人和终局责任人请求履行的选择自由与承担了责任的

---

[1] 民法学界关于连带责任判定标准的理论观点有"同一法律原因说""主观目的共同说""客观目的共同说""同一层次说"等。参见邱聪智.新订民法债编通则[M].北京:中国人民大学出版社,2003:477;张定军.连带债务研究——以德国法为主要考察对象[M].北京:中国社会科学出版社,2010:47;李中原.连带债务二分法的历史基础[J].私法研究,2013(14):85-114.

[2] 郑玉波.民法债编总论[M].陈荣隆,修订.北京:中国政法大学出版社,2004:425.

[3] 在中国法制出版社所出版的《中华人民共和国民法典》(大字版)中,对具体条文的条文主旨概括中使用了"不真正连带责任"的术语表达,如第1203条(生产者销售者的缺陷产品不真正连带责任)、第1223条(医疗产品的不真正连带责任)。笔者以"不真正连带责任"作为关键词在中国裁判文书网共检索到2162篇相关文书,最后检索时间2020年12月1日。我国民事法律领域的主要适用情形包括《民法典》第688条连带保证责任、第1192条个人劳务损害责任、第1203条生产者销售者的缺陷产品责任、第1223条医疗产品的责任、第1233条第三人过错污染环境责任、第1250条第三人过错导致饲养动物致害责任等。

[4] 李中原.不真正连带债务理论的反思与更新[J].法学研究,2011(5):37-53.

中间责任人之追偿权。❶不真正连带责任实现方式的规范核心在于,一方面肯定了债权人对数债务人分别享有独立的请求权,另一方面承认了不真正连带责任中终局责任人的终极义务。在中间责任人有能力且全部履行赔偿责任的基础上,不真正连带责任实现方式的实体规则所确立的求偿逻辑与追偿方案,既尊重了不真正连带责任在权利外观上的连带性特征,又保护了中间责任人的实体权益,具有极强的形式合理性。然而,在不真正连带责任纠纷丰富多彩的司法实践中,因中间责任人未能承担或无力全部承担赔偿责任,债权人将再次向终局责任人起诉,将会导致当事人诉累;我国《民法典》第1252条和第1253条仅规定了被侵权人可以向中间责任人的求偿权和中间责任人的追偿权,❷并未规定可以直接向其他有过错终局责任人行使请求权的规范框架下,还会产生债权人实体求偿途径的救济僵局。在我国《民事诉讼法》及相关司法解释并未对该类型案件的诉讼形态问题予以统一规定的背景下,诉讼实践中不仅各地法院的处理方式呈现出多样化的态势,当事人在债权人实际行使请求权时,又因为管辖因素或者救济充分性角度的考量,❸在被告选择与确定方面的诉讼策略也会不同,进而不仅导致在该类型的诉讼形态归属和审理程序规则的差异,还造成类似案件的实体裁判结果不同。

---

❶ 我国民法理论界对不真正连带责任基本特征描述为:其一,复数债务基于不同法律关系而产生,债权人对数债务人分别享有独立的请求权;其二,数债务人之间缺乏主观上的意思联络,仅基于偶然的原因结合在一起;其三,数债务人对债权人承担同一给付义务;其四,数债务人间不实行责任份额的分担,但基于终局责任的承担,中间责任人可以向终局责任人追偿。关于我国民法学界对不真正连带责任的理论观点,参见王利明.侵害债权与不真正连带债务[M]//中国民法案例与学理研究侵权行为篇.北京:法律出版社,1998:274;张广兴.债法总论[M].北京:法律出版社1997:176.

❷ 在不动产设施倒塌脱落致害责任中,受害人向提供必要条件的侵权人求偿而不是直接向主要侵权行为人求偿,仅当承担中间责任的生产者或销售者、所有人或管理人等承担了赔偿责任后再向其他承担终局责任人追偿。杨立新教授认为这是立法为了更好地保护受害人的政策考量,实质应称为"必要条件+政策考量"的先付责任,是一种特殊的不真正连带责任。参见杨立新.多数人侵权行为及责任理论的新发展[J].法学,2012(7):41-49.

❸ 如《最高人民法院关于审理专利纠纷案件适用法律问题的若干规定》第6条第一款规定,原告仅对侵权产品制造者提起诉讼,未起诉销售者,侵权产品制造地与销售地不一致的,制造地人民法院有管辖权;以制造者与销售者为共同被告起诉的,销售地人民法院有管辖权。该规定形式上看赋予原告在被告和管辖法院选择上的处分权,但为实现在销售地起诉制造者的目的,当事人会选择将制造者与销售者作为共同被告起诉;否则不能在销售地仅起诉制造者。

1. 不真正连带责任纠纷共同诉讼形态的主要争议

理论界对不真正连带责任纠纷诉讼形态的争议，包括能否适用共同诉讼形态及其共同诉讼形态的具体归属两个方面。

第一，共同诉讼否定说。否定不真正连带责任纠纷可以适用共同诉讼形态的理由：一是从不真正连带责任案件的诉讼标的来看，不真正连带责任中复数债务的产生原因不具有同一性，不仅债权人与各债务人间之债务关系相互独立，而且不真正连带责任的形成原因非常复杂，债权人与债务人间的诉讼标的既可能同为侵权法律关系，也可能分别属于侵权法律关系和合同法律关系，与我国民事诉讼法所坚持的诉讼标的同一或同种类的共同诉讼标准不相契合，无共同诉讼形态的适用空间。❶二是从不真正连带责任实现方式的实体规则来看，现行民事实体法关于不真正连带责任的实体规范，大多赋予了债权人在被诉主体上的单一选择权，但不能同时起诉不同责任主体。❷在择一主体起诉的模式下，有观点主张通过法定诉讼担当原理来阐释被诉主体的诉讼实施权正当性，许可债权人向被诉主体同时主张其可以向所有不真正连带责任人主张的权利，既保障未参加诉讼的债务人的程序权利（如抗辩和举证），也弥补了单一起诉模式的诉讼不经济弊端，实现了一次性纠纷解决的诉讼价值。❸

第二，共同诉讼肯定说。肯定说仅是在不真正连带责任纠纷可以适用共同诉讼问题上形成共识，但对其共同诉讼形态的类型归属仍然存在较大争议。其一，普通共同诉讼说。该说认为，不真正连带责任案件的诉讼标的并不同一，如产品责任纠纷中受害人对生产者和销售者的请求权，仅是同种类的债权请求权，为避免单个不真正连带责任人无法实际满足债权人之请求的情形，只有允许不真正连带责任人作为共同诉讼人，才能与不真正连带责任制度保障债权人权益的创设初衷相符，实现一次性解决纠纷。❹还有观点指出，虽然产生不真正连带债务的法律事实为复数，但若不加限制地完整适用普通共同诉讼程序，不利于法院查明事实，如在共同危险侵权案件中，应当将所有共同危险侵权人纳入同一诉

---

❶ 匡青松.不真正连带责任诉讼中若干实务问题探析[J].求索，2010(10)：180.

❷ 张煊军.不真正连带责任人若干程序问题探析[J].法律适用，2010(2)：117.

❸ 肖建国，黄忠顺.论复数侵权责任主体间的法定诉讼担当[J].北京科技大学学报，2012(1)：120.

❹ 赵盛和.论不真正连带债务请求权的诉讼形态[J].湖南社会科学，2015(3)：90-97；谷昔伟.论侵权行为不真正连带责任之适用类型及诉讼程序[J].法律适用，2018(10)：80-87.

讼程序,查明不同侵权行为人之侵权行为与损害后果之具体因果关系,从而成立牵连普通共同诉讼。❶其二,类似必要共同诉讼说。持该说的学者认为应当根据司法实践的具体情况,弹性化地解释《民事诉讼法》第55条必要共同诉讼制度规定的"诉讼标的"概念,将与案件有关联的一系列生活事实或者事实组合都视为同一诉讼标的。虽然不真正连带债务人单独被诉也可认定为当事人适格,但当债权人将不真正连带责任人均作为共同被告提起诉讼时,在法律上就应当在纠纷事实层面对全体共同被告合一确定,从而成立类似必要共同诉讼。❷

2. 不真正连带责任纠纷区分适用争点共通型必要共同诉讼的主要理由

不真正连带责任诉讼形态的理论分歧,于共同诉讼肯定说和否定说的争议而言,形式上表现为解决不真正连带债务纠纷的诉讼策略安排不同,即肯定说认为权利人可以采用在一个诉讼中同时起诉中间责任人与终局责任人的一次性解决方案,而否定说认为权利人可以选择直接起诉终局责任者,也可以选择单独起诉中间责任人,当中间责任人承担赔偿责任后,再由中间责任人向终局责任人另行提起追偿诉讼,通过分步诉讼的方式来实现纠纷的彻底解决,但不得在同一个诉讼中同时起诉中间责任人与终局责任人;于普通共同诉讼说和类似必要共同诉讼说的争议而言,实质上是对不真正连带责任人间的实体牵连性和共同诉讼法定识别标准的理解差异。不真正连带责任与连带责任之间存在的最大共性在于,债之对外关系上的整体性和连带性特征,赋予了债之实现方式的选择性。也许正因为如此,我国民事诉讼法学者在讨论连带责任诉讼时大多不区分连带责任与不真正连带责任,将不真正连带责任纳入连带责任的范围而不加区别地讨论。然而,从不真正连带责任实现方式的实体规则来看,虽然连带性系典型连带债务与非典型连带债务所具有的共同特点,但是承担超额责任的连带债务人和承担中间责任的不真正连带债务人所享有的追偿权方面,本质上大相径庭。在连带债务传统二分法坚持对广泛连带性进行"区分规制"的思想与"统一连带性"的方案之间,现代民法理论普遍认为应积极地促进"区分"与"统一"的融合,通过更为精细的区分规则设计,强化对连带性内部不同形态的规范,并与日益宽泛的

---

❶ 郭辉.我国共同危险侵权诉讼程序补正[J].广西社会科学,2016(10):100-104.

❷ 罗恬漩.数人侵权的共同诉讼问题研究[J].中外法学,2017(5):1252-1266.

连带性概念相契合。[1]连带责任与不真正连带责任的类型区分,在诉讼程序层面的实践意义在于,不仅有必要对不真正连带责任纠纷的诉讼形态问题单独讨论,而且应正视不真正连带债务实现规则的实体规定性对其诉讼形态的影响,以通过诉讼程序的合理设计,保障不真正连带责任中债权人之选择权和中间责任人之追偿权的协调实现,并促进不真正连带债务纠纷解决的彻底性、高效性和救济充分性。具体而言,应当充分考虑以下问题对不真正连带责任诉讼形态的影响。

首先,各债务人间关系的连带性本质表明,不真正连带责任人间并非必须共同起诉或被诉,不属于固有必要共同诉讼范围。最高人民法院在相关司法解释中明确了当事人将所有不真正连带债务人作为共同被告的鲜明立场,[2]但是并未直接指明其共同诉讼形态的类型归属。更重要的是,法院"必要时"职权追加不真正连带责任人作为共同被告的规定,因"必要时"一语的不确定性,让不真正连带责任共同诉讼形态的类型归属问题更加扑朔迷离。解决该问题的核心点应当首先厘清不真正连带责任实现方式的实体规则,回到不真正连带责任实现方式的实体法规定层面来看,我国《民法典》关于不真正连带责任的规范构造一般采用"可以……也可以……"+"向……追偿"的结构,确立了债权人对赔偿责任人的自由选择权。在不真正连带责任人与债权人之对外关系层面,复数债务人间展现出的牵连性正是不真正连带责任与连带责任的共同本质。因此,实体法许可了债权人可以独立地分别对各债务人分别行使请求权的规则,意味着不真正连带责任并非属于固有必要共同诉讼。

其次,不真正连带责任案件的诉讼标的由内容相异且数量为复数的多个实体法律关系,与类似必要共同诉讼之本质相去甚远。相比连带责任的发生原因同一,在纷繁复杂的司法实践领域,不真正连带责任的发生原因在数量上是呈现出复数的特点,如个人提供劳务受害责任纠纷中,提供劳务一方在提供劳务期间因第三人行为致害而生赔偿纠纷时,提供劳务一方向第三人(侵权人)请求赔偿之侵权损害赔偿法律关系的成立基础,源于第三人对提供劳务一方的侵权行为

---

[1] 李中原.连带债务二分法的历史基础[J].私法研究,2010(14):113.
[2] 有关特定类型侵权纠纷中将所有不真正连带责任人均作共同被告的规定,典型如《关于审理食品药品纠纷适用法律若干问题的规定》第2条、《关于审理医疗损害责任纠纷案件适用法律若干问题的解释》第3条等。

事实,其请求权基础包括《民法典》第1165条一般侵权责任之原则性规定和第1192条第2款前半段关于实施侵权行为人之侵权责任的具体化规定;向接受劳务一方索赔之损害赔偿请求权基础仅源于《民法典》第1192条第2款后半段关于接受劳务一方之用人者责任的特别规定。其责任成立的请求权基础并不同一,实质系请求权聚合或者广义意义上的请求权竞合,债之发生原因的复数性,本质上表现为请求权基础不同一。虽然,债权人对中间责任人和终局责任人的损害赔偿法律关系这一相同给付目的之下,并未形成可以统摄三方间法律关系的统一内涵。毋庸置疑的是,以实体法律关系作为不真正连带责任案件诉讼标的构成的识别标准,就既无法在我国共同诉讼类型划分的现行法律框架中,与以"诉讼标的同种类"为法定要件的普通共同诉讼类型找到契合点,也无法在理论层面就"诉讼标的同一"的类似必要共同诉讼类型中得到合理阐释。

最后,不真正连带责任人间牵连性程度呈现出类型化差异。不真正连带责任实现方式较连带责任的最大差异在于,不真正连带责任的最终责任只有一个,必定要由承担终局责任的不真正连带责任人全部承担。数个不真正连带债务人相互之间连带性程度仅是一种相对更为松散的、形式上的连带性,呈现出与真正连带责任人不同的非典型连带形态。更关键的是,以复数债务各形成原因对不真正连带债务最终形成之作用力不同为视角,仔细观察不真正连带责任的具体类型,不难发现,在统一的"不真正连带债务"概念之下,复数债务人间连带关系牵连性的紧密程度还呈现出相当程度的层次性差异,这必然要求在不真正连带债务诉讼形态确定问题上予以必要的程序回应。如在连带保证责任纠纷中,[1]保证合同的成立以主债权债务合同为前提,保证合同的这一从属性特征表明,主债务人与连带保证人之间不可能如同普通共同诉讼人般相互独立,就主债权债务关系的判断系债务人与保证人之间的共通前提(基础)法律关系,不得作相互矛盾的判断,以避免实体法律关系上的混乱。又如在个人提供劳务受害责任中,虽

---

[1] 我国《民法典》第688条规定,当事人在保证合同中约定保证人与债务人对债务承担连带责任的,为连带责任保证。连带责任保证的债务人在主合同规定的债务履行期届满没有履行债务的,债权人可以要求债务人履行债务,也可以要求保证人在其保证范围内承担保证责任。虽然连带保证责任之法律术语使用了"连带"一词,连带保证责任实现方式的实体法规定也表达为连带责任。但是,坚持连带责任与不真正连带责任区分标准——同一法律原因说,连带保证人与主债务人对债权人之债原因并非同一,其更为精细的实体责任类型归属,实质上应属于不真正连带责任。

然提供劳务者向第三方侵权人和接受劳务者请求赔偿的请求权基础不同,但是,无论是侵权损害赔偿法律关系的成立,还是用人者责任的成立,均源于第三人对提供劳务一方有侵权行为之事实成立,故在"第三人与提供劳务一方侵权损害赔偿法律关系"问题上,系不同诉讼标的间的"共通前提(基础)法律关系",法院得在第三人与接受劳务一方之间作出一致认定,否则就可能产生矛盾裁判。然而,在其他类型的侵权责任领域,虽然各侵权行为对侵权结果的形成具有不同原因力,而且有主要作用与次要作用之别,但是,复数债务人间的牵连性仅是一种事实层面的牵连,即使该事实构成各自责任成立的要件事实,却并不具有共通的前提(基础)法律关系层面的牵连性。如医疗产品责任中,缺陷产品由生产者造成,该产品经医疗产品销售者、医疗机构而转移到患者身上,几个行为竞合致使同一损害后果出现,生产者是主要侵权行为人,销售者之销售行为或者发现缺陷后未及时停止销售的行为和医疗机构的侵权行为仅是为此损害后果的发生提供了必要条件而已。

总而言之,以复数的不真正连带债务关系间是否存在着"共通性前提法律关系"为标准,对不真正连带债务予以类型化,区分为"有共通性前提法律关系的不真正连带责任"和"不具有共通前提法律关系的不真正连带责任"两种类型。其中,"具有共通性前提法律关系的不真正连带责任"成立"争点共通型必要共同诉讼","不具有共通前提法律关系的不真正连带责任"实质是基于同一基础事实而提出的多个独立诉讼,但为避免事实认定之矛盾和纠纷一次性解决的诉讼效率追求,法院应当合并辩论,并不成立共同诉讼形态。

(三)补充责任纠纷中争点共通型必要共同诉讼的可能适用

补充责任是指复数债务人承担同一给付债务,债权人得先请求主要债务人承担清偿责任,仅当该债务人无法清偿债务时,才可就不足部分向其他辅助债务人请求承担相应责任的债务实现方式。❶有观点将其作为不真正连带责任类型体系中的一种非典型形态;❷另有观点认为,补充性是与连带性既有区别也有联

---

❶ 关于补充责任的实体法界定,请参见张新宝.我国侵权责任法中的补充责任[J].法学杂志,2010(6):1;郭明瑞.补充责任、相应的补充责任与责任人的追偿权[J].烟台大学学报,2011(1):12;刘海安.侵权补充责任类型的反思与重定[J].政治与法律,2012(2):121.

❷ 杨立新.侵权责任法[M].北京:北京大学出版社,2014:163.

系的实体法范畴,彼此之间无法相互替代是一个客观事实,[1]补充责任应是多数人之债体系中的次要形态。[2]在我国连带责任与按份责任二分法的基本框架下,补充责任并未在民事责任体系的一般规则层面获得立法确认,仅是作为一种多数人之债的实现方式,在公司、担保、侵权、合伙等具体民商事领域获得认可,其实践形态主要包括《民法典》第687条一般保证责任、第1198条违反安全保障义务责任、第1201条有过错的教育机构责任以及《最高人民法院关于适用〈中华人民共和国公司法〉若干问题的解释》(三)第13条和第14条股东补充责任、《中华人民共和国道路交通安全法》(以下简称《道路交通安全法》)第76条机动车一方补充责任、《中华人民共和国合伙企业法》(以下简称《合伙企业法》)第39条合伙人的补充债务等情形,立法用语一般表达为"承担相应的补充责任"。补充责任之"补充性"的实体法阐释,包括责任履行顺序上的补充性和责任承担内容上的补充性两方面。前者主要是指各复数债务人承担责任有先后顺序,债权人未向前位债务人请求承担责任前不得向后位债务人主张;后者主要指后顺位的债务人仅需要补足其前顺位债务人无法清偿部分的差额。补充债务履行顺序规则是补充责任实现方式的最大特征,相比起连带责任对债权人之强烈保护,补充责任却侧重于对后位债务人的保障。该规则的程序法意义在于,在诉讼程序上应如何理解和回应"顺位性"规定,从而通过合理的程序机制保障实体法规则之实现,以及维护补充责任人之实体利益。然而,或许因为民事实体法并未对补充责任实现方式予以一般性规则,在我国《民事诉讼法》及相关司法解释层面也未统一规范补充责任的诉讼形态问题,有关司法解释中对特定类型补充责任诉讼形态的规定简单且相互矛盾。在司法实践中,补充责任诉讼形态的选择呈现出单独被告、共同被告以及第三人诉讼等百花齐放之势。在民事诉讼法学界,对补充责任诉讼形态问题的研究虽然不如连带责任那样引发广泛关注,但不同观点之间的分歧也较明显。有鉴于此,本部分将集中讨论补充责任之诉讼形态问题。

1. 补充责任纠纷共同诉讼形态归属的理论争议

在实体法的制度安排中,补充责任履行顺序的实现以后顺位债务人"先诉抗

---

[1] 戴孟勇.连带责任制度论纲[J].法制与社会发展,2000(4):38.

[2] 李中原.多数人之债的类型建构[J].法学研究,2019(2):42.

辩权"规则作为辅助配套,[1]民法理论通说对先诉抗辩权的典型理解,也强调顺序的补充应为主要债务人清偿不能或执行不能的补充。[2]但相关司法解释中对一般保证责任和侵权领域补充责任的诉讼形态却有不同认识,[3]尤其是《道交案件解释》似乎明确了将补充责任人与直接责任人作必要共同诉讼人地位的理解之势。民事诉讼法学界对直接责任人与补充责任人所形成共同诉讼形态的理论阐释也有很大分歧。

第一,单向必要共同诉讼说。该说认为不得单独起诉补充责任人,若债权人选择单独起诉,必须追加主要债务人作为共同被告,此时形成一种单向必要共同诉讼。[4]如最高人民法院在对《人身损害赔偿解释》第2条规定的权威解释中也承认了单向必要共同诉讼理论。与此相类似的观点主张,在债权人选择单独起诉时,因直接责任与补充责任认定的牵连性关系,应追加未被起诉的另一债务主体。[5]第二,类似必要共同诉讼说。该说认为债权人有选择单独起诉或同时起诉的自由,保护债权人诉讼策略安排的这种自由高于对补充责任人的先诉抗辩权保障,而承认起诉选择权即是类似必要共同诉讼的最大特征。[6]而且,补充责任之诉与基础债务之诉因有共同基础事实而不得为矛盾判决,有合一确定之必要

---

[1] 李中原.不真正连带债务与补充债务理论的梳理与重构[J].私法研究,2010(8):217.值得说明的是,部分民法学者认为先诉抗辩权规定对于补充债务之"补充性"的实质性意义并不完全绝对,如在票据背书的担保付款责任中,若票据到期后,持票人向承兑人(主债务人)请求付款被拒绝时,即可向背书人请求付款,债权人向背书人主张付款的权利并不受"清偿不能"的顺位规则影响。因此,存在着有先诉抗辩权的补充债务与无先诉抗辩权的补充债务之类型划分。本书认为,在"票据背书人的担保付款责任"中,债权人必须首先向主债务人提出主张,仅是因为票据背书人之付款责任并不以起诉并执行不能为前提,也可以说是对"清偿不能"之具体内涵的解释不同,或者是对"清偿不能"要求的严格性程度不同,并不是没有顺序限制。我国民事实体法上补充责任均以先诉抗辩权为其责任规则之核心。故,本书不以补充债务的这一类型区分为前提条件讨论其诉讼形态问题。

[2] 邬砚.侵权补充责任研究[M].北京:法律出版社,2015:134.

[3] 如《道交案件解释》第22条规定承保交强险的保险公司应列为共同被告;《民诉法解释》第66条又规定若单独起诉一般保证人时必须将主债务人追加为共同被告;《最高人民法关于适用〈中华人民共和国民法典〉有关担保制度的解释》第26条规定若单独起诉一般保证人时法院应当驳回诉。

[4] 杨连专.论侵权补充责任中的几个问题[J].法学杂志,2009(6):12.

[5] 章武生,段厚省.必要共同诉讼理论误区与制度重构[J].法律科学,2007(1):116;肖建国,宋春龙.民法上补充责任诉讼形态研究[J].国家检察官学院学报,2016(2):9.

[6] 熊建华.公司法视野下补充责任的诉讼形态研究[J].河北青年管理干部学院学报,2016(3):65.

性。❶另有观点也认为补充责任纠纷的诉讼形态应当适用当事人选择模式,但在解释论上则以法定诉讼担当理论为依据,将补充责任人解释为终局责任人的法定诉讼担当人而享有诉讼实施权。❷第三,主观预备共同诉讼说。该说认为补充责任履行顺序规则强调责任履行主体间的顺位性,这与主观预备合并理论所坚持的前位诉讼与备位诉讼审理先后顺序具有共同点。因此,参照主观预备合并之诉理论,将直接责任人解释为前位被告而补充责任人是后位被告,若前位诉讼可以实现债权,则对补充责任人的备位诉讼不必再审理,否则应继续审理备位诉讼,才能与补充责任实体法规定相契合。❸第四,普通共同诉讼说。从补充责任之诉的诉讼标的出发,债权人对直接责任人之诉的损害赔偿请求权是独立的,而对补充责任人之诉的损害赔偿请求权是附条件的,仅当直接责任人不能满足债权目的时才成立,其实质为两个不同的诉讼标的,只能适用普通共同诉讼规则合并审理。❹

2. 补充责任纠纷适用争点共通型必要共同诉讼形态的主要理由

补充责任履行顺序的实体规定性表明,纯粹实体法规范路径思维下的补充责任诉讼救济渠道应当是,债权人先起诉主要债务人,当主要债务人清偿不能时再起诉补充责任人,补充责任人承担清偿责任后可再提起追偿之诉。然而,在司法实践中,因债权人明知主要债务人无清偿能力甚至下落不明或者身份不明、债权人与主要债务人已达成和解、债权人主动选择放弃起诉主要债务人、避免因主要债务人清偿不能而多次诉累的成本增加等主客观原因考虑,主动或者被迫地将主要债务人与补充责任人作为共同被告的诉讼策略安排实际存在。程序法学需要回答的问题是,补充责任人先诉抗辩权的实体规范限定背景下,债权人是否可以仅将补充责任人作为单独被告?这是否有悖于补充责任履行顺位之本质规定性而让其名不符实,也消弭了"补充责任"在多数人债务体系中的独立价值?若允许债权人将主要债务人与补充责任人一并作为被告起诉,又应当如何认识主要债务人和补充责任人一并被诉时所形成的诉讼形态?基于本书研究主题限

---

❶ 陈鸣.论股东补充责任的诉讼形态[M]//齐树洁东南司法评论(2019年卷).厦门:厦门大学出版社,2019:19.

❷ 肖建国,黄忠顺.数人侵权诉讼模式研究[J].国家检察官学院学报,2012(4):129.

❸ 尹伟民.补充责任诉讼形态的选择[J].江淮论坛,2011(4):103.

❹ 宋春龙.《侵权责任法》补充责任适用程序之检讨[J].华东政法大学学报,2017(3):183.

制,下文将论证集中于同时起诉主要债务人与补充责任人所形成的共同诉讼形态问题,附带性地说明单独起诉补充责任人的程序回应方式。

首先,补充责任履行顺序规则是制约其诉讼形态确定的实体基本面。从请求权行使基础来看,无论债权人对补充责任人单独起诉抑或同时起诉,债权人对补充责任人之请求权实际上并未达到权利行使状态的要求。以一般保证责任纠纷为例,根据我国《民法典》第678条之规定,除特殊情形外,❶债权人向一般保证人请求履行保证责任,必须等待对主债务人的强制执行确定无法满足债权要求时,才能向主债务人提出。再比如合伙人补充债务责任的履行,必须等待合伙企业财产被强制执行且不足以全部清偿时,其请求根据才成立。❷从诉之性质而言,无论是单独起诉补充责任人还是同时起诉主要债务人与补充责任人,债权人向补充责任人请求承担补充债务,均属于诉讼法上的将来给付之诉。❸将来给付之诉高效保护权利人实体权利的需要和一次性纠纷解决的诉讼经济追求具有"实践必要性",❹限定将来给付之诉适用范围同时辅之以债务人异议之诉等配套制度也有其"理论合理性"。❺将来给付之诉的提起应当满足"请求权适格性"与"起诉必要性"两个诉之利益构成要件要求,我国台湾地区民事诉讼理论一般认为,将来给付之诉提起条件的限制门槛原则上应予以宽松把握,诉讼实务中也承

---

❶ 根据我国《民法典》第687条的规定,排除履行顺位限制的四种法定情形包括:债务人下落不明且无财产可供执行、人民法院已受理债务人破产案件、债权人有证据证明债务人的财产不足以履行全部债务或丧失履行债务能力、保证人书面表示放弃此抗辩权。

❷ 我国《合伙企业法》第39条规定,合伙企业对其债务,应先以其全部财产进行清偿。合伙企业财产不足清偿到期债务的,各合伙人应当承担无限连带清偿责任。第40条规定,以合伙企业财产清偿合伙企业债务时,其不足的部分,由各合伙人按照本法第三十二条第一款规定的比例,用其在合伙企业出资以外的财产承担清偿责任。合伙人由于承担连带责任,所清偿数额超过其应当承担的数额时,有权向其他合伙人追偿。

❸ 将来给付之诉是大陆法系主要国家和地区的民事诉讼法体系中明确承认的一项制度,虽然我国民事诉讼立法上关于将来给付之诉缺乏如大陆法系典型立法例中的一般性规定,但是在我国《民法典》第578条关于预期违约制度的规定,以及《最高人民法院关于适用〈中华人民共和国民法典〉有关担保制度的解释》第26条关于一般保证责任纠纷当事人诉讼地位和判决方式的规定,可以理解为目前我国司法解释层面对将来给付之诉的具体规则。

❹ 赵钢,冯勋胜.将来给付之诉论要[J].法制与社会发展,2002(2):69.

❺ 隋璐明.将来给付之诉的理据研究——胎儿生活费请求权之诉的另一种实现路径[J].交大法学,2019(2):168.

认可以就"补充性债务"提起将来给付之诉。❶在补充责任纠纷中,虽然构成补充责任请求权基础的要件事实并未到期限,但补充责任的成立以主债务存在为前提。因此,作为主要债务请求权的要件事实成立,即补充债务的基础事实成立,许可债权人同时起诉主要债务人与补充责任人,不仅保障了诉讼经济的价值实现,还解决了单独起诉主债务人之确定判决执行力主观范围问题。❷履行顺位性与先诉抗辩权的程序法意义,并不在于必须限制债权人自由选择被告的诉讼策略安排,平衡补充债务人履行顺序的实体利益保障和债权人之实体利益救济需要,应将履行顺位的程序法实现方式放置于更为宏观的民事诉讼程序环节来整体思考,在主要债务人与补充责任人之责任内容受到充分程序保障而确定后,通过法院判决主文内容的明确性表达,就可以在执行程序中实现履行顺位的实体安排。

其次,补充债务成立基础与主债务法律关系的牵连性是确定补充责任诉讼形态的关键点。债权人同时起诉补充责任人和主要债务人时,补充责任诉讼中所包括的诉讼标的不仅数量上为复数,其内容、性质也完全不相同。以机动车道路交通事故损害赔偿责任纠纷为例,虽然受害人对保险公司的保险金请求权与对机动车一方的侵权损害赔偿请求权,在法律性质上为两个完全不同的实体法律关系,但其牵连性体现为:在法律关系的构成要件层面,机动车交通肇事侵权法律关系是保险金请求权的前提法律关系;在法律事实层面,于受害人与保险公司的保险金赔偿关系中,交强险责任的承担以交通事故的发生为条件,且以被保险的机动车与交通事故原因的肇事车辆系同一车辆为必要,在肇事机动车(被保险机动车)是否系交通事故发生原因的认定上,法院就不得作出矛盾裁判。更为

---

❶ 李淑明.民事诉讼法(第四册)[M].台北:元照出版有限公司,2019:440.

❷ 以合伙债务纠纷为例,债权人仅诉合伙组织之诉的确定判决的主观范围与客观范围在理论上存在着执行力扩张与执行力有限两种观点。扩张说认为对合伙组织之诉的判决等同于对全体合伙的判决,其主客观范围均扩张及于合伙人及合伙的固有财产;有限说认为,合伙所受确定判决效力以合伙财产为限,因债权人对合伙的请求权与对合伙人之补充责任请求权系不同实体法律关系,对合伙财产是否足以清偿、合伙人对补充债务本身的争执(如已退伙等)在对合伙的判决中并未有程序保障,所以不得仅以债权人对合伙人的请求权为据,认为确定判决的执行力可以扩张到合伙人。一种更具有解释力的观点认为,合伙确定判决的执行力只要具备程序上的正当性和实体上的正当性,就产生及于合伙人之效果。参见许士宦.执行力客观范围扩张之法律构造:兼论其与既判力客观范围之异同[J].台大法学论丛,2009(1):128.

特殊的是,基于充分保障受害人权益的政策考量和现代保险制度的社会风险分担功能,《道路交通安全法》第76条遵循我国民事侵权立法强调救济受害人的人文关怀精神,[1]赋予了受害人向交强险公司的直接请求权和交强险公司的先付责任。对此,最高人民法院的权威解释指出,由于保险公司与侵权人的赔偿责任在事实上和法律上都存在较为密切的牵连性,如果不将保险公司和侵权人作为共同被告,从而达到实体上合一确定的效果,就会导致未参加诉讼的某一方当事人在事实上被剥夺了其程序保障权利,矛盾判决的风险会大大增加。因此,《道交案件解释》第22条将保险公司与机动车肇事一方作为必要共同被告之规定,也可以在追求一次纠纷解决的诉讼经济价值层面和避免矛盾判决的公正裁判层面,获得体系化的正当解释。

总言之,补充责任共同诉讼形态的归属,应当从实体法与程序法两方面视角出发,既要尊重实体法对补充顺序性的基本规定,也要遵循程序法关于共同诉讼基本理论。回到共同诉讼形态归属的识别标准层面,考察补充责任诉讼中的主债务法律关系与补充债务法律关系的两层诉讼结构中,诉讼标的之数量显然系复数并处于不同层次,但在"主债务法律关系成立与否"的判断层面符合"共通前提(基础)法律关系"的特征,对该共通前提法律关系成立与否的重要事实判断层面具有合一确定必要性;然而,在除此以外的不为共通前提法律关系所能够涵摄范围的事项,如在道路交通事故责任纠纷中对交强险保险合同成立与否、交强险责任范围、机动车肇事一方与交强险公司之间的责任分担比例等问题的判断层面,在一般保证责任纠纷中对保证合同的成立与否、保证责任范围、保证期间的认定等问题的裁判层面,就不具有合一确定性,法院得在各共同诉讼人间分别裁判。故,补充责任纠纷的共同诉讼形态满足争点共通型必要共同诉讼"不完全合一确定、尽量共同诉讼"的要素特征。

---

[1] 王利明.民法的人文关怀[J].中国社会科学,2011(4):149.

第五章 类型化视野下的
必要共同诉讼审理规则

必要共同诉讼的类型化目的在于，抽象提取必要共同诉讼的一般性构成要素，并通过概念化方法描述和表达必要共同诉讼形态的具体类型，形成易于把握和理解的必要共同诉讼类型体系。必要共同诉讼类型化之反向思考意义还在于，基于必要共同诉讼构成要素在不同类型中的强弱程度差异，不同类型必要共同诉讼的审理规则也应有区别对待的必要性。以"共同诉讼必要性"与"合一确定必要性"作为类型化基准，重新认识必要共同诉讼的类型体系，这是必要共同诉讼类型化研究第一层次所要解决的问题。"合一确定必要性"作为必要共同诉讼的外部识别标准，是全类型必要共同诉讼所共有的本质特征。但是，在"合一确定必要性"构成要素的满足程度上，不同类型必要共同诉讼并非完全一致，"合一确定"法律效果实现的程序规则也理应体现出差异，即对必要共同诉讼所要求的共同诉讼人间诉讼行为相互牵制性的程度要求上应有所不同。与此同时，"共同诉讼必要性"系一种对当事人适格层次的判断问题，固有必要共同诉讼对正当当事人的严格要求，将会因部分必要共同诉讼人的消极诉讼行为而对诉之合法性产生影响，如何保障部分固有必要共同诉讼人的积极起诉意愿，就成为固有必要共同诉讼审理规则应予特别研究之处。因此，必要共同诉讼类型化研究所要解决的第二层次问题应当是，精细构建与各类型必要共同诉讼特点相适应的审理规则。有鉴于此，本章将在借鉴大陆法系必要共同诉讼审理规则通行规定的基础上，反思并细化我国必要共同诉讼审理的一般规律，重点研究不同类型必要共同诉讼审理的特殊程序规则。

第一节 必要共同诉讼审理程序的规制原理

必要共同诉讼所追求的"合一确定"法律效果系"裁判内容合一"与"裁判时间合一"的双重合一。因此，合一确定法律效果之实现，实质上就要求必要共诉讼的审理程序必须保障在"同一时间"对必要共同诉讼人作出"内容相同的裁判"。大陆法系民事诉讼理论通常将必要共同诉讼审理规律的一般要求概括为"诉讼进行之统一化"和"诉讼资料之统一化"。具体而言,一是修正共同诉讼人主体地位独立原则,对必要共同诉讼人间诉讼行为适用相互牵制规则;二是规制必要共同诉讼的程序展开和裁判基础资料形成,实行"整齐划一"的程序限制。然而,自现代民事诉讼理论所共识的辩论主义一般原理层次观察,必要共同诉讼审理的一般规律强制性地改变了程序主体地位的原则要求。因此,必要共同诉讼审理规律的构建,就必须要回到民事诉讼理论层面,从必要共同诉讼的诉讼法律关系构造和辩论主义层次,寻求必要共同诉讼审理规律的正当性基础。

一、必要共同诉讼的复数诉讼法律关系构造

民事诉讼法律关系理论最早由德国学者标罗（Oskar bulow）于1868年首创,该理论将实施诉讼所引起的各种法律关系综合性地概括为一个统一的法律概念"民事诉讼法律关系",其最大的学术贡献在于借由概念化的简洁表达,丰富了抽象层面思考"众多裁决和法律状况所组成诉讼"的理论工具。❶根据该理论,民事诉讼程序就是双方当事人和法院之间的一种统一的、逐步发展着的法律关系。❷为使法律纠纷可以通过判决等方式有效地解决,法院及当事人在诉讼中所实施的诉讼行为应予以规范并限制,以诉讼上权利、义务与责任的方式加诸各主体之上,而且与民事法律关系一样,一定的权利对应着一定的义务。❸现代民事诉讼理论通说认为,作为一种公法上法律关系,民事诉讼法律关系最主要的主体包括法院和双方当事人。❹透过各诉讼法律关系主体所实施的诉讼行为,从整体上理解这些复数主体间的诉讼法律关系所构成的统一的民事诉讼法律关系。在当事人人数为复数的必要共同诉讼中,民事诉讼法律关系理论不仅可以为整体上理

---

❶ 罗森贝克,施瓦布,戈特瓦尔.德国民事诉讼法(上)[M].李大雪,译.北京:中国法制出版社,2007:10.

❷ 江伟.民事诉讼法原理[M].北京:中国人民大学出版社,1999:201.

❸ 常怡.比较民事诉讼法[M].北京:中国政法大学出版社,2002:128.

❹ 在大陆法系理论上曾出现过一面关系说、两面关系说、三面关系说等学说;在我国民事诉讼理论研究中,还有学者曾提出民事诉讼法律关系包括纵向之审判法律关系与横向之争讼法律关系。关于民事诉讼法律关系理论的学说发展内容,参见刘荣军.程序保障的理论视角[M].北京:法律出版社,1999:188.

解必要共同诉讼程序中体现出的法律状况提供理论基础,还可以为合理设定必要共同诉讼中复数共同诉讼人间诉讼行为之相互关系提供理论支撑。

必要共同诉讼类型形成的历史考察表明,在对"共同诉讼抗辩"的否定与扬弃中,实现了"共同诉讼"与"诉之主体合并"的概念同义化。从诉之主体合并视角出发,诉讼中一方或双方当事人的复数特征表明,共同诉讼应当是一种复数诉讼合并的诉讼形式。共同诉讼之复数诉讼法律关系构造的这一程序特征,无论是我国以诉讼标的同种类为识别标准,还是大陆法系以合一确定必要性之有无为识别标准,在普通共同诉讼领域最为鲜明地得以体现。但是,值得探讨的一个问题是,以"合一确定必要性"为识别标准的必要共同诉讼中,基于对裁判内容与裁判时间合一确定的要求,共同诉讼之复数诉讼法律关系构造是否仍然应当予以坚持和维护?必要共同诉讼人与对方当事人间存在一个诉讼法律关系还是多个相互独立的诉讼法律关系?若是存在复数的诉讼法律关系,这些诉讼法律关系间是否产生相互影响?其影响之程度在不同类型的必要共同诉讼中是否保持完全一致?也即,为实现裁判合一确定之法律效果,各个必要共同诉讼人实施诉讼行为的自由是否应受到一定限制?更进一步,基于合一确定必要性的紧密程度之差异,在不同类型必要共同诉讼中,各个必要共同诉讼人实施之诉讼行为的牵连程度是否有所差异?自诉之主体合并视角观察,所谓诉之主体合并,是以诉的主观构成要素——诉之主体作为判断标准,意指在一个诉讼程序中解决多数当事人纠纷的复杂诉讼形式。[1]必要共同诉讼的诉之主体要素虽然为复数,但每一个必要共同诉讼人均是独立的主体,不能将复数的必要共同诉讼人视为一个诉讼共同体,更不能将复数的必要共同诉讼人拟制为一个单一当事人,与对方当事人产生诉讼法律关系。相反,每一个必要共同诉讼人均与对方当事人形成一个独立的诉讼法律关系,这些相互独立的诉讼法律关系,在整体上又形成了复数诉讼法律关系的诉讼结构。

因此,以必要共同诉讼法律关系的复数性特征为基础,必要共同诉讼审理程序规则建构的基本原则是:一方面,各必要共同诉讼人作为法律意义上的人,在诉讼中也必须予以独立主体地位对待,尊重其程序主体地位;基于辩论主义与处分权主义的原则要求,各必要共同诉讼人之诉讼行为意思自治,可自由地实施有

---

[1] 张永泉.民事之诉合并研究[M].北京:北京大学出版社,2009:65.

关诉讼行为;在对起诉要件与诉讼合法性要件进行审理时,有关各必要共同诉讼人主体资格的要件,应当独立审查。另一方面,必要共同诉讼以避免矛盾裁判为制度基本目的,与普通共同诉讼的最大差别在于,为合一确定法律效果的实现,应在一定程度上限制必要共同诉讼人诉讼行为的绝对自由;对个别必要共同诉讼人所实施诉讼行为的法律效力,就必须将全体必要共同诉讼人的整体利益纳入考量范围,并从合一确定必要性之紧密程度视角,根据不同类型必要共同诉讼的合一确定必要性程度差异,将该诉讼行为内容置于统一的民事诉讼法律关系中具体地判断。

二、必要共同诉讼的诉讼对抗结构

民事诉讼作为一种民事权利义务争议解决机制,当民事权利义务争议进入诉讼解决领域时,基于民事实体法中权利与义务相对应的规范形式,在民事诉讼程序中权利人和义务人就以原告和被告的诉讼角色呈现。权利人与义务人之间实体利益的对立,表现为原告与被告之间相互对抗、相互争执的诉讼结构。正因为如此,当事人对立原则是现代民事诉讼理论所共识的"对抗·判定"民事诉讼结构中的理想结构要素。[1]从纠纷解决的有效性层面来看,在诉讼程序中将双方当事人置于对立诉讼地位,要求甚至鼓励当事人利益对抗角色,通过他们之间的攻击防御活动,就同一事实和法律问题,法官可以获得来自对立当事人间的不同见解,有利查明案件事实并充实法官裁判的基础信息,从而更有效地解决纠纷。建立和承认当事人间的对立结构,更深层次的原因还在于理性经济人的理论假设下,民事诉讼当事人作为市场交易主体之自我责任价值需求在民事诉讼程序上的体现或投影。[2]

虽然诉之主体要素是复数,但是基于权利人与义务人间的实体利益对立,必要共同诉讼仍然是以原告方全体当事人与被告方全体当事人之间的对抗结构为主要表现形式。同时,各必要共同诉讼人均与对方当事人形成一个独立的诉讼

---

[1] 从民事诉讼制度发展的历史来看,无论是英美法系的"对抗制"传统还是大陆法系"当事人主义"诉讼模式,均将"当事人对抗"作为民事诉讼结构的基本构成要素。参见张卫平. 诉讼构架与程式——民事诉讼的法理分析[M]. 北京:清华大学出版社,2000:8.

[2] 王亚新. 对抗与判定——日本民事诉讼的基本结构[M]. 北京:清华大学出版社,2002:59.

法律关系,这些相互独立又错综复杂的诉讼法律关系中,各必要共同诉讼人在同一纠纷中的实体利害关系程度又并不完全一致,对事实或法律关系的存否、诉讼程序的进行、判决结果的形成可能持有部分相反甚至完全不同的立场与主张。❶典型如连带保证责任案件中,原告基于胜诉利益的追求,将连带保证人与主债务人作为共同被告请求承担连带责任,在主债务人对主债务之成立为自认时,连带保证人可能会主张保证意思不真实或者主债务不真实存在,系主债务人与债权人通谋骗取保证人承担保证责任的意思表示,意欲免除自己的保证责任;又如在撤销权诉讼中,以明显低于市场的交易价格签订买卖合同为由,债权人请求撤销债务人与第三人之间的买卖合同,若第三人对买卖合同效力为肯定主张时,债务人却对低价出售标的物反悔的情形下,债务人与第三人对买卖合同的效力就持不同立场,从而呈现出共同被告一方的内部对立。

必要共同诉讼人间法律关系量上的复数性特征与必要共同诉讼人主体地位的独立性表明,必要共同诉讼的对抗结构不仅存在于双方当事人之间,必要共同诉讼人内部也可能存在利益对抗。消弭必要共同诉讼当事人间内部对抗结构之紧张关系,就要求应当从各必要共同诉讼人与对方当事人间独立的个别的诉讼法律关系中,具体地考察必要共同诉讼对抗结构。因此,必要共同诉讼审理规则的构建应当注意以下问题:第一,必要共同诉讼审理规则的建构,不仅要关注共同诉讼人与对方当事人间诉讼法律关系,还应当关注共同诉讼人相互之间在诉讼法上的关系。特别是在维护合一确定法律效果的基本前提下,必要共同诉讼人诉讼行为间的相互影响关系,应予以更为细致的类型化思考,既充分维护各必要共同诉讼人的实体法利益,也充分赋予其程序保障,确保各必要共同诉讼人为不同主张的机会。第二,各必要共同诉讼人在实体上存在不同程度的利益对立,有着维护自身实体利益之积极需要;然而,必要共同诉讼避免矛盾裁判之制度功能的实现,又有着合一确定的强烈程序要求。自实体法和程序法角度协调必要共同诉讼人内部关系与对外裁判二者间的紧张关系,应自程序法上再斟酌传统理论上合一确定规则在诉讼进行统一和裁判资料统一方面之具体要求,根据各必要共同诉讼人的立场差异,重新思考必要共同诉讼人间诉讼行为的相互牵制

---

❶ 吕太郎. 对立的共同诉讼人——民事诉讼法研究会第九十三次研讨纪录[J]. 法学丛刊,2016(203):165.

规则及其牵制程度,不能笼统地规定对各必要共同诉讼人均适用诉讼进行统一规则与裁判资料统一规则,必须在必要共同诉讼的具体类型中,精细考虑必要共同诉讼之诉讼程序进行与诉讼资料收集的程序规则。

三、程序主体原则与必要共同诉讼人牵制规则的调和

程序主体原则认为当事人不是法院审理活动所支配的客体,肯定国民之法主体性,就应在一定范围内,赋予当事人程序主体权;就关涉该人利益、地位、责任或权利义务之审判程序,应从实质上保障其有参与该程序并影响裁判形成之程序基本权。[1]程序主体性原则作为现代民事诉讼法理所共识的一项基本原则,必要共同诉讼审理规则的设计也必须在此原则下具体展开。毋庸置疑,在必要共同诉讼的复数诉讼法律关系构造中,必须首先承认各必要共同诉讼人的程序主体地位。然而,必要共同诉讼合一确定法律效果的实现,又要求在赋予各必要共同诉讼人程序主体权之同时,实行整齐划一的程序展开方式,限制必要共同诉讼人所实施诉讼行为的法律效力。必要共同诉讼制度对程序主体原则具体实现方式的这一修正,其正当性基础在于必要共同诉讼避免矛盾判决之价值追求与实现纠纷高效解决的制度功能。

与此同时,必须注意到的是,各必要共同诉讼人间实体利益与程序利益的认识与追求并非完全一致,必要共同诉讼合一确定程序规则的制度逻辑,不可避免地将会导致程序主体性原则与必要共同诉讼人的行为牵制规则之间一定程度的紧张关系。以部分必要共同诉讼人上诉行为的法律效力为例。若部分必要共同诉讼人因一审败诉而提起上诉;另一部分必要共同诉讼人认为,即使再上诉获得上诉改判的可能性也极低,而且上诉还要花费更多时间与费用等诉讼成本,于是选择放弃上诉权。那么,部分必要共同诉讼人的上诉行为效力是否及于未上诉部分必要共同诉讼人?未上诉部分必要共同诉讼人在二审程序中的诉讼地位如何确定?如果不加区别地实行诉讼进行统一和裁判资料统一规则,将未上诉部分必要共同诉讼人全部纳入二审程序,就可能会对选择放弃上诉的必要共同诉

---

[1] 所谓程序基本权具体是指在裁判作成以前,应保障该人能适时、适式地提出资料、陈述意见或辩论的机会,在未被赋予此项机会情况下所收集的事实及证据,不得径行作为法院裁判的基础。邱联恭.程序选择权[M].台北:三民书局,2000:30.

讼人的实体利益和程序利益造成损害。原因在于,虽然上诉作为可能会增加实体利益和改变一审不利判决的重要程序手段,可以视为对全体共同诉讼人有利的行为,但若上诉未能获得更为有利判决而被驳回时,将上诉程序中付出的诉讼费用、时间耗费等成本纳入考虑因素时,对意欲放弃上诉权的部分必要共同诉讼人而言,不仅影响全体必要共同诉讼人之实体利益,而且造成了一定程度上的程序利益损失。又如部分必要共同诉讼人的自认行为效力问题,由于自认是对于己方不利事实的承认,与案件事实的认定密切相关,因此自认事项效力的判断实质上还涉及是否为合一确定必要性范围涵盖的认定。显然,在固有必要共同诉讼、类似必要共同诉讼和争点共通型必要共同诉讼所构成的必要共同诉讼类型体系中,部分必要共同诉讼人的自认行为对全体必要共同诉讼人的影响力就并不完全相同。

综上所述,必要共同诉讼审理程序规则的构建,需要充分调和程序主体原则与必要共同诉讼人牵制规则之间的紧张关系:一是在规范理念上,要从必要共同诉讼人诉讼行为相互牵制规则的正当性基础出发,以合一确定法律效果的实现为必要共同诉讼审理程序规则建构的逻辑前提,将不会造成法院裁判矛盾作为限制必要共同诉讼人间诉讼行为的判断依据,即将诉讼进行统一与裁判资料统一限制在合一确定的最低必要限度内,既保障各必要共同诉讼人的程序主体地位,同时又维护必要共同诉讼之制度目的;二是在规范方式上,需要通过"一般规律+特殊规则"的规范方式,更为细致而具体观察不同诉讼行为在不同必要共同诉讼类型中的规制效果,对诸如部分必要共同诉讼人之上诉、撤诉、和解、自认等重要的处分性诉讼行为之法律效果予以具体而明确的规范。

第二节 必要共同诉讼的一般审理规则

在合一确定法律效果的规制逻辑下,大陆法系必要共同诉讼审理规则的立法并不考虑必要共同诉讼类型的差异,而统一地适用"诉讼进行统一"与"裁判资料统一"规则。但是,大陆法系不同民事诉讼立法例对"诉讼进行统一"与"裁判资料统一"规则的具体规范,在规范的形式逻辑与规范内容上均存在着较大差异。本节所谓"必要共同诉讼的一般审理规则"是意欲强调,不同类型必要共同诉讼审理程序均应坚持的共通性规律。在以"诉讼标的同一"作为必要共同诉讼识别标准而未予类型化的背景下,我国《民事诉讼法》不仅未对不同类型必要共同诉讼的审理规则予以区别规定,而且必要共同诉讼审理程序规定整体上也很笼统和粗陋。本节将在比较借鉴大陆法系必要共同诉讼审理规则的基础上,重点探讨诉讼进行统一规则和裁判资料统一规则适用的疑难问题,反思我国必要共同诉讼审理规则的缺陷,并提出完善我国必要共同诉讼一般审理规则的基本思路。

一、诉讼进行统一规则

(一)诉讼进行统一规则的主要内容

大陆法系传统民事诉讼理论认为,所谓"诉讼进行统一",是将数名必要共同诉讼人纳入法院审理必要共同诉讼的同一诉讼程序中,合并辩论、合并裁判;不得允许部分共同诉讼人先进行诉讼程序,也不得就部分共同诉讼人先为部分判决。"诉讼进行统一",顾名思义,其实质是在必要共同诉讼人间实行整齐划一的程序规制。因此,凡是部分共同诉讼人之诉讼行为或针对部分共同诉讼人的诉讼行为可能会导致矛盾裁判时,无论是处分权主义的原则性规定,还是其他关于程序主体性原则的具体民事诉讼程序规定,均让位于实现合一确定法律效果之制度目的,以确保透过诉讼程序的统一进行,实现法院裁判统一。但是,细察大陆法系不同立法例,在如何解释并适用诉讼进行统一规则的具体方式存在细微差异,主要存在着两种模式。

第一,德国概括模式。《德国民事诉讼法》关于必要共同诉讼程序进行统一规则的规范主要体现在该法第62条,其主要特点是适用代理原理解释诉讼进行统一规则。从法条位置与条文体系结构上看,该条应当是对《德国民事诉讼法》第61条"除民法和本法另有规定"之指示性规定的细化,系对必要共同诉讼中不适用共同诉讼人独立原则的例外规定。德国模式通过适用代理原理,实现了期日迟误和期间耽误两种情形下,诉讼进行统一的原则实现,即法院虽然是以到场(未缺席)必要共同诉讼人的诉讼行为为裁判基础,但确定判决是对包括缺席的必要共同诉讼人在内的全体必要共同诉讼人统一作出的。在解释论上,代理使得缺席的必要共同诉讼人和耽误期间的必要共同诉讼人的消极诉讼行为,被未缺席的必要共同诉讼人和遵守期间的必要共同诉讼人之积极诉讼行为治愈,既避免了缺席当事人遭受缺席后果,又保障了法院最后裁判的正当性。理论通说认为,诉讼进行统一规则还可以扩展到部分必要共同诉讼人产生诉讼中断或诉讼中止事由的情形。如某个必要共同诉讼人因诉讼能力欠缺需要补正并指定诉讼代理人,法院裁定诉讼中止时;或者某个必要共同诉讼人的诉讼代理人未经授权就以代理人名义进行诉讼行为时,法院指定追认的期间时,均不得先作出部分判决。

第二,日本列举模式。《日本民事诉讼法》关于必要共同诉讼程序进行统一规则的规范主要体现在该法第40条,明确了部分必要共同诉讼人出现诉讼中断或诉讼中止的事由时,将波及全体必要共同诉讼人,诉讼程序将整体停止。其主要特点是,在立法具体列举的同时,通过理论解释与司法判例,逐渐地积累了诉讼进行统一规则的系列详细规范。[1](1)日本最高裁判所判例进一步细化了具体情形下部分必要共同诉讼人出现诉讼中止与中断事由时,如何适用诉讼进行统一规则。例如,当死亡的必要共同诉讼人的承继人本身已是该必要共同诉讼的当事人时,若该承继人作为必要共同诉讼人继续实施诉讼时,诉讼继续进行不产生诉讼中断的法律效果。(2)禁止分离辩论和部分判决。《日本民事诉讼法》第152条和第243条分别规定了分离辩论和部分判决的一般规则。但学理通说认为,必要共同诉讼的辩论与证据调查应当在共同的期日进行,不允许分离辩论和部分判决。当法院已经错误地作出部分判决时,若采用追加判决方式再对其他必要共同诉讼人作出裁判,将会导致案件被一分为二;可行的救济方法应当是赋予未被作为部分判决承受人的必要共同诉讼人提起上诉的权利。(3)部分必要共同诉讼人上诉效力及于全体必要共同诉讼人。虽然部分上诉,但也将会产生阻断确定判决的整体效力,全体共同诉讼人均置于上诉人之诉讼地位,发生整体移审的效力。

在文本表达和立法技术层面,虽然两种模式都采用了列举式规范技术,但差别主要在于德国模式以"概括+列举"的方式,不仅一般化地规定了诉讼进行统一的原则要求,又明确了部分必要共同诉讼人期间耽误和期日迟误两种具体情

---

[1] 德田和幸.複雑訴訟の基礎理論[M].東京:信山社,2008:230.

形,日本模式则仅列举式地规定了部分必要共同诉讼人出现诉讼中止和诉讼中断事由两种特殊情形。比较而言,两种立法模式的本质区别主要体现在诉讼进行统一的规制逻辑不同。德国模式通过代理原理的适用,将缺席当事人"视为"由未缺席当事人代理,法院判决针对全体必要共同诉讼人统一作出,有效地避免了对到席必要共同诉讼人的对席判决与对缺席必要共同诉讼人的缺席判决可能相互矛盾的危险,实现裁判内容一致的必要共同诉讼目标。因此,在合一确定法律效果和避免矛盾裁判的制度目的下,即使法律并未作明确的列举规定,但代理效果的法律拟制方式还可以通过目的性解释,将诉讼进行统一规则适用于部分必要共同诉讼人的其他诉讼行为之法律效力的判断。作为《德国民事诉讼法》的继受者,《日本民事诉讼法》既没有也不能实现穷尽式列举的背景下,在立法层面改变了原来继受自德国的概括代理规定,仅制度化地明确了诉讼中止与诉讼中断情形的诉讼统一规则,然后再通过理论与判例的积累,不断地在具体案例中丰富诉讼进行统一规则的内容。

(二)诉讼进行统一规则适用的疑难问题

"合并辩论"与"合并裁判"是诉讼进行统一规则的核心内容,从程序主体原则和处分权主义的民事诉讼法理出发,必要共同诉讼人间诉讼行为的程序规制有悖于各必要共同诉讼人程序主体地位及意思自治之维护需要。前文关于必要共同诉讼审理规律之规制原理的分析也表明,调和二者之紧张关系,还需要再具体而细致地讨论部分必要共同诉讼人诉讼行为之牵制规则的相关问题。

1. 可否分离辩论或部分裁判问题

裁判时间合一的法律效果要求,法院应当对全体必要共同诉讼人合并辩论且合并裁判。因此,原则上不允许分离辩论和部分判决是大陆法系的基本理论共识。有争议的是,当法院已经错误地分离辩论或部分判决时,其他必要共同诉讼人是否有权对该部分判决进行上诉?罗森贝克认为,部分判决原则上只能为了或针对所有必要共同诉讼人作出,不能为了或针对个别必要共同诉讼人不合法地做出部分判决,该判决虽然发生形式上和实质上的既判力,但对其他必要共同诉讼人也不发生效力。日本学理认为,这需要根据必要共同诉讼类型予以有区别地对待。在固有必要共同诉讼中,基于各共同诉讼人间在实体法上权利义务关系的紧密性特征,即使部分判决的内容是共同诉讼人方的胜诉,由于被解释为违法的全部判决,因此在该判决中没有被显示为当事人的共同诉讼人,案件可以转移到上诉裁判。日本判例认为,虽然共同继承人确认遗产诉讼的性质应当是固有的必要共同诉讼,本不允许分离辩论,法院分离辩论已是程序错误,若进而错误地作出多个不同的部分判决时,但基于全体成员间的紧密实体法关系,作为固有必要共同诉讼成员之一的任何一人提出上诉,都会阻断其他的部分判决产生确定效力,应对案件其他的部分判决也产生移审效果,并在二审判决中撤销全部的部分判决。然而,在类似必要共同诉讼中,虽然胜诉的部分判决可以产生确定判决效力扩及的法律效果。但是,是否允许部分必要共同诉讼人提起上诉,还应根据对部分判决上诉是否有上诉利益进行判断。❶

2. 部分必要共同诉讼人发生诉讼程序终结或中止事由的效力问题

《日本民事诉讼法》第40条明文规定,整体诉讼程序会因部分必要共同诉讼人发生中止或中断事由时而全体停止;对《德国民事诉讼法》第62条关于"代理效果"的原则规定,德国学说通过目的性扩张解释实现对部分必要共同诉讼人发生程序中止或终结事由的效力规范。值得思考的问题是,中断或中止事由的产生仅系必要共同诉讼人中一人原因所致,但继续等待相关主体消解该事由,将会导致诉讼程序的不当迟延时,可否由其他必要共同诉讼人先行实施诉讼?日本学理认为,若一刀切式地执行必要共同诉讼程序全体停止的规则,实际的诉讼效果将会降低,应当根据具体的中断事由及恢复的可能性,充分地考虑"合一确定的程度、因诉讼迟延消解时给其他共同诉讼人及对方当事人造成的不便及不利益、出现中断事由时共同诉讼人事实上所遭受的不利益"而综合判断和灵活处理。例如,在事实审的审理几乎终结的情况下,若仍然中断审理则会导致该必要共同诉讼人在事实上将遭受不利益;在需要较长的时间内才能正当消除中断或中止的原因事由,那么,从合一确定必要性程序出发,对于必要性程度较低的、允许单独诉讼的类似必要共同诉讼中,就可以允许部分当事人先行进行诉讼程序。❷

---

❶ 井上治典.多数当事者訴訟における一部の者のみの上訴[M]//多数当事者訴訟の法理.東京:弘文堂,1981.

❷ 高桥宏志.重点民事诉讼法讲义[M].张卫平,等译.北京:法律出版社,2007:187.

3. 部分必要共同诉讼人缺席特定期日的效果

《德国民事诉讼法》第62条明确规定部分必要共同诉讼人期日迟误时，视为被到场必要共同诉讼人代理，从而既不损害到场当事人利益，又保障合并裁判目的之统一。日本列举模式并未明文规定期日迟误的法律效果与程序处理方式。我国台湾地区关于当事人缺席的程序规制，从有关规定的体系安排来看，确立了当事人缺席可能导致合意停止诉讼、终结准备程序、视为自认和申请一造辩论判决等法律后果。就必要共同诉讼而言，因必要共同诉讼人中一人到场，就应保护其积极行使程序权利之意愿，不能因其他必要共同诉讼人未到场，就让其程序权利受损，显然不应当适用关于当事人缺席的一般规定。同时，根据关于部分共同诉讼人诉讼行为效力规定，到场共同诉讼人实施的诉讼行为只要符合有利原则，就可以产生对未到场必要共同诉讼人法律效力的后果。

整体上看，必要共同诉讼人在指定期日缺席或延误的法律效果，与到场必要共同诉讼人之诉讼行为效力，显然应当属于不同层次的问题。不能将部分必要共同诉讼人诉讼行为效力之规定，直接作为必要共同诉讼人缺席或延误期日的法律后果。将到场共同诉讼人作为缺席共同诉讼人的代理人的德国模式下，若共同诉讼人间存在利益对立情形时，反而可能会损毁未到场共同诉讼人的利益。❶民事诉讼法所规定的一切诉讼程序的利用机会，当事人既有积极行使利用的权能，也有消极放弃的权能，无论是积极行使和消极放弃，法律必须予以同样的尊重。但是，在必要共同诉讼中，合一确定要求表明，选择放弃程序机会的消极当事人必须尊重和容忍选择积极行使程序权利当事人之诉讼行为的结果。❷因此，当部分必要共同诉讼人在特定期日缺席时，以到场必要共同诉讼人的诉讼行为作为审理与裁判基础，从而实现对全体必要共同诉讼人的统一裁判，缺席的不利影响因为到场必要共同诉讼人的积极诉讼行为而消解。但是，在对到场当事人的诉讼行为是否产生于全体有效的法律后果，还必须再根据有利原则予以独立判断。

4. 各必要共同诉讼人上诉期间的计算问题

由于向各必要共同诉讼人送达判决书的时间并不会完全相同，若纯粹地以

---

❶ 吴明轩. 共同诉讼人互为诉讼代理人之委任效力[J]. 月旦法学杂志, 2020(299): 134.

❷ 新堂幸司. 共同訴訟人の手続保障[M]//訴訟物と争点効(下). 東京: 有斐閣, 1991: 344.

"收到判决书之日"作为上诉期间计算的起算点规则,那么各必要共同诉讼人上诉期间的起算点的不同,就自然会产生各必要共同诉讼人之独立上诉权存否的差异。大陆法系传统通说认为,上诉是对所有必要共同诉讼人有利的诉讼行为,部分必要共同诉讼人上诉也会产生及于全体必要共同诉讼人的上诉效力,确定判决的效力将会产生整体的阻断效果。这样一来,因提起上诉的部分必要共同诉讼人的上诉期间并未届满,会对其他已经过上诉期间的必要共同诉讼人也产生自己上诉效力的问题,在大陆法系理论与实务的争议并不大。值得讨论的问题是,若他人的上诉期间未届满,上诉期本已届满的必要共同诉讼人可否合法地提出上诉?是否能够作为自己的权利提起上诉?其核心问题是,各必要共同诉讼人上诉期间的计算方式,应当分别计算还是统一计算?

一种观点认为,上诉期间的统一与作为必要共同诉讼特质的合一确定必要没有关系,上诉期间应当分别计算,否定了上诉期限届满的部分必要共同诉讼人以其他人未过期限为理由而自己上诉的合法性,称之为消极说。❶如日本学者小山昇、德田和幸等认为,根据《日本民事诉讼法》第285条和第313条的规定,两周的上诉期间为不变期间,自收到判决书送达之日起算。在自己上诉期限已过的情形下,不得以其他必要共同诉讼人上诉期间未届满为由自己上诉。日本实务中也有判例支持分别计算的观点,如在关于遗产分割裁判的抗告事件裁判中指出,"对各继承人的裁判的通知日不同的情况下,对遗产分割的裁判的即时上诉期限,应分别从各继承人各自接到裁判通知之日开始计算,若某一继承人在自己接到裁判通知的两周之后,就不得再允许进行上诉"。另有日本判例在解除租赁之诉判决书中明确指出,"在必要共同诉讼中,如果部分必要共同诉讼人超过了自己的上诉期限,即使其他必要共同诉讼人仍有上诉期限,也不能合法上诉"。我国学者江伟教授认为,原则上必要共同诉讼的上诉期间自各人受判决送达之时分别计算;但是,若其他未过上诉期间的必要共同诉讼人提起上诉时,视为必要共同诉讼人全体在上诉期间提起上诉,上诉期限届满之人可以径行加入上诉程序,不必再提起上诉。❷

另一种观点认为,从统一必要共同诉讼人诉讼行为秩序的角度,上诉期间应

---

❶ 小山昇.必要共同訴訟[M]//竹下守夫,今井功.講座新民事訴訟法Ⅰ.東京:有斐閣,1998:270.
❷ 江伟.民事诉讼法原理[M].北京:中国人民大学出版社,1999:425.

当统一计算,肯定了已过上诉期间的必要共同诉讼人自己上诉的合法性,称之为积极说。德国民事诉讼理论通说认为,只要必要共同诉讼中一人在上诉期间内实施了上诉行为,就可以认为必要共同诉讼人全体遵守了期间,但是,与积极说不同的是,其解释思路是以《德国民事诉讼法》第62条的拟制代理规定为据,上诉期间届满的当事人视为被遵守期间的必要共同诉讼人所代理,从而产生一人遵守期间而全体遵守期间的效果。日本学者高桥宏志认为,因为向各必要共同诉讼人送达判决的日期是不同的,上诉期限的到期时间也就会不同,统一必要共同诉讼人上诉期间的理由在于:首先,因为对方当事人和法院实际上并不能准确地知晓判决送达各必要共同诉讼人的日期,如果上诉期间未届满的必要共同诉讼人提出合法上诉,并不会造成对方当事人的突然袭击;其次,必要共同诉讼人经常会因为是否上诉发生分歧,从而需要相互协商,实践中可能出现的情况是,一边是原本有上诉意向的必要共同诉讼人自己的上诉期间已届满,另一边是该必要共同诉讼人却仍然未能说服上诉期间未届满的那部分必要共同诉讼人,此时若以延长上诉期间的方式来加以保护则过于迂回。因此,即使仅有一个必要共同诉讼人的上诉期间还未经过,则全体必要共同诉讼的上诉期间就仍未届满。❶我国学者常怡、张卫平、骆永家均赞同必要共同诉讼的上诉期间应当统一,而且应当以最后一个收到判决书的必要共同诉讼人之上诉期间为准来计算。❷

5. 部分必要共同诉讼人上诉的程序进行

大陆法系民事诉讼学理通说认为,坚持"有利原则"作为部分必要共同诉讼人所为诉讼行为之法律效力的判断准则。部分必要共同诉讼人的上诉行为,会对全体必要共同诉讼人整体产生上诉效力和移审效果。但是,未上诉的部分必要共同诉讼人在二审程序中的诉讼地位与程序参与权问题,理论与实务却存在较大争议。日本通说理论认为,由于"有利原则"导致必要共同诉讼整体移至上诉审,全体必要共同诉讼人均为上诉人是自然逻辑。德国民事诉讼理论通说也持类似观点,在理由阐释上,将不作为共同诉讼人以上诉人诉讼地位参加二审程

---

❶ 高桥宏志.重点民事诉讼法讲义[M].张卫平,等译.北京:法律出版社,2007:187.
❷ 我国学者对上诉期间问题的讨论并不多,仅有部分学者在有关教科书中论及上诉要件时提及。参见常怡.民事诉讼法[M].北京:中国政法大学出版社,1999:312;张卫平.民事诉讼法[M].北京:中国人民大学出版社,2011:241;骆永家.民事法研究(Ⅲ)[M].台北:三民书局,1999:149.

序解释为裁判统一的要求。但是,因为该上诉人并非实际提起上诉,不能提出上诉请求,只有到场共同诉讼人才可以通过自己的上诉请求确定上诉审范围,若二审败诉,二审诉讼费用应由提起上诉的必要共同诉讼人自己负担。反对观点认为,必要共同诉讼的复数法律关系构造表明,必要共同诉讼的确定判决实质上也是多个内容相同的判决,必要共同诉讼人一人上诉只是导致全体必要共同诉讼人之上诉期间被理性遵守的效果,并不产生其他必要共同诉讼人之诉讼地位变动的效果。受程序主体原则规制,各共同诉讼人均得独立为诉讼行为。因此,必要共同诉讼人一人提起上诉,其效力固然可以及于全体,应将全体移由上诉法院审判,既无必要要求全体共同诉讼人必须全部参与诉讼,更不必使本就无意上诉之共同诉讼人参与二审诉讼程序,只需由实际提起上诉者为上诉人即可。❶

一种极具说服力的理论指出,从尊重必要共同诉讼人之程序主体地位和保护积极行使诉讼权利的当事人视角出发,应当尊重未上诉当事人的意愿,只应将提起上诉的必要共同诉讼人列为上诉人。同时,区分"进行上诉程序之当事人"与"受上诉审判决之当事人",通过诉讼担当原理的运用,将未上诉必要共同诉讼人整体地纳入二审程序,尤其是当二审裁判变更原一审判决时,未上诉的必要共同诉讼人也可以作为二审的裁判对象。❷另一种更为具体化的思考指出,应充分认识到部分必要共同诉讼人的上诉可能在诸多程序问题上产生相应的影响效果,在不同程序场合下,未提起上诉的必要共同诉讼人就可能具有被法律拟制为"上诉人"和"非上诉人"的双重可能性。因此,若仅有部分必要共同诉讼人对一审判决提出上诉,应对上诉费用的负担、撤回上诉的要件、阻止判决确定及移审的范围、实际提起上诉人的诉讼行为效力判断、对未提起上诉之共同诉讼人通知上级审期日的必要性等问题进行个别而具体的判断。❸

6. 部分必要共同诉讼人撤回上诉的程序进行

上诉作为一种二审救济手段,大陆法系通说将其识别为有利诉讼行为。反之,撤回上诉则是不利诉讼行为。无论何种类型的必要共同诉讼,部分必要共同

---

❶ 吕太郎.民事诉讼法(第二版)[M].台北:元照出版有限公司,2018:131.
❷ 德田和幸.複雑訴訟の基礎理論[M].東京:信山社,2008:245.
❸ 高桥宏志.重点民事诉讼法讲义[M].张卫平,等译.北京:法律出版社,2007:190-193.

诉讼人的撤回上诉行为,原则上均不能产生法律效力。但是,新近的理论与实务开始反思"有利原则"在具体情形下一体化适用的弊端,自不同方向改变部分必要共同诉讼人撤回上诉法律效力的一刀切模式。一种思路是,区分不同类型必要共同诉讼而具体判断。如日本最高裁判所认为,应当根据撤回上诉的部分必要共同诉讼人与判决的关系来具体地决定。在股东代表诉讼这样的类似必要共同诉讼类型中,撤回上诉会导致原告数量减少,但裁判范围、审理方式、判决效力不会产生特别的影响,同时就对失去诉讼追诉意向的人仍然强制继续保持上诉人的地位等诸多方面来看,应当肯定类似必要共同诉讼中,部分必要共同人撤回上诉仅对其本人的法律效力。另一种思路是,充实其他必要共同诉讼人是否撤回上诉之程序保障。如为避免诉讼久悬不决,并保障当事人之程序权,承认必要共同诉讼人对是否撤回上诉有程序选择权。如在我国台湾地区诉讼实务中,根据法院通知程序规定,当部分必要共同诉讼人撤回上诉时,法院有将此情况通知其他必要共同诉讼人的职责,受通知的必要共同诉讼人有10日的意见表达期间,超过该期间而未作任何态度表示的,就视为默认同意撤回上诉。在修正"有利原则"一体化适用模式所可能产生的程序缺陷方面,上述两种方式的优劣对比明显,类型区分的具体适用模式以类似必要共同诉讼的类型归属为基础,受制于如何具体理解"合一确定必要性"标准,法院通知的程序保障模式以当事人程序选择权为基础,以保证诉讼效率为出发点,对逾期不表明态度的当事人才拟制为同意撤回上诉的法律效果,制度设计的合理性与正当性更具优势。

7. 部分必要共同诉讼原告撤诉的程序处理

撤诉是当事人的一项重要程序性权利,在单数原告的诉讼结构中,原告撤诉不仅会导致已进行的本次诉讼程序终结和自始未起诉的法律效果。但是,在固有必要共同诉讼中,部分共同原告撤诉将导致固有必要共同诉讼当事人适格欠缺而诉不合法,进而使得诉讼程序的推进缺乏合法性。因此需要讨论的是,部分必要共同诉讼人撤诉所产生的诉讼终结之法律效果是否及于全体必要共同诉讼人?肯定说认为,在固有必要共同诉讼的复数诉讼结构中,每个共同诉讼人都独立地进行自己的诉讼,既不依赖于他人也不及于他人利害关系,虽然固有必要共同诉讼只能由全体成员共同提起,但这一点并不阻碍任何一个共同诉讼人单方面撤回自己的诉讼,即使由此而导致其他人的诉讼不合法。❶否定说认为,诉之撤回是不利诉讼行为,根据有利原则,部分必要共同诉讼人行为不产生及于全体必要共同诉讼人的法律效力。❷

本书认为,从行为性质上看,撤诉行为并非向法院提供裁判基础资料的诉讼行为,不受裁判资料统一规则之规范;从行为对共同诉讼人之程序和实体利害关系来看,无论起诉还是撤诉,都不能简单地从有利与不利实际后果的价值层面予以简单化的判断。与此同时,不同类型必要共同诉讼成立要件的差异也应纳入考量之中,"共同诉讼必要性"要求在固有必要共同诉讼中不仅程序严格,更关键的是一旦部分人选择撤诉,将直接导致原诉的当事人不适格,还将影响其他必要共同原告意欲继续进行诉讼并请求判决的诉讼地位。平衡各必要共同诉讼人起诉与否的个人选择,尤其应当保护无意终结诉讼者的积极权利保护请求。部分固有必要共同诉讼人的撤诉,仅能在征得全体必要共同诉讼人明示或默示的同意后,才能产生及于全体的法律效力。但是,在类似必要共同诉讼与争点共通型必要共同诉讼中,部分共同诉讼人的撤诉并不会导致诉之合法性欠缺。因此,原则上应当允许部分共同诉讼人的撤诉效果。

(三)我国民事诉讼法上诉讼进行统一规则的完善

我国民事诉讼法上的诉讼进行统一规则,主要体现在《民事诉讼法》第135条规定的"职权追加规则"。通过强制追加方式将全体必要共同诉讼人纳入同一诉讼程序,在程序效率上的确可以起到显见的保障诉讼进行统一效果,但其明显的缺陷在于,否定了当事人的程序选择权和独立诉讼意愿。《民诉法解释》第319条和第327条,分别明确了部分必要共同诉讼人上诉时的二审当事人诉讼地位规则和一审遗漏部分必要共同诉讼人时二审程序的处理规则,该规定的逻辑起点虽然是对二审中必要共同诉讼人之诉讼地位的规范,但从其规范内容来看,以上诉内容之争议范围为界线,实质上明确了部分必要共同诉讼人之上诉效力规则。整体上看,诉讼进行统一规则严重缺失,对程序展开的重要细节规范不足。本书认为,我国必要共同诉讼审理程序之诉讼进行统一规则的完善,可以考虑从

---

❶ 罗森贝克,施瓦布,戈特瓦尔.德国民事诉讼法(上)[M].李大雪,译.北京:中国法制出版社,2007:401.

❷ 吕太郎.民事诉讼法[M].2版.台北:元照出版有限公司,2018:134.

以下几方面入手。

1. 诉讼进行统一规则的立法模式

《德国民事诉讼法》第62条关于代理的规定,事实上与代理原理并不相适应,因为到场必要共同诉讼人为缺席必要共同诉讼人进行辩论,并不取决于到场必要共同诉讼人的意愿,而是一种法律的拟制手段。[1]相比而言,放弃概括代理原理的日本模式,在细致而个别的情形中具体规范和考量是否采用诉讼进行统一规则的方式,实际上是一种更为可行的思考方向与实现路径,可以为必要共同诉讼审理程序提供更具有可操作性的精细化指导。

2. 诉讼进行统一规则的具体内容

(1)原则上禁止分离辩论与分别裁判。(2)部分必要共同诉讼人发生中止或中断事由时,整个诉讼程序停止;但对合一确定必要性较低的类似必要共同诉讼和争点共通型必要共同诉讼中,诉讼中止或中断事由可能引起诉讼迟延时,可允许在部分必要共同诉讼人间先行审理。(3)必要共同诉讼的上诉期间应当自最后一个收到判决书的必要共同诉讼人之上诉期间统一计算。(4)部分必要共同诉讼人上诉产生整体移审的效力。但是,尊重未上诉当事人的意愿和是否上诉的程序选择权,增设法院职权通知程序,赋予未上诉的其他必要共同诉讼人,自收到通知之日起7日以内表明是否愿意提起上诉的态度。同时,细化不同类型必要共同诉讼中的具体适用:在固有必要共同诉讼中,当事人适格受"共同诉讼必要性"的严格规制,未提起上诉的固有必要共同诉讼人之程序选择权受到限制,当法院依法进行职权通知后,即使该必要共同诉讼人受通知后仍未提起上诉,视为其被提起上诉的必要共同人担当诉讼,也应受上诉审判决的效力拘束;在类似必要共同诉讼中,若受通知的必要共同诉讼人表示拒绝,则只应将提起上诉的必要共同诉讼人列为上诉人,上诉审范围应根据提起上诉的必要共同诉讼人的上诉请求来确定,但当二审裁判变更原一审判决时,未上诉的必要共同诉讼人也作为二审裁判对象;在争点共通型必要共同诉讼中,仅当部分必要共同诉讼人针对共通争点问题提起上诉时,才产生及于全体必要共同诉讼人的整体移审效力。此外,还应根据实际情况,充分平衡各必要共同诉讼人之程序主体地位与诉讼秩序统一规则之紧张关系,以"避免矛盾裁判"和"合一确定法律效果"作为判断依据,

---

[1] 奥特马·尧厄尼希.民事诉讼法[M].二十七版.周翠,译.北京:法律出版社,2003:426.

确定上诉费用的负担等具体程序问题,如二审败诉时,未提起上诉的必要共同诉讼人不负担诉讼费用。(5)部分必要共同诉讼人撤回上诉或撤诉时,法院应依职权通知其他必要共同诉讼人,并在通知中明确告知其异议权及异议期限,若其反对撤诉或撤回上诉的,应自接到通知之日起7日以内,以书面方式明确地表明态度,若逾期不表明态度或不按规定方式表明态度的,则视为其默视同意撤回上诉或同意撤诉。

二、裁判资料统一规则

(一)裁判资料统一规则的主要内容

为确保判决结果一致性,法院对全体必要共同诉讼人的裁判,必须建立在统一的判决基础资料之上。根据辩论主义原理要求,法院作出本案判决的诉讼资料和证据资料,应当通过当事人的主张行为与举证行为向法院提出。这既是当事人的权利,也是当事人的责任。❶因此,必要共同诉讼裁判资料统一规则的规范对象,具体而言包括两个方面内容:一是必要共同诉讼人中部分主体所实施诉讼行为,二是对方当事人对必要共同诉讼人中部分主体所为诉讼行为。针对第二种情形,大陆法系理论认识较为一致,即无论行为内容还是必要共同诉讼类型,对方当事人对必要共同诉讼人中一人行为的效力及于全体。在理论研究中存在争议较大的是,部分必要共同诉讼人所实施的证据主张、事实主张等与裁判资料相关的诉讼行为法律效力应当如何判断的问题。目前,以德、日为代表的大陆法系民事诉讼立法例,存在着以下两种规范模式。

第一,德国模式。对仅有部分必要共同诉讼人出席指定期日的,《德国民事诉讼法》适用代理效果来解决诉讼程序之进行困难。但是,法律层面并未指明到

---

❶ 诉讼资料与证据资料系民事诉讼法学的专有法学术语,诉讼资料是指当事人通过主张行为向法院提出的事实信息资料;证据资料是指法院通过对证据方法调查获得的内容。辩论主义第一命题承认主张责任的前提即是严格区分诉讼资料与证据资料,而且禁止通过证据资料补充诉讼资料。我国也有学者将证据资料视为诉讼资料之下位概念,认为从证据调查中获得的诉讼资料即是证据资料。笔者在区分的意义上使用诉讼资料与证据资料,鉴于诉讼资料和证据资料均是本案判决基础资料,为行文方便将二者统称为裁判资料。参见段文波.当事人主义——对象、方法与程序[M]//民事诉讼法研讨(一).厦门:厦门大学出版社,2016:490.

场部分必要共同诉讼人所实施诉讼行为的法律效力。理论通说认为,基于合一确定这一必要共同诉讼的本质要求,即使必要共同诉讼人的诉讼行为相互冲突,如就某个不利事实,一个必要共同诉讼人为自认,而另一必要共同诉讼人为否认时,法院也必须作出统一裁判。为实现这一目的,各必要共同诉讼人针对同一事项而实施不同诉讼行为时,各诉讼行为法律效力的判断不能如正常情形下独立地判断其法律效力有否,法院应当通过证据调查和证据评价,对判决的基础事实进行统一判断,将不同必要共同诉讼人实施的诉讼行为理解为"辩论内容"被整体纳入法官事实认定的范围,以谋求诉讼资料的统一。

第二,日本模式。《日本民事诉讼法》明确地在法律层面对必要共同诉讼人一人行为的法律效力予以原则性的规定,即以行为是否有利于必要共同诉讼人的全体利益,作为该行为是否产生及于必要共同诉讼全体的法律效力的界分,即所谓"有利原则"。理论上也将诉讼行为区分为"有利行为"与"不利行为",并以"有利原则"作为判断部分必要共同诉讼人诉讼行为之法律效力的基本准则。通说认为,"利益"与"不利益"诉讼行为是可以在概念上"预先定型化"界定的,如为防止拟制自认而就对方当事人的主张加以争执、为避免逾期提出证据的失权效而适时提出攻击防御方法、为阻止不利益判决的确定效果而提起上诉,以及主张有利的事实、提出有利的证据等均属于有利诉讼行为;而认诺、撤诉、撤回上诉、自认等均属于不利益诉讼行为。❶

两种模式的形式差异在于,是否明文规定部分必要共同诉讼人诉讼行为的法律效果,实质是对必要共同诉讼人间相互矛盾诉讼行为法律效果的规制逻辑不同。德国模式的规范思路是,承认各必要共同诉讼人在诉讼中之程序主体地位,肯定各必要共同诉讼人的诉讼行为独立原则。因此,各必要共同诉讼人均可以根据自我利益的判断,独立地实施可能会影响法院最后裁判的任何诉讼行为,提出自己的攻击防御手段;若部分必要共同诉讼人提出的事实主张相互矛盾,或者实施的诉讼行为相互冲突,则不能直接地得出该诉讼行为是否及于全体必要共同诉讼人的法律判断,而是将部分必要共同诉讼人之事实主张和举证行为所获得的诉讼资料与证据资料,视为全辩论意旨的一部分,交由法院进行全案证据调查和证据评价,丰富了法院认定事实的裁判基础,更有利于案件事实真相的认

---

❶ 李淑明.民事诉讼法(第二册)[M].台北:元照出版有限公司,2019:157.

定。相反,日本模式虽然在立法层面明文规定了部分必要共同诉讼人诉讼行为的基本判断标准——有利原则,形式上更有利于司法实践的统一,但是,当共同诉讼人内部出现实体利益与程序利益之分歧,无论是在具体案件中还是在法律类型化层面,"何为利益"或"何为不利益"的判断就不可避免地存在理解困境甚至冲突。

(二)裁判资料统一规则的疑难问题

裁判资料统一是避免矛盾裁判和实现合一确定的关键,根据辩论主义原理,当事人负有提出裁判资料的责任与权利。在必要共同诉讼的复数诉讼法律关系构造中,各必要共同诉讼人均可独立地通过自己的诉讼行为向法院提出诉讼资料与证据资料,但当事人间的实体利益与程序利益并非完全一致,必要共同诉讼人间的诉讼行为就可能会出现矛盾。因此,为保证裁判资料齐一,维护必要共同诉讼人之合法利益,在辩论主义范围内,不仅需要对大陆法系通说之"有利原则"予以合理化解释,还应细致地考察裁判资料统一规则在不同诉讼行为类型下的具体适用。

1. 诉讼行为"利益"与"不利益"的判断标准

必要共同诉讼裁判资料统一规则的日本规范模式,在制度层面明文确立了部分必要共同诉讼人诉讼行为法律效力判断的"有利原则",但未具体描述"有利原则"之利益内涵,导致有关民事诉讼理论学说的不同理解。(1)实质说。日本学者高桥宏志认为,所谓"有利"即是指胜诉,包括能够促使程序进一步展开的行为,如否认、出席等;反之,可能导致败诉的行为则为不利,包括可能导致程序停滞的行为,如自认、和解等。❶(2)形式说。我国台湾地区学者认为是否"有利益"应是行为当时单纯地依法学概念而从形式上判断,至于最后法院是否作出有利于全体必要共同诉讼人的判决,则在所不论。❷日本学者新堂幸司认为,有利不仅仅指诉讼行为的结果会引起共同诉讼人一方胜诉,只要是为了维护自身利益和主张而积极利用法律所规定的诉讼上程序与手段,而无论其行为结果在实质

---

❶ 高桥宏志.重点民事诉讼法讲义[M].张卫平,译.北京:法律出版社,2007:190. 高桥教授认为,虽然从判决结果而言,自认后也可能因其他争点而胜诉,但从自认能阻止法院就其他争点进行审理,所以也是不利行为。

❷ 吕太郎.民事诉讼法[M].台北:元照出版有限公司,2019:130.

上对行为人是有利还是不利,所以"有利原则"要求之利益应当理解为运用诉讼上获得相应保障的手段来维护自己主张的行为。[1]根据实质说对"有利原则"的解释方式,部分必要共同诉讼人提出的证据资料和诉讼资料,只有对必要共同诉讼人一方获得有利判决有价值时才发生效力,实质上将必要共同诉讼人一方置于完全有利的诉讼地位,毋庸置疑,这有违公平原则。相较而言,形式说坚持对诉讼行为形式化的利益判断方式,既符合必要共同诉讼审理程序对双方当事人的公平追求,也尽可能地保护了诉讼行为矛盾情形下必要共同诉讼人内部关系的协调。

2. 有利原则调整的当事人诉讼行为范围

当事人的诉讼行为是构成诉讼程序并推动程序发展的主要元素,以发生诉讼法上效果为行为目的。根据当事人所实施行为的内容不同,诉讼行为也表现出多样化形态与类型。"有利原则"以部分必要共同诉讼人诉讼行为作为规范对象,规范实质是为保证必要共同诉讼裁判资料齐一。因此,有利原则所调整的部分必要共同诉讼人之诉讼行为,并非指其实施的一切诉讼行为,原则上仅是指向法院提供裁判基础资料的诉讼行为,如提出事实上或法律上主张、举证、抗辩或申请证据调查等。起诉、撤回起诉、反诉、诉之变更、增加变更诉讼请求等行为,性质上并不是向法院提供诉讼资料和证据资料的行为,只是对本案审理范围有影响或者启动审判程序的行为,不应受"有利原则"之拘束,而应根据具体诉讼行为的性质和内容,以及实施该诉讼行为时的具体情况和必要共同诉讼之类型而个别判断。但值得说明的是,从行为性质上看,上诉亦属于发动另一审级的诉讼程序之诉讼行为,与提出事实主张或证据资料等提供裁判资料基础的诉讼行为不同,也不能适用"有利原则";从上诉对全体必要共同诉讼人之利益与否来分析,上诉并非一定能实现改变不利原裁判的目的,若二审法院未支持上诉请求,还会耗费当事人更多的二审诉讼成本。因此,上诉并非是绝对地对全体必要共同诉讼人有利的诉讼行为。但是,从提起上诉的部分必要共同诉讼人视角而言,实施此行为是为阻止不利的未生效裁判效力,所以大陆法系通说认为上诉是有利之诉讼行为,可以产生及于全体必要共同诉讼人的法律效力。再如调解,从调解的行为内容上看,虽然并未向法院提供可以作为判决基础的事实主张或证据

---

[1] 新堂幸司.新民事诉讼法[M].林剑锋,译.北京:法律出版社,2008:547.

主张,但调解是一种双方当事人自愿对争议权利义务关系内容的重新安排,不仅可以产生终结本次诉讼的程序法效果,还因法律所赋予其国家强制力后盾支持,具有与判决同等的法律效力。所以,一般认为也应当适用"有利原则",若调解协议内容对其他必要共同诉讼人的实际利益会产生损害时,只有全体必要共同诉讼人共同实施或者征得全体一致同意方可产生法律效力。

3. 部分必要共同诉讼人之处分性诉讼行为的法律效力

在当事人向法院提供裁判基础资料的取效性行为中,自认、认诺、放弃诉讼请求等处分性诉讼行为,直接指向当事人间实体权利义务关系内容,会对本案裁判产生实质性影响。从实施处分性诉讼行为主体和对象来看,包括部分必要共同诉讼人向对方当事人实施的处分性诉讼行为和对方当事人向部分必要共同诉讼人实施的处分性诉讼行为两种情形。第一种情形,部分必要共同诉讼人向对方当事人实施的处分性诉讼行为的法律效力。根据有利原则之形式化的利益判断标准,处分性诉讼行为应当属于不利诉讼行为,除非全体必要共同诉讼人共同实施或者为全体必要共同诉讼人一致同意,不得产生及于全体必要共同诉讼人的法律效力。如在连带保证债务纠纷中,若保证人对主债务法律关系的成立为肯定性陈述时,在主合同法律关系成立与否的争点上,保证人的自认行为可能会导致主债务人处于不利地位;因此,除非主债务人也为相同意思表示,否则不产生及于全体必要共同诉讼人之法律效力。若主债务人主动认诺债权人的主债务请求,而保证人本身对主债务之成立表示否定时,将保证人置于事实上的不利地位;因此,该认诺行为非经保证人一致同意不产生认诺的效果。然而,即使认诺经保证人同意而成立,基于保证债务的从属性和独立性,认诺也仅能在主债务人与债权人之间产生效力,法院还必须对保证债务是否成立继续审理,不能产生终结诉讼程序的效果。第二种情形,对方当事人向部分必要共同诉讼人实施的处分性诉讼行为的法律效力。以个人提供劳务受害者责任形成的争点共通型必要共同诉讼为例,若提供劳务者对雇主放弃诉讼请求,根据我国《民法典》第1192条侵权民事责任承担规则,该放弃诉讼请求行为可以直接免除雇主的补偿责任;但是,该放弃部分诉讼请求的行为,仅在该必要共同诉讼被告与原告间产生法律效力,受害人与其他必要共同诉讼人(侵权行为实施者)的诉讼仍将继续审理,并不因对部分必要共同诉讼人放弃请求而终结全部诉讼。

此外,必要共同诉讼人间实体权利义务牵连关系的紧密程度并不相同,其合一确定裁判的范围与程度要求也会有差异。处分性诉讼行为的法律效力就不能以"有利原则"为据形式化地简单判断,既要根据不同类型必要共同诉讼合一确定必要性所涵摄的范围而有区别地判断,也要在全体必要共同诉讼人和实施该行为的必要共同诉讼人两个层面作具体分析。在固有必要共同诉讼中,实体权利义务在必要共同诉讼人间的不可分性要求实体法上裁判同一,其对诉讼进行统一与裁判资料统一的要求就高于类似必要共同诉讼和争点共通型必要共同诉讼。

(三)我国民事诉讼法上裁判资料统一规则的完善

我国民事诉讼法关于裁判资料统一规则主要体现在下两部规范性文件中:一是《民事诉讼法》第55条规定的必要共同诉讼人间诉讼行为"承认生效规则";学理上一般将"承认生效"表达为"协商一致原则",并上升为必要共同诉讼人内部关系的一般处理准则;二是《最高人民法院关于民事诉讼证据的若干规定》(以下简称《证据规定》)第6条部分必要共同诉讼人的自认规则。但从制度实质来看,该司法解释仅重申了"协商一致原则"在自认领域的适用,具有规则细化意义的是必要共同诉讼人拟制自认规则的确立。整体上看,虽然从矛盾行为效力角度明确了裁判资料统一的一般原则,也确立了自认领域处分性诉讼行为效力的具体规则。但是,从保证裁判统一来看,问题主要表现在两个方面:一方面,制度内容的完整性不足,如就对方当事人对部分必要共同诉讼人之诉讼行为效力的规范缺失;另一方面,规则内容的效率性不高。我国"协商一致原则"+"拟制自认规则"的立法模式,更充分地尊重各必要共同诉讼人之独立程序主体地位,但需要共同诉讼人认可程序和法院询问程序的配套规制,与大陆法系理论与制度通说相比,"有利原则"以诉讼行为本身是否为有利于全体必要共同诉讼人为形式化的直接判断方式,更节约诉讼程序。

因此,借鉴大陆法系裁判资料统一规则的理论与实务,我国裁判资料统一规则的完善可以从以下思路入手:(1)增设对方当事人向部分必要共同诉讼人之诉讼行为效力的一般性规定,明确规定该行为原则上及于全体必要共同诉讼人;但是,对方当事人向部分必要共同诉讼人所为之处分性诉讼行为,应当根据必要共同诉讼类型而具体分析,是否产生全部终结诉讼程序的效力。(2)必要共同诉讼人内部关系规则坚持协商一致原则的基本框架下,将拟制自认时适用的法官询问规则与当事人默示承认规则扩展应用于其他向法院提供裁判资料的诉讼行为;同时,当必要共同诉讼人之间出现矛盾行为时,如部分人承认而部分人否认时,将部分必要共同诉讼人实施的处分性诉讼行为纳入法院证据评价对象,作为全辩论意旨的一部分,构成法院裁判基础。(3)法院根据法律规定对当事人发出程序通知后,若仍有部分必要共同诉讼人在指定期日缺席的,应根据到场必要共同诉讼人的诉讼行为作为裁判基础来源,并根据有利原则判断到场必要共同诉讼人之诉讼行为效力,不得当然地以其行为作为必要共同诉讼的实体裁判基础。

第三节 类型化必要共同诉讼的特殊审理规则

裁判资料统一与诉讼进行统一是必要共同诉讼审理规律的一般要求,适用于所有类型的必要共同诉讼。但是,不同类型必要共同诉讼的成立条件与适用范围并不相同,不同类型必要共同诉讼人间合一确定必要性要求的紧密程度也有差别。因此,回应类型化必要共同诉讼对审理程序规则设计的特殊需要,就有必要根据不同类型必要共同诉讼的特点明确相应的特殊程序规则。

一、固有必要共同诉讼的特殊审理规则

虽然"合一确定必要性"是必要共同诉讼类型的整体共性,固有必要共同诉讼更是最为完整地满足必要共同诉讼类型化要素双重要求的诉讼类型。但于其判断思路上,基于"共同诉讼必要性"判断基准的实体法说,"合一确定必要性"因"共同诉讼必要性"的满足而成立。若严格地遵循"共同诉讼必要性"的要求,根据民事诉讼立案审查程序规则,若遗漏固有必要共同诉讼人时,则会因当事人不适格而诉之合法性要件欠缺,被法院驳回诉。但是,过于严苛的当事人适格性要求和过于原则化的程序处理规则,不仅会造成固有必要共同诉讼适用困难,更会导致积极当事人诉权保障的困境。于原告侧而言,若因应当参加诉讼者下落不明,或者无从查明具有共同诉讼实施权之其他共同权利成员而漏列共同原告时,会影响其诉权的合法行使;于被告侧而言,若出现漏列固有必要共同诉讼被告

时,即使原胜诉判决也可能会因当事人不适格而不合法,造成被告已进行程序的诉讼成本耗费。因此,固有必要共同诉讼审理规则的特殊性,主要涉及固有必要共同诉讼之当事人适格的制度保障问题:一是因客观原因遗漏部分固有必要共同诉讼人时,如何救济当事人适格要件的程序瑕疵?二是应当成为固有必要共同诉讼原告者,主观意愿上拒绝提起诉讼时,如何平衡积极者起诉意愿保护与消极者起诉意愿尊重之间的关系?

(一)客观原因导致固有必要共同诉讼当事人不适格的程序救济

我国《民事诉讼法》第135条和《民诉法解释》第74条,明确了应当参加诉讼的必要共同诉讼当事人未参加诉讼时,法院职权追加共同诉讼人的强制性程序处理规则。❶但是,该规则并未区分未参加必要共同诉讼当事人在诉讼中的不同诉讼角色,也未区分该未参加诉讼的当事人是主动拒绝还是下落不明,而是以是否放弃实体权利为界线而强制追加。该方案虽然考虑到了法院裁判的实效性与纠纷解决的彻底性,不失为一种高效保障遗漏必要共同诉讼人诉权行使的规则设计,也能在一定程度上固定该遗漏者从实体裁判层面应有之实体权利义务内容。但是,其显见的弊端是,不仅可能忽视了对必要共同诉讼原告起诉意愿的尊重与保护,还与司法的被动性特征不符,冲击了作为一种私法纠纷解决机制所应遵循的基本原理。

为消除共同诉讼必要性要求严格化可能会带来的负面效应,大陆法系国家理论与实务纷纷主张缓和固有必要共同诉讼当事人适格的严格要求,灵活地设计了因客观原因导致固有必要共同诉讼当事人不适格的程序解决方案。第一,法院依当事人申请裁定追加下落不明者为固有必要共同诉讼原告。如我国台湾地区实务操作中,对部分共同诉讼原告下落不明的情形,若经法院审查,认定原告的追加申请有正当理由的,一般裁定将未起诉的人作为本案共同原告。第二,以事实上无法同意为正当理由,许可部分共同共有人起诉。我国台湾地区民事诉讼学理认为,在诉讼之外无其他更为有效的权利保护手段时,却因部分共同共

---

❶ 我国《民事诉讼法》并不细分必要共同诉讼子类型,"诉讼标的同一"法定标准框架下的必要共同诉讼与本书所指的固有必要共同诉讼类型相对应。因此,本书将《民事诉讼法》关于必要共同诉讼人追加规定置于固有必要共同诉讼特殊审理程序规则中一并讨论。

有人下落不明,事实上无法形成全体共有成员一体起诉的诉讼格局,若"为共同共有人全体利益",可以由下落不明人以外的其他共同共有人单独或共同起诉。❶该实务处理方式基于共同共有人下落不明之特殊情事,并未适用根据原告申请而裁定将下落不明者列为必要共同原告的程序处理规则,而是例外地认可了在"事实上无法得全体共有人同意"的特殊情形下,部分固有必要共同诉讼人起诉的当事人适格,可谓是一种更切合实际需要的务实方案,更为有效地保护了已知和未知固有必要共同诉讼人的整体利益。第三,赋予共同权利成员所组成的组织体诉讼实施权。《德国民事诉讼法》第50条第2项一般性地肯定了无权利能力社团在诉讼中的当事人能力,并与有权利能力社团的地位相当,可以独立担当被告诉讼地位,导致涉合伙财产的被动诉讼中少有合伙成员全体作为共同诉讼人。日本诉讼法理论的解决方案也有异曲同工之处,大胆地承认了个体原告成员所组成的集合体在诉讼上具有当事人能力而实际地享有诉讼实施权,如在入会权纠纷中,承认入会团体具有适格原告资格。相较于德国民事诉讼立法层面对团体之诉讼行为能力的特别赋予方式,日本实务中的处理思路则是透过任意诉讼担当和选定当事人制度的适用,承认具有充分代表关系者可以自己的名义提起诉讼。❷

整体上看,以共同共有关系诉讼为例,大陆法系固有必要共同诉讼的司法适用中,全体成员必须一同诉讼的原则已发生实质性变化,传统意义上的共同诉讼必要性之严格化要求日趋缓和,但具体方式上存在差异。首先,我国台湾地区实务中"事实上无法得全体共有人同意的特殊情形"的起诉仍视为当事人适格的程序处理方式,灵活地解决了司法实践中共同诉讼人下落不明的实际问题,但仅因无法征得其起诉意愿就直接认定当事人适格,尤其是在该未起诉者并非真正下落不明时,确定判决的既判力仍然会拘束该未起诉者,有损于对该下落不明者的

---

❶ 关于我国台湾地区实务部门认为关于事实上无法取得同意而仍认定当事人适格的具体案例,参见沈冠伶.程序保障与当事人[M].台北:元照出版有限公司,2012:282-287.

❷ 梅本吉彦.民事訴訟法[M].東京:信山社,2009:634-636.在《日本民事诉讼法》1996年修订时,有立法建议认为,若共同诉讼人中四分之三多数提起诉讼时,法院对剩余的共同诉讼人发出诉讼命令,则起诉也合法。

程序保障。其次,赋予团体组织诉讼实施权的程序法路径,虽然可以简化诉讼程序而带来较为便捷的处理结果,但在程序法理上如何解释团体成员与成员组织体之关系,而且以单一组织体形式来解释固有必要共同诉讼当事人适格的方式,事实上动摇了固有必要共同诉讼之本质特征,还有待商榷其正当性。因此,考虑到我国民事司法实务中送达难的实际困境,借鉴我国台湾地区依当事人申请强制追加原告的规定,为平衡全体固有必要共同诉讼人之整体利益保护和下落不明的未知固有必要共同诉讼人之起诉意愿,增设当事人申请程序,经法院审查当事人的追加申请后,认为追加申请有正当理由时,根据当事人申请中所载明的具体理由而裁量判断于一定期限经过后,裁定是否将未知的必要共同诉讼人列为共同原告。借鉴我国《民事诉讼法》关于公告送达期间的30日规定,为避免必要共同诉讼审理程序拖延,在程序早期尽快确定适格当事人,法院在追加必要共同诉讼原告的裁定中所要求的期限应当不得超过于30日。

(二)部分固有必要共同诉讼原告拒绝起诉的特殊处理

与固有必要共同诉讼人下落不明的客观特殊情形不同的是,本应作为共同权利人起诉的固有必要共同诉讼原告主观上拒绝提起诉讼时,将使得有意利用诉讼程序保护自己合法权益的权利人起诉不能,不仅权利人利用司法裁判程序的机会受阻,最终造成固有必要共同诉讼成立不合法。如何消弭和平衡保护积极者的起诉意愿与尊重消极者的程序选择权之间的紧张关系,是固有必要共同诉讼审理规则确立必须正视的特殊情形。我国民事诉讼制度层面并未特别规定固有必要共同诉讼人拒绝起诉的程序处理,仅在《民诉法解释》第70条规定,除非遗产继承纠纷的继承人以明示方式表明放弃实体权利的态度,否则,法院仍然需要将既不参加诉讼也不放弃实体权利者强制追加为共同原告。

相较而言,大陆法系民事诉讼理论认识与实务创造出了更多样化选择的程序解决方案。第一,依当事人申请追加共同原告模式。若诉讼标的对于数人必须合一确定应共同起诉时,而其中一人或数人拒绝同为原告的,我国台湾地区规定法院可以根据原告的申请,在赋予该未起诉之人陈述意见权的程序保障后,经法院审查无正当理由的,可以裁定于一定期间内强制追加为原告。第二,实际上无争执意思者不必须列为原告。德国实务认为,解散无限公司诉讼中声明同意起诉并受裁判拘束的股东可以不作共同诉讼原告。[1]第三,将拒绝共同起诉者列为被告。日本最高法院判例认为,共有土地边界确定诉讼属于固有必要共同诉讼,若部分共有人拒绝起诉的,可以将该拒绝起诉的土地共有者列为被告。第四,许可个别共同权利人起诉。《德国民法典》第432条、第1011条、第2039条规定不可分债权、共同继承等共有关系许可各共有人单独诉讼。日本知识产权实务中,如部分专利共有人在专利纠纷发生后,不积极地主张专利保全,其他专利共有人可以适时地提出分割请求,主张保全的积极共有人可以在向消极共有人价额补偿基础上,取得其专利持分的同时,也取得代位行使消极共有人诉讼实施权的资格。

整体而言,对应当共同起诉但拒绝起诉的共同诉讼原告的各程序处理方式中,将拒绝共同起诉者列为被告方式的最大问题在于,该拒绝起诉者并非提出与原告对立之主张,也并非原告诉讼请求的主张对象,仅是因为在是否利用司法程序问题上的认识有不一致的观点,为诉讼程序的顺利展开就转而列其为本诉的被告,但其与本案真正的被告之间所形成的诉讼形态并非传统意义上的共同诉讼。日本理论认为虽然这一处理方法较为灵活,但实质上转为三方诉讼形态。[2]而对实体权利义务无争执意思者不必作为共同诉讼人的处理方式,与前述从制度层面解决固有必要共同诉讼严格化要求的许可个别权利人起诉之程序处理方式无异,实质上模糊了"共同诉讼必要性"与固有必要共同诉讼适用与否之判断层面的独立价值,消解了本已界分明确的"固有的"和"类似的"两种必要共同诉讼类型,不仅使得必要共同诉讼类型化价值无所适从,也从根本上不利于实践中

---

[1] 1998年德国联邦最高法院在解散无限公司诉讼的裁判中指出,原则上解散无限公司诉讼须以全体未一同起诉之股东作被告,但若股东已于诉讼外为有拘束力的声明,表示其同意该诉讼的提起并愿意受法院对被告之确定判决拘束,则可以不成为共同诉讼原告。2001年联邦法院判例认为,民法上合伙如通过实际参与交易行为而享受权利或负担义务时,具有部分权利能力而具有当事人能力,以公民共有组织体作为当事人进行诉讼,不再要求全体合伙人共同诉讼;德国学者认为这是一种介于单一当事人及固有必要共同诉讼之间的诉讼方式,应将合伙进行诉讼的判决既判力扩张及于全体合伙人。

[2] 高桥宏志.重点民事诉讼法讲义[M].张卫平,等译.北京:法律出版社,2007:206.

对必要共同诉讼构成的判断与审理。❶承认单个或部分共同权利人可以独立或共同起诉的实体法路径,虽然可以避免消极共同权利人不当拒绝造成的起诉障碍,但这需要在遵循民法原理前提下实体法规定得相应完善,系一项实体法与程序法协同完善的体系化立法工程。从固有必要共同诉讼制度价值视角,这与一次纠纷解决和诉讼经济的价值追求之间存在紧张关系,而且事实上还会造成固有必要共同诉讼适用概率降低和适用范围缩减的后果。

总之,对部分固有必要共同诉讼人拒绝起诉的程序规制,必须平衡起诉意愿积极者与消极者之间的紧张关系,尽早确定有关当事人适格与否的争议,发挥固有必要共同诉讼在一次性纠纷解决层面的制度优势。一是从程序保障上考虑,当事人适格系诉之合法性密切相关的诉讼要件,法院应当依职权调查,若认为应当成为共同诉讼人者未参加诉讼的,应当职权通知该非当事人,赋予其程序选择权,是否申请参加而成为共同原告。二是从当事人间的协力义务考虑,共同诉讼原告可以向法院提出申请追加拒绝起诉者,在赋予未起诉者充分抗辩和陈述机会之基础上,经法院审查认为追加为共同原告有正当理由的,可以裁定追加。三是从程序效率上考虑,采用较为宽松的外观形式标准考量固有必要共同诉讼人间的诉讼合意,如在共同共有财产分割诉讼中,对不愿意参加诉讼但又不愿意放弃实体权利的共有人,法院根据职权调查结果并发出相应的职权通知时,若其不明确表示反对,则将已起诉或进入程序的共同诉讼原告解释为不愿意参加诉讼共有人的诉讼担当人或诉讼代理人,以保障固有必要共同诉讼当事人适格。

二、类似必要共同诉讼的特殊审理规则

作为一种必要共同诉讼的典型类型,类似必要共同诉讼却无"共同诉讼必要性"之正当当事人的严格要求,以具有独立诉讼实施权之复数当事人选择共同起诉或被诉时,才有"合一确定必要性"和"共同诉讼必要性"构成要素的完整满足。因此,以"合一确定必要性"之程序保障为核心,类似必要共同诉讼审理规则特殊

---

❶ 如我国台湾地区实务部门认为,在共同共有关系诉讼中,若部分共同共有人起诉时,无须再将处分行为人以外之其他共同共有人列为原告,只需认定其诉讼标的对于共同诉讼人之各人是否必须合一确定,无需认定其诉讼究竟为固有必要共同诉讼还是类似必要共同诉讼,仅明确部分共同共有人的起诉是否为当事人适格与否即可。

性考量,主要涉及两方面的问题,一是类似必要共同诉讼确定判决的既判力是否及于其他并未成为诉讼上当事人之共同诉讼人?二是由于确定判决既判力对全体共同诉讼人的拘束作用,对其他未参诉的共同诉讼人之程序保障问题?

(一)类似必要共同诉讼确定判决的既判力

"合一确定"仅是一种在裁判内容与裁判时间上的双重一致性法律效果要求,并非意味着对部分共同诉讼人的类似必要共同诉讼确定判决效力一定会扩张及于他人。目前,诉讼法理论上关于部分类似必要共同诉讼人起诉或被诉时,确定判决的既判力是否及于其他未成为诉讼上当事人问题上存在以下分歧:一是既判力片面扩张论。该说认为仅当类似必要共同诉讼的胜诉裁判才具有扩张及于其他未参加诉讼的共同诉讼人的片面扩张效力。[1]以债权人代位权诉讼为例,复数诉讼当事人间诉讼标的均为债务人对于次债务人之次债权请求权,其"合一确定必要性"要求在数债权人之间不得对该次债权之存否为相异判决。败诉确定判决确认了次债权不存在,但该败诉判决的既判力只在提起诉讼的部分债权人与次债务人之间产生,其他债权人仍可以该次债务人为被告就次债权之存否提起代位诉讼。我国台湾地区实务部门在宣告股东会决议无效的案例中指出,宣告股东会决议无效案件的诉讼标的系原告变动决议法律效力的形成权,法院的败诉确定判决实质上是确认原告形成权不存在,该判决的形成力对未作为本诉原告的股东不生效力,其可以依据其本人之形成权而针对该股东会决议效力再次提出相同的诉请;反之,若部分原告所提出的宣告股东会决议无效之诉获法院肯定性判决,该胜诉确定判决除有确认原告形成权存在之既判力,同时还具有确认股东会决议无效的形成力。即使未为确定判决诉讼的原告,该股东的形成权也因胜诉形成判决而消灭,不得再以相同理由提出诉讼。二是既判力全面扩张论。该说认为,无论判决结果胜诉或败诉,类似必要共同诉讼确定判决的既判力全面地扩张及于全体必要共同诉讼人。如根据《德国民事诉讼法》第856条第4项的规定,某一债权人以《德国民事诉讼法》第853条至第855条的规定为据,对第三债务人提起请求履行义务的诉讼时,无论判决胜败,其既判力及于全体债权人。又如根据《德国民事诉讼法》第327条规定,对遗嘱执行人和继承人

---

[1] 李淑明.民事诉讼法(第二册)[M].台北:元照出版有限公司,2019:375.

针对第三人侵害遗产权利可以独立或共同提起诉讼,性质上属于类似必要共同诉讼,法院在遗嘱执行人管理财产范围内所作出的确定判决,无论遗嘱执行人胜诉还是败诉,均对继承人发生法律效力。❶

单纯就两种理论观点的比较而言,既判力全面扩张论有利于实现裁判一致性和纠纷统一解决,也可有效地避免当事人就同一纠纷反复地提出诉讼,但其最大的缺陷在于,无论是于己有利的胜诉判决还是于己不利的败诉判决,未参加诉讼的共同诉讼人在未获得充分程序保障的前提下,都必须承受他人诉讼的判决结果,有违既判力的正当性基础。既判力片面扩张说,虽然能避免败诉裁判给未参加诉讼的共同诉讼人产生的实质利益影响而有其合理性,但不利于纠纷的一次性解决和诉讼经济的价值维护。如因共同共有财产被第三人无权占有涉讼时,若持既判力片面扩张说,可能会促使共有人一方选择轮流起诉的诉讼策略,以提高胜诉的可能性,但却将被告当事人频繁地拖入诉讼泥潭而增加其诉讼成本和相应负担。此外,从既判力片面扩张说所举具体案件的理由阐释来看,类似必要共同诉讼胜诉判决之效力扩张的实质内容,并不是其"既判力"扩张,而是因为该胜诉确定判决同时还具有形成力的对世效,会对其他未起诉的共同诉讼人的权利义务关系产生实质性影响。

整体而言,类似必要共同诉讼确定判决的既判力问题,既要考虑到前述两种理论观点的价值与缺陷,同时还要注意到,由于"合一确定必要性"判断标准的不同理解,会导致对"合一确定"与"判决既判力扩张"二者关系的不同认识。类似必要共同诉讼确定判决既判力的讨论,就必须首先确定类似必要共同诉讼的判断基准,才可能在解释上形成体系融洽。在以"既判力"为中间工具的诉讼法上合一确定理论下,只有当单独诉讼的既判力及于他人时才能认定为有合一确定必要性。相应地,无论胜诉或者败诉,对部分类似必要共同诉讼人的确定判决,其既判力都及于其他未参加诉讼的共同诉讼人。因此,在"诉讼法上的合一确定"判断基准之体系下,类似必要共同诉讼确定判决既判力的主观范围,原则上应当坚持全面扩张及于未参加诉讼的共同诉讼人。同时,通过赋予未参加诉讼

---

❶ 反对意见认为,在遗嘱执行人和继承人共同提起的诉讼中,遗嘱执行人是继承人的诉讼担当人这一观点出发,并不属于既判力扩张。参见罗森贝克,施瓦布,戈特瓦尔.德国民事诉讼法(上)[M].李大雪,译.北京:中国法制出版社,2007:1179.

的共同诉讼人之更充分程序保障,充实对未参加诉讼的共同诉讼人之既判力全面扩张的正当性依据。

(二)类似必要共同诉讼人的程序保障

类似必要共同诉讼人之程序保障,应当兼顾类似必要共同诉讼之一次性纠纷解决的功能发挥,充实类似必要共同诉讼确定判决既判力全面扩张基础的正当性,一方面要尽量保证类似必要共同诉讼人利用司法资源而亲自参与诉讼的机会,另一方面要赋予其未能参与诉讼时的救济机会。从诉讼程序展开的顺序性来看,就必须从类似必要共同诉讼确定判决作出之前和作出之后两方面,考虑对未参加诉讼的类似必要共同诉讼人的程序保障。

第一,事前程序保障。"使纷争事件有关之人为诉讼之参与,一般而言为最佳之兼顾程序保障及纷争解决一次性需求之方式"。❶为保障未为当事人的类似必要共同诉讼人充分参与诉讼程序的机会,应当在诉讼系属之后且确定判决作出之前,让未参加诉讼的类似必要共同诉讼人了解诉讼进行的相应情况,并让其根据自愿选择是否加入已进行的诉讼程序。大陆法系立法例规范诉讼系属后类似必要共同诉讼人参加诉讼的程序规则,主要是共同诉讼参加制度。❷未参加诉讼的类似必要共同诉讼人可以向法院提出申请,表明其与本诉有合一确定必要,参加到已诉讼系属的案件中。但对于加入诉讼后的诉讼地位,通说认为,通过共同诉讼参加方式在本诉成立后才加入的类似必要共同诉讼人,视为当事人,具有类

---

❶ 许士宦.民事诉讼理论之新展开[M].北京:北京大学出版社,2008:272.

❷ 相关文献对不同民事诉讼立法例上关于"诉讼标的对于参加人与其所辅助之当事人必须合一确定者,以辅助参加方式介入被参加人与对方当事人间的诉讼"规定之制度名称概括,存在着不同认识。如丁启明所译《德国民事诉讼法》使用"共同诉讼的辅助参加"术语,而我国台湾地区有关规范文本和曹云吉所译《日本民事诉讼法》使用"共同诉讼参加"的术语。在我国台湾地区民事诉讼学理上还存在着独立参加、独立从参加、特种参加等术语。另有观点认为,共同诉讼辅助参加是指就诉讼标的欠缺当事人适格,而无法为共同诉讼参加者,如当事人间诉讼判决的既判力及于第三人时,应允许其辅助参加,但因具有非适格当事人而为既判力所及,与明文规定的辅助参加不同,属于介于辅助参加与共同诉讼参加中间位置,称为"共同诉讼辅助参加"。本书为行文方便,将统一使用"共同诉讼参加"来表示大陆法系《德国民事诉讼法》第69条、《日本民事诉讼法》第55条规定的诉讼系属后类似必要共同诉讼人参加诉讼的制度;将《德国民事诉讼法》第72条、《日本民事诉讼法》第53条及我国台湾地区有关规定的制度内容概括为诉讼告知制度。

似必要共同诉讼人的诉讼地位。反对观点认为,即使诉讼标的要件满足"必须合一确定"的要求,但在本诉成立后的共同诉讼参加的类似必要共同诉讼人,其诉讼参加的本质并未改变,而且与典型的类似必要共同诉讼有差别,不能通过参加而成为共同诉讼人,仅具有诉讼参加性质。❶因此,即使诉讼系属后未参加诉讼的类似必要共同诉讼人参加诉讼的,也不能视为主诉讼的当事人,类似必要共同诉讼判决不能对参加者产生既判力,仅能在参加人与其辅助的被参加人之间产生参加效。❷

我国《民事诉讼法》虽然在类型上并未明确类似必要共同诉讼,但是肯定了未参加诉讼的必要共同诉讼人可以主动申请参加和法院职权通知参加的制度。在必要共同诉讼三分法类型体系建构的基础上,仍然适用职权追加制度于类似必要共同诉讼中,其规则缺陷毋庸置疑。大陆法系诉讼告知制度的最大特点在于,通过告知主体的多元化设计,既满足了对未成为当事人的必要共同诉讼人之信息通知,又充分考虑了受告知主体在是否共同诉讼问题上的程序选择权,赋予了受通知人充分的程序保障,还兼顾和平衡了纠纷一次性解决的价值追求与类似必要共同诉讼既判力扩张的正当性需要。

具体而言,借鉴诉讼告知制度完善类似必要共同诉讼人的程序保障,充实类似必要共同诉讼人参与诉讼机会,我国诉讼告知制度的基本内容包括:(1)告知主体。明确当事人诉讼告知与法院职权告知二元主体。以保护告知主体利益为中心的当事人告知诉讼制度下,诉讼告知是一项当事人权利,若当事人为其自我利益的判断选择不告知第三人才为更好的诉讼策略时,第三人就可能无法知晓已进行的诉讼而申请加入诉讼程序,这不利于一次性纠纷解决的诉讼功能发挥。如在共同共有财产被第三人无权占有涉讼时,各共有人单独起诉会是共有人一方提高胜诉可能性的诉讼策略,无权占有人要确保自己胜诉效果的最佳方式,应是将全体共同共有人均纳入诉讼中,但其作为相对方当事人无权适用诉讼告知。因此,调和"第三人和当事人利益保护"与"纠纷一次性解决"的关系,❸类似必要共同诉讼人参与诉讼的程序保障机会充实,同时设置经法院裁量的职权告知制

---

❶ 姚瑞光.民事诉讼法论[M].台北:三民出版有限公司,2012:121.
❷ 李淑明.民事诉讼法(第二册)[M].台北:元照出版有限公司,2018:437.
❸ 许士宦.民事诉讼理论之新展开[M].北京:北京大学出版社,2008:280.

度。(2)职权诉讼告知适用的范围。诉讼告知主体的二元框架下,合理处理诉讼告知与职权告知的关系,尊重当事人的程序处分权,法院为职权告知就必须根据案件审理情况需要作出,在程序适用上应当将是否告知纳入"应当释明"的范围,尽量通过询问或向已提诉的当事人释明的方式,将全体类似必要共同诉讼人纳入同一诉讼程序审理。但法院在作出职权告知前,应当综合平衡考虑,并以当事人自行考量"为诉讼告知以确保其实体法上地位"和"不为诉讼告知以避免第三人加入诉讼所伴随之程序上不利益"之利益平衡,裁量决定是否进行职权诉讼告知为最优选择。❶(3)明确受诉讼告知后的类似必要共同诉讼人参加诉讼的责任。原则上应当肯定类似必要共同诉讼人受诉讼告知后,是否参与诉讼程序的选择权,但从纠纷一次性解决和既判力扩张正当性基础强化的视角,平衡参加诉讼与不参加诉讼之利益,其他共同诉讼人通过实质参与诉讼维护自己权益的利益,总体上大于不参加诉讼的利益。因此,应强化类似必要共同诉讼人参加诉讼之协力义务。同时,根据类似必要共同诉讼确定判决的既判力扩张规则,若类似必要共同诉讼人受诉讼告知后,即使仍选择不参加诉讼,同样会产生既判力扩张的效果,这将倒逼受诉讼告知的类似必要共同诉讼人积极参诉。

第二,事后程序保障。类似必要共同诉讼人的事后程序保障,主要是指若因不可归责于未起诉的类似必要共同诉讼人之原因,如当事人未为诉讼告知且法院也未能职权通知时,部分类似必要共同诉讼人未能参与诉讼程序或无从知晓诉讼系属时,为避免类似必要共同诉讼败诉确定判决的既判力对未参与诉讼程序的部分类似必要共同诉讼人的不利影响,应当赋予该类似必要共同诉讼人对于己不利判决的救济机会。就我国现行的第三人权益保障体系来看,未参与诉讼的类似必要共同诉讼人不属于原审遗漏必须参与诉讼的当事人,无法适用再审程序救济;同时,因为类似必要共同诉讼判决既判力全面扩张而无法另行起诉。而案外人执行异议之诉仅能适用于执行程序,又限制了对类似必要共同诉讼人的可能程序救济阶段。

综合考虑各事后程序保障机制与相关制度的关系,以撤销他人间诉讼的错

---

❶ 陈计男.第三人诉讼参与之研讨[M]//民事诉讼法之研讨(四).台北:元照出版有限公司,1993:769.

误裁判为宗旨的第三人撤销之诉制度,应为最优方案选择。[1]最大的问题可能在于,现行第三人撤销之诉制度将适格原告与第三人诉讼的适格当事人捆绑在一起规定,对《民事诉讼法》第59条第3款的文义解释表明,第三人撤销之诉的适格原告无法涵盖类似必要共同诉讼人。2012年《民事诉讼法》修正时第三人撤销制度的增设,以规制虚假诉讼为基本出发点,[2]其制度价值的真正必要性体现在,突破既判力主观范围相对性原则,承认确定判决既判力向第三人扩张,但第三人已无法通过另诉的方式维护自己合法权益,需要赋予第三人提起撤销原诉讼判决的程序机会,以维护自己的实体权益。即第三人撤销之诉具有追求实质正义与程序保障之双重目的,其性质应属于事后性特殊救济程序,本质上应当属于再审救济的范畴。[3]从对第三人撤销之诉的制度目的和制度性质角度来看,透过扩张性解释,赋予类似必要共同诉讼人提起第三人撤销之诉适格原告资格,其合理性在于:首先,从第三人撤销之诉"事后性特殊救济"的制度性质出发,第三人撤销之诉适格原告的判断,关键不在于其在原诉讼中应然的当事人地位,第三人撤销之诉中的"第三人"的实质是强调未参加原诉讼,是有事后救济必要性的"原诉讼的案外人"。其次,第三人撤销之诉的制度功能虽然侧重于为"原诉讼的案外人"提供参与诉讼的事后救济机会,不能归责于自己原因未参加原诉讼的类似必要共同诉讼人,通过此特殊的事后救济程序获得再一次亲自参与诉讼程序的机会,以自己的名义实施可能影响诉讼结果的诉讼行为,可以实现维护类似必要共同诉讼人合法权益的实质正义和充实对该类似必要共同诉讼人程序保障的双重目的。由此,第三人撤销之诉的适格原告不应限于我国《民事诉讼法》第59条规定的第三人参加诉讼制度中两种类型的第三人,还可以包括未参加原诉讼但又无法启动原案再审之诉或另行提起诉讼来维护自己合法权益的类似必要共同诉讼人。

---

[1] 诉讼法学界主流学说认为,第三人撤销之诉适格原告的立法方式和制度规定,将导致司法实践中第三人撤销之诉的适用困难而批评较多。参见刘君博.第三人撤销之诉原告适格问题研究:现行规范真的无法适用吗?[J].中外法学,2014(1):259;王亚新.第三人撤销之诉原告适格的再考察[J].法学研究,2014(6):132;吴泽勇.第三人撤销之诉的原告适格[J].法学研究,2014(3):148.

[2] 全国人大常委会法制工作委员会民法室编.中华人民共和国民事诉讼法条文说明、立法理由及相关规定(2012)修订版[M].北京:北京大学出版社,2012:86.

[3] 张卫平.中国第三人撤销之诉的制度构成与适用[J].中外法学,2013(1):170.

三、争点共通型必要共同诉讼的特殊审理规则

争点共通型必要共同诉讼中,因复数诉讼标的间因具有共通性前提(基础)法律关系,在涉及该共通法律关系存在与否的共通争点判断层面具有合一确定必要性,合一确定的范围并不是完整的诉讼标的层面之合一确定,仅因两诉争议的实体法律关系间具有先决性关系或前提关系,为实现纠纷的统一解决和避免矛盾裁判,需对两个诉讼标的间具有共通性的问题予以合一确定,将性质不同的复数诉讼标的纳入同一诉讼程序审理。因此,从争点共通型必要共同诉讼构成要素的特殊性和合一确定范围的不完整性来看,其审理程序的特殊性需要考虑以下问题,一是如何确定具有共通前提法律关系的复数诉讼标的间应当合一确定的共通争点?二是争点共通型必要共同诉讼人的追加方式?三是基于争点共通性必要共同诉讼合一确定范围的限制,在诉讼进行统一规则与裁判资料统一规则上的特殊性?

(一)共通争点的判断程序

由于共通争点对判断复数诉讼标的间的共通性前提法律关系具有重要意义,所以共通争点必须由法院与双方当事人在程序保障的前提下共同特定化。固定共通争点的最佳程序应当是争点整理程序,为充分赋予各共同诉讼人充分的程序保障,在争点整理程序已固定本案争点的基础上,法院再根据共通争点的识别要素,判断该争点是否是对复数诉讼标的间的共通前提法律关系具有重要意义而有合一确定必要性的共通争点。作为一种集中审理主义的产物,庭审中心主义要求当事人的事实主张与争点整理,经法官和当事人相互协助,必须在审前准备程序阶段完成。❶理想的争点整理程序中,通过法官的释明与引导,可以让当事人将所有攻击防御方法在双方间充分地展示公开,不仅在审前阶段实现争点的归纳与整理,并有效地约束当事人和法院,使得审理阶段围绕争点充分展开辩论。在民事诉讼程序环节的法定流程中,既能实现程序保障,又能高效整理争点的准备程序应当是附加准备功能的口头辩论期日。❷虽然我国现行民事审

---

❶ 赵泽君.民事争点整理程序研究——以我国审前准备程序的现状与改革为背景[M].北京:中国检察出版社,2010:33.

❷ 段文波.我国民事自认的非约束性及其修正[J].法学研究,2020(1):117.

前程序的争点整理功能并不完全满足理想民事诉讼制度的要求,但透过《民事诉讼法》第136条和《民诉法解释》第225条、第226条、第228条的细化,法院审前准备阶段可资利用的争点整理制度工具越来越多样化,答辩期满后的证据交换、庭前会议等方式能满足争点整理的基本需要。当然,更深层次推进我国民事诉讼审前程序的改革与完善,应当强化庭前会议制度的争点固定功能,可以考虑赋予庭前会议笔录法定效力或者制作法院裁定方式,❶将当事人间的争议焦点予以固定化和法定化,提高庭前会议对庭审程序的拘束作用。

(二)争点共通型必要共同诉讼中合一确定规则的特殊适用

争点共通型必要共同诉讼合一确定之范围与典型必要共同诉讼之合一确定要求有相当程度上差异。因此,完整的合一确定实现程序所要求的诉讼进行统一与裁判资料统一审理规则之适用就不得一概而论,原则上仅限于对共通前提法律关系的判断层面,并且应当根据诉讼中判断共通争点具体情形的需要,平衡考量合一确定是否会对其他共同诉讼人产生程序利益或实体利益的影响而动态适用。具体而言,为实现共通争点的合一确定,在诉讼进行与裁判资料两方面,争点共通型必要共同诉讼的审理程序有以下几个问题值得探讨。

第一,争点共通型必要共同诉讼的当事人确定。争点共通型必要共同诉讼中复数诉讼标的有其各自独立的事实基础,请求权人对数个债务人也各自享有不同性质的请求权,在实体法上可能涵摄出相异的请求权基础。因此,原告的诉讼策略安排具有较类似必要共同诉讼更大的选择空间,无论是诉讼标的还是对方当事人的确定上,原告都享有程序选择自由。如在连带保证责任纠纷中,原告可以选择以主债权债务纠纷起诉主债务人,也可以选择以保证合同纠纷起诉保证责任人,还可以选择将主债务人与连带保证人作为共同被告。但各请求权之间存在着紧密程度有层次差异的相互牵连关系,因而可能存在某些共通的事实基础,为避免矛盾裁判和实现一次性纠纷解决,实现对共通争点事项的合一确定,应尽量将复数债务人纳入同一诉讼程序。若原告仅选择起诉部分共同诉讼人时,在程序操作层面,就可以考虑以下几种程序处理方式:(1)将是否追加其他

---

❶ 笔录是记录诉讼活动有关程序性事项和实质性事项的法定文书,目前我国仅有关于庭审笔录之规定,有学者主张庭审笔录法定化以防止庭审空洞化。因此,可以借鉴庭审笔录以强化庭前会议功能的真正实现。参见张卫平.论庭审笔录的法定化[J].中外法学,2015(4):903.

责任主体为共同被告纳入"可以释明"的范畴,❶赋予法院根据共通争点判断的需要,裁量决定是否向当事人释明追加其他利害关系人为共同被告。❷如在一般保证责任案件中,若当事人仅选择起诉补充责任人时,可以向其释明因先诉抗辩权规则及其执行规则,尽量地激励当事人通过一次诉讼程序解决关联纠纷,让其选择追加起诉主要债务人为共同被告。值得注意的是,《最高人民法院关于适用〈中华人民共和国民法典〉有关担保制度的解释》第26条改变了《民诉法解释》第66条关于一般保证责任纠纷中的当事人资格规则,规定法院应在原告选择单独起诉一般保证人的场合以裁定驳回起诉,但体系化地分析第一款对一般保证人单独被告诉讼形态的否定和第二款对共同被告诉讼形态的肯定观点,在实质上也会产生一般保证责任共同被告的制度倒逼效应,促使债权人在起诉之初就将主债务人与一般保证人作为共同被告的诉讼策略安排,从而催生出争点共通型必要共同诉讼的更大实践可能性。(2)借鉴和改良美国法上的交叉请求规则,赋予本诉的被告引进共同被告的权利。❸在不真正连带责任案件中,若债权人仅选择起诉中间责任人时,法院可以向当事人释明是否在本诉中一并行使追偿权而引入最终责任人;若被告申请追加共同被告,同时还应征求原告的意见,仅当原告不作反对的意思表示时,最终责任人才可以作为共同被告参与法院审理,以使牵连性前提法律关系所涉的共通争点合一确定,并更为彻底地解决纠纷。有必要说明的是,因为并非被告以诉的方式向最终责任人提出责任追偿请求,加之原告程序异议权,并未形成三角诉讼形态,实质上仍为共同诉讼。❹(3)若原告选择分别起诉各债务人时,还可以考虑对《民诉法解释》第221条规定"基于同一事实发生的纠纷"予以目的性扩张解释,为实现一次性纠纷解决的效率要求,在满足

---

❶ 从释明对象与范围而言,可以将释明的边界类型化"应当释明"和"可以释明"两种类型。参见任重. 我国民事诉讼释明边界问题研究[J]. 中国法学,2018(6):217.

❷ 现代民事诉讼学理的基本共识多强调释明之义务与职责性质。参见王杏飞. 释明的具体化——兼评《买卖合同解释》第27条[J]. 中国法学,2014(3):269.

❸ 交叉请求规则是指根据《美国联邦民事诉讼规则》第13条(g)款规定,基于同一交易或事件,被告可以向共同被告提出诉讼,请求其就原告所提出诉讼请求承担部分或部分责任。请参见[美]理查德·D. 弗里尔. 美国民事诉讼法[M]. 张利民,等译. 北京:商务印书馆,2013:787.

❹ 有观点认为在求偿关系下形成了三角诉讼形态,而致使诉讼结构更为复杂发生不必要困难而反对。参见黄国昌. 民事诉讼理论之新开展[M]. 北京:北京大学出版社,2008:283.

具有共通前提法律关系的争点共通型必要共同诉讼之情形下,限缩法院合并审理与否的程序裁量权,通过强制性的合并审理实现共通争点的合一确定。

第二,部分争点共通型必要共同诉讼人的自认效力。"协商一致"是我国裁判资料统一规则对处理必要共同诉讼人中一人自认行为效力的原则性程序要求。但是,争点共通型必要共同诉讼的合一确定范围限于对共通前提法律关系范围,而共通前提法律关系的构成及其特定化以具体法律事实为基础。因此,协商一致原则仅是在共通前提法律关系判断具有重要意义的事实范围内适用,除此以外的其他事项,则对各共同诉讼人分别判断。以连带责任案件为例,尽管是连带责任人中一人所生的抵销、免除、时效等抗辩事项,也会因连带责任产生原因的同一性而影响连带责任本身的成立基础,对全体连带责任人发生绝对效力。因此,在影响连带责任共通前提法律关系的范围内有裁判资料统一的需要。但是,除此以外的并不涉及共通前提法律关系范围的事项,而是基于连带责任人个人关系的事项,如某一连带责任人系受胁迫而订立债务契约,或者某一连带责任人系不具有民事行为能力等情形,应按普通共同诉讼人间的独立原则处理,法院应对各连带债务人分别裁判。总之,部分争点共通型必要共同诉讼人的自认行为效力,应当根据其自认内容是否为涉及共通争点的合一确定范围而具体判断。

第三,争点共通型必要共同诉讼人之一人上诉的行为效力。诉讼进行统一规则要求根据"有利原则"判断必要共同诉讼人中之一人上诉效力,仅在该诉讼行为于全体共同诉讼人有利时才生整体效力,而且应当根据行为当时之内容从形式上予以判断。但是,争点共通型必要共同诉讼的部分共同被告因法院败诉判决提起上诉,是否也适用"有利原则"值得区分对待。以连带保证责任案件为例,若债权人对主债务人与连带保证人同时提起诉讼,在诉讼进行中主债务人与连带保证人均对主债权债务法律关系是否存在提出争议,如主债务人主张债权人并未实际交付借款或者主债务人主张已经清偿,但经法院审理后判决债权人胜诉,主债务人与保证人承担返还欠款的连带责任。主债务人随即对该一审判决提起上诉,但保证人并未也不意欲提起上诉时,若其上诉效力不及于保证人,一审判决则对保证人生效,债权人获得对保证人之强制执行请求权。此时,若二审程序中法院改判主债务人胜诉,那么就会导致法律关系混乱的局面。因此,主债务人单独上诉的效力也应当及于未主动提出上诉的保证人。相反,若保证人不服一审判决而提起上诉,但主债务人并未也不意欲提起上诉时,因主债务人系最终责任人,无论二审胜败,主债务人责任确定地存在,而且其对保证人无追偿权。那么,保证人的上诉就不产生一审判决整体移审的效力,二审法院的审理范围限于保证债务是否存在的判断,主债务人就可以不作为二审上诉人参加二审程序。总言之,争点共通型必要共同诉讼人之一人上诉的行为效力需要根据上诉是否涉及共同前提法律关系、上诉是否会影响其他共同诉讼人之实体与程序利益而具体判断。

第四,争点共通型必要共同诉讼的裁判方式。当债权人基于不同的请求权基础选择将可能承担责任的数债务人一并作为被告起诉时,该类型的必要共同诉讼实际上包含着两重诉讼结构,一是债权人与债务人之外部关系,二是数债务人基于多数人债务承担规则的内部分担关系。因此,实现彻底的纠纷解决,法院裁判需要关照到外部责任承担关系和内部责任分担关系,既需要明确债权人之权利内容,又要厘清多数债务人间责任承担的顺序与份额。《最高人民法院关于适用〈中华人民共和国民法典〉有关担保制度的解释》第26条规定了一般保证责任案件法院裁判方式,特色之处在于判决主文必须明确表达保证责任履行的后顺位和补充性规则。应当肯定的是,该裁判方式既保障了债权人在权利救济对象选择上的自由,也避免了法院在解决补充责任纠纷时的随意性,判决内容的明确也更有利于执行,是为一种较为合理的制度安排。该裁判方式规则的基本理念应在争点共通型必要共同诉讼适用领域内作更为一般性的扩大适用。以不真正连带责任案件的裁判为例,中间责任人与终局责任人的责任承担实际上处于不同的债务履行层次,但若当事人选择将二者作为争点共通型必要共同诉讼被告而一并起诉时,法院判决主文中应参考补充责任的判决方式,也明确各债务主体的履行顺位和承担份额。如个人提供劳务受害责任案件中,为避免提供劳务者基于不真正连带责任的连带性本质,在执行程序中对第三人和接受劳务一方的选择任意性,降低了争点共通型必要共同诉讼彻底解决纠纷的功能实现,可以考虑借鉴补充责任的执行顺序规则,法院判决主文首先应当根据第三人和接受劳务一方的过错程度,确定各自应当承担的责任份额,同时,在对外层面明确第三人作为最终责任人的首位责任履行顺序和接受劳务一方的补充性顺序,以使得执行名义的内容具有更清晰的可操作性。

结　　语

　　必要共同诉讼类型化研究的核心是类型划分标准厘定基础上的类型归整，重点是必要共同诉讼理论类型的体系重构，旨在实现必要共同诉讼类型的正确适用和必要共同诉讼审理程序规则的科学设计。其中，类型划分标准的确定和类型体系的重构，涉及诉讼标的和既判力等程序法基础理论；必要共同诉讼审理程序一般规律与不同类型必要共同诉讼程序特殊规则的制度架构，又关系着民事诉讼程序实践的有序推进；必要共同诉讼类型的正确识别与适用，还与民事责任形态尤其是多数人债务承担规则等实体问题密切相关。因此，必要共同诉讼类型化问题，可谓是集中体现理论性与实践性特色兼具、诉讼法与程序法交错领域的典型命题。衔接实体法与程序法两个视角维度，运用类型化思维思考必要共同诉讼的具体类型形态，重视实体法上复数权利义务主体间实体法律关系的复杂性，应当层次性地认识必要共同诉讼的类型化基准，建构"必要共同诉讼类型轴"作为类型化的思考工具，动态观察"合一确定必要性"和"共同诉讼必要性"两项类型化基准要素之具体内涵，正视类型化基准要素在实际案件中呈现出的强弱变量关系，承认作为诉讼标的之实体权利义务关系不同一但具有共通前提（基础）法律关系情形下，对涉及该共通前提（基础）法律关系存否的共通争点判断层面有合一确定必要的非典型必要共同诉讼类型存在，重构具有理论正当性与实践解释力的必要共同诉讼三分法类型体系，包括"固有的必要共同诉讼""类似的必要共同诉讼"和"争点共通型必要共同诉讼"三种类型。与此同时，还应整体思考不同类型必要共同诉讼中各共同诉讼人在诉讼上的关系及程序进行方式，修正程序主体地位独立原则，适用必要共同诉讼人间诉讼行为相互牵制规则，具体化"诉讼进行统一"与"裁判资料统一"审理规则的内涵，精细"整齐划一"的程序展开方式在特定类型必要共同诉讼中的差异化适用。

　　必要共同诉讼突破了单一原告对单一被告之传统诉讼结构的限制，将多数当事人间纠纷合并在同一诉讼程序中审理,既扩大了民事诉讼的纠纷解决功能,又有助于避免法院矛盾裁判而影响司法公信之风险,作为民事诉讼法对现代社会解决复杂纠纷之程序需求的制度回应,是复杂民事诉讼形态的重要制度组成。因此,以"合一确定"作为必要共同诉讼本质特征的认识背景下,于必要共同诉讼的理论研究层面,深刻地理解必要共同诉讼的制度构成,还须将其置于复杂民事诉讼形态体系中,合理地界分其与普通共同诉讼制度、第三人制度的边界范围,动态地观察"合一确定"在其他复杂民事诉讼形态中成立的可能性与差异性,在既区别又联系的基础上形成复杂民事诉讼形态的体系化阐释。于必要共同诉讼的实践运用层面,在现代民事诉讼追求诉讼经济价值提升的现实背景下,还需要进一步研究各类型必要共同诉讼的具体司法适用,尤其是与多数人债务体系的民事实体法规定相结合,分析特定临界案件中必要共同诉讼与诉的合并审理制度、追加当事人规则之间在程序适用上的相互关系,以及争点共通型必要共同诉讼人与第三人之转化适用的可能性,在彰显必要共同诉讼特定制度功能的同时,合理改革我国第三人制度,以提升复杂诉讼形态体系的实践价值,充分实现复杂诉讼形态体系担负的一次性纠纷解决之共同制度使命。本书关于类型化思维视角下的必要共同诉讼研究,仅是触及了必要共同诉讼制度体系化研究的一个细微横截面,揭开了博大精深的复杂诉讼形态理论之冰山一角,无论是研究方法还是研究内容、研究深度与研究广度层面都还有极大的拓展空间,这将作为笔者未来继续研习民事诉讼法的努力方向!

参考文献

一、中文参考文献

[1] 奥特马·尧厄尼希. 民事诉讼法[M]. 二十七版. 周翠, 译. 北京: 法律出版社, 2003.

[2] 曹云吉. 多数人诉讼形态的理论框架[J]. 比较法研究, 2020(1).

[3] 柴发邦, 刘家兴, 江伟. 民事诉讼法通论[M]. 北京: 法律出版社, 1982.

[4] 常怡. 比较民事诉讼法[M]. 北京: 中国政法大学出版社, 2002.

[5] 常怡. 民事诉讼法学[M]. 三版. 北京: 中国政法大学出版社, 1999.

[6] 陈冠中. 民事诉讼法上共同诉讼人间之合一确定[D]. 台北: 台湾大学, 2017.

[7] 陈杭平. 诉讼标的理论的新范式——"相对化"与我国民事审判实务[J]. 法学研究, 2016(4).

[8] 陈计男. 第三人诉讼参与之研讨[M]//民事诉讼法之研讨(四). 台北: 元照出版社, 1993.

[9] 陈计男. 民事诉讼法论(上)[M]. 台北: 三民出版社, 1992.

[10] 陈鸣. 论股东补充责任的诉讼形态[M]//东南司法评论. 厦门: 厦门大学出版社, 2019.

[11] 陈荣宗, 林庆苗. 民事诉讼法(修订第八版)[M]. 台北: 三民书局股份有限公司, 2016.

[12] 陈瑞华. 论法学研究方法[M]. 北京: 法律出版社, 2018.

[13] 陈苇. 婚姻家庭继承法学[M]. 北京: 中国政法大学出版社, 2011.

[14] 陈玮佑. 论继承债权之诉讼上请求[J]. 月旦法学杂志, 2016(254).

[15] 陈玮佑. 诉讼标的概念与重复起诉禁止原则——从德国法对诉讼标的概念的反省谈起[J]. 政法大学评论, 2012(127).

[16] 陈忠将. 多数债务人间求偿关系之法律问题研究——以德国民法为中心之探讨[J]. 东吴法律学报, 2007(4).

[17]陈忠五.论法国交通事故损害赔偿责任的成立要件——损害、牵连关系与归责关系研究[J].政大法学评论,2007(97).

[18]崔建远.物权:规范与学说——以中国物权法的解释论为中心[M].北京:清华大学出版社,2011.

[19]戴孟勇.连带责任制度论纲[J].法制与社会发展,2000(4).

[20]戴维·G.欧文.侵权法的哲学基础[M].张金海,译.北京:北京大学出版社,2016.

[21]德国民事诉讼法[M].丁启铭,译.厦门:厦门大学出版社,2016.

[22]段厚省.共同诉讼形态研究——以诉讼标的理论为方法[M]//陈光中,江伟.诉讼法论丛(第11卷).北京:法律出版社,2006.

[23]段厚省.民事诉讼标的与民法请求权之关系研究[J].上海交通大学学报(哲学社会科学版),2006(4).

[24]段文波.程序保障第三波的理论解析与制度安排[J].法制与社会发展,2015(2).

[25]段文波.当事人主义:对象、方法与程序[M]//张卫平.民事诉讼法研讨(一).厦门:厦门大学出版社,2016.

[26]段文波.德日必要共同诉讼合一确定概念的嬗变与启示[J].现代法学,2016(2).

[27]段文波.共有财产涉讼类型化析解[J].国家检察官学院学报,2016(2).

[28]段文波.我国民事自认的非约束性及其修正[J].法学研究,2020(1).

[29]多勃洛沃里斯基.苏维埃民事诉讼[M].李衍,译.北京:法律出版社,1985.

[30]法国新民事诉讼法典[M].罗结珍,译.北京:中国法制出版社,1999.

[31]傅郁林.改革开放四十年中国民事诉讼法学的发展——从研究对象与研究方法相互塑造的角度观察[J].中外法学,2018(6).

[32]高桥宏志.民事诉讼法——制度与理论的深层分析[M].林剑锋,译.北京:法律出版社,2003.

[33]高桥宏志.重点讲义民事诉讼法[M].张卫平,译.北京:法律出版社,2007.

[34]谷口安平.程序的正义与诉讼[M].王亚新,刘荣军,译.北京:中国政法大学出版社,2002.

[35]谷昔伟.论侵权行为不真正连带责任之适用类型及诉讼程序[J].法律适用,2018(10).

[36]郭辉.我国共同危险侵权诉讼程序补正[J].广西社会科学,2016(10).

[37]郭明瑞.补充责任、相应的补充责任与责任人的追偿权[J].烟台大学学报,2011(1).

[38]郭杏邨.民事诉讼法[M].台北:台湾商务印书馆,1995.

[39]哈里·韦斯特曼.德国民法基本概念[M].张定军,译.北京:中国人民大学出版社,2014.

[40]韩象乾.民事诉讼法教程[M].北京:煤炭工业出版社,1994.

[41]韩忠谟.法学绪论[M].台北:三民书局,1962.

[42]汉斯-约阿希姆·穆泽拉克.德国民事诉讼法基础教程[M].周翠,译.北京:中国政法大学出版社,2005.

[43]何文燕,廖永安.民事诉讼理论与改革的探索[M].北京:中国检察出版社,2002.

[44]胡学军.论共同诉讼与第三人参加诉讼制度的界分[J].环球法律评论,2018(1).

[45]胡震远.共同诉讼制度研究[M].上海:上海交通大学出版社,2000.

[46]胡震远.我国准必要共同诉讼制度的建构[J].法学,2009(1).

[47]黄国昌.必要共同诉讼之规律与固有必要共同诉讼[M]//共同诉讼.台北:元照出版有限公司,2016.

[48]黄国昌.共有物返还诉讼之再考——代表诉讼法理与事后程序保障参与之联结与交错[M]//民事诉讼理论之新开展.北京:北京大学出版社,2007.

[49]黄国昌.论命拒绝共同起诉人强制追加为原告之程序机制:由实证观点出发之考察与分析[J].台大法学论丛,2009(4).

[50]黄国昌.确认他人法律关系之存否之诉之当事人适格[J].月旦法学杂志,2006(39).

[51]黄卉.论法学通说[M]//北大法律评论.北京:法律出版社,2011.

[52]黄茂荣.法学方法与现代民法[M].北京:法律出版社,2007.

[53]黄茂荣.债之概念与债务契约[M].厦门:厦门大学出版社,2014.

[54]黄湧.民事审判争点归纳——技术分析与综合运用[M].北京:法律出版社,2016.

[55]江平.民法学[M].北京:中国政法大学出版社,2000.

[56]江伟,徐继军.民事诉讼标的新说——在中国的适用及相关制度保障[J].法律适用,2003(5).

[57]江伟.民事诉讼法学[M].北京:北京大学出版社,2015.

[58]江伟.民事诉讼法原理[M].中国人民大学出版社,1999.

[59]姜炳俊.共有物请求之诉讼[J].月旦法学杂志,2003(9).

[60]姜强.《侵权责任法》中连带责任、不真正连带责任及其诉讼程序[J].法律适用,2010(7).

[61]姜世明.民事诉讼法(下)[M].台北:新学林出版公司,2016.

[62]杰弗里·哈泽德,米歇尔·塔鲁伊.美国民事诉讼法导论[M].张茂,译.北京:中国政法大学出版社,1998.

[63]杰克·H.弗兰德泰尔.民事诉讼法[M].夏登峻,译.北京:中国政法大学出版社,2003.

[64]卡尔·拉伦茨.法学方法论[M].陈爱娥,译.北京:商务印书馆,2004.

[65]匡青松.不真正连带责任诉讼中若干实务问题探析[J].求索,2010(10).

[66]兰仁迅.我国必要共同诉讼类型再思考[J].华侨大学学报,2011(4).

[67]李龙.民事诉讼标的的基本概念和民事诉讼的基本理念[J].现代法学,1999(1).

[68]李木贵.民事诉讼法[M].台北:元照出版有限公司,2007.

[69]李淑明.民事诉讼法(第二册)[M].台北:元照出版有限公司,2019.

[70]李淑明.民事诉讼法(第四册)[M].台北:元照出版有限公司,2019.

[71]李秀清.日耳曼法概论[M].北京:商务印书馆,2005.

[72]李宜琛.日耳曼法概说[M].北京:中国政法大学出版社,2003.

[73]李引弟.共同诉讼目的[J].大众商务,2009(5).

[74]李中原.不真正连带债务理论的反思与更新[J].法学研究,2011(5).

[75]李中原.不真正连带债务与补充债务理论的梳理与重构[J].私法研究,2010(8).

[76]李中原.多数人之债的类型建构[J].法学研究,2019(2).

[77]李中原.共有之债的理论解析——《物权法》第102条之反思[J].江苏社会科学,2019(6).

[78]李中原.连带债务二分法的历史基础[J].私法研究,2013(14).

[79]李祖军.民事诉讼目的论[M].北京:法律出版社,2001.

[80]理查德·D.弗里尔.美国民事诉讼法[M].张利民,译.北京:商务印书馆,2013.

[81]梁开斌.论诉之牵连[M].北京:社会科学文献出版社,2021.

[82]梁梦迪.争点效之研究——扩大诉讼制度解决纷争功能与程序保障之平衡兼顾[D].台北:台湾大学,2012.

[83]廖永安.民事诉讼理论探索与程序整合[M].北京:中国法制出版社,2005.

[84]林诚二.准共同共有债权之请求[J].月旦裁判时报,2016(45).

[85]林剑锋.既判力相对性原则在我国制度化的现状与障碍[J].现代法学,2016(1).

[86]刘海安.侵权补充责任类型的反思与重定[J].政治与法律,2012(2).

[87]刘君博.第三人撤销之诉原告适格问题研究:现行规范真的无法适用吗?[J].中外法学,2014(1).

[88]刘明生.共同侵权行为之共同诉讼形态[J].月旦法学教室,2019(195).

[89]刘明生.民事诉讼法实例研习[M].台北:元照出版有限公司,2013.

[90]刘鹏飞.普通共同诉讼的权限分配与范围界定[J].法学论坛,2020(1).

[91]刘荣军.程序保障的理论视角[M].北京:法律出版社,1999.

[92]刘哲玮.确认之诉的限缩及其路径[J].中国法学,2018(1).

[93]卢佩.多数人侵权纠纷之共同诉讼类型研究[J].中外法学,2017(5).

[94]卢佩.判决效力视野下的诉讼主体制度——以交通事故侵权案件为例[J].社会科学辑刊,2021(1).

[95]卢正敏,齐树洁.连带债务共同诉讼关系之探讨[J].现代法学,2008(1).

[96]卢正敏.共同诉讼研究[M].北京:法律出版社,2011.

[97]罗森贝克,施瓦布,戈特瓦尔.德国民事诉讼法(上、下)[M].李大雪,译.北京:中国法制出版社,2007.

[98]罗恬漩.涉及共有财产权的共同诉讼形态[J].华东政法大学学报,2015(6).

[99]罗恬漩.数人侵权的共同诉讼问题研究[J].中外法学,2017(5).

[100]骆永家.判决理由中判断之拘束力[M]//既判力之研究.八版.台北:三民书局,1994.

[101]吕太郎.对立的共同诉讼人——民事诉讼法研究会第九十三次研讨纪录[J].法学丛刊,2016(203).

[102]吕太郎.连带债务之判决效力及相关问题[M]//民事诉讼法之研讨(十一).台北:元照出版有限公司,2003.

[103]吕太郎.民事诉讼法(修订第二版)[M].台北:元照出版有限公司,2018.

[104]潘剑锋.民事诉讼法原理[M].北京:北京大学出版社,2001.

[105]彭熙海.论连带责任案件的诉讼形式[J].法学评论,2012(3).

[106]棚濑孝雄.纠纷的解决与审判制度[M].王亚新,译.北京:中国政法大学出版社,2004.

[107]蒲一苇.诉讼法与实体法交互视域下的必要共同诉讼[J].环球法律评论,2018(1).

[108]邱聪智.新订民法债编通则[M].北京:中国人民大学出版社,2003.

[109]邱联恭,许士宦.口述民事诉讼法讲义(二)[M].台北:元照出版有限公司,2015.

[110]邱联恭.程序利益保护论[M].台北:三民书局,2005.

[111]邱联恭.程序选择权[M].台北:三民书局,2000.

[112]全国人大常委会法制工作委员会民法室.中华人民共和国民事诉讼法条文说明、立法理由及相关规定[M].北京:北京大学出版社,2012.

[113]任重.反思民事连带责任的共同诉讼类型[J].法制与社会发展,2018(6).

[114]任重.重思多数人侵权纠纷的共同诉讼类型[J].法律科学,2020(3).

[115]日本民事诉讼法典[M].曹云吉,译.厦门:厦门大学出版社,2017.

[116]三月章.日本民事诉讼法[M].台北:五南图书出版有限公司,1997.

[117]山本敬三.民法讲义(总则)[M].解亘,译.北京:北京大学出版社,2012.

[118]邵明.民事诉讼法理研究[M].北京:中国人民大学出版社,2004.

[119]沈冠伶.程序保障与当事人[M].台北:元照出版有限公司,2012.

[120]沈冠伶.固有必要共同诉讼与民事诉讼法第56条之1规定[M]//程序保障与

当事人.台北:元照出版有限公司,2012.

[121] 沈冠伶.既判力客观范围与程序保障[M]//程序保障与当事人.台北:元照出版有限公司,2012.

[122] 沈冠伶.类似必要共同诉讼与共同诉讼人之上诉[M]//程序保障与当事人.台北:元照出版有限公司,2012.

[123] 沈冠伶.民事判决之既判力客观范围与争点效——从新民事诉讼法架构下之争点集中审理模式重新省思[M]//民事诉讼法之研讨(十七).台北:元照出版有限公司,2010.

[124] 沈佳燕,史长青.连带责任的诉讼形态研究[J].苏州大学学报,2020(2).

[125] 史尚宽.民法总论[M].北京:中国政法大学出版社,2000.

[126] 松冈义正.民事诉讼法[M].熊元襄,整理.上海:上海人民出版社,2013.

[127] 宋春龙.《侵权责任法》补充责任适用程序之检讨[J].华东政法大学学报,2017(3).

[128] 苏俄民事诉讼法典[M].梁启明,邓曙光,译.北京:法律出版社,1982.

[129] 隋璐明.将来给付之诉的理据研究——胎儿生活费请求权之诉的另一种实现路径[J].交大法学,2019(2).

[130] 谭兵.民事诉讼法[M].北京:法律出版社,1997.

[131] 汤维建.类似必要共同诉讼适用机制研究[J].中国法学,2020(4).

[132] 唐德华.民事诉讼法问题解答[M].长沙:湖南人民出版社,1982.

[133] 唐德华.新民事诉讼法条文释义[M].北京:人民法院出版社,1991.

[134] 唐力.司法公正实现之程序机制[J].现代法学,2015(4).

[135] 田平安.民事诉讼法学[M].北京:中国政法大学出版社,2015.

[136] 王嘎利.共同诉讼制度研究[M].北京:法律出版社,2008.

[137] 王利明.民法的人文关怀[J].中国社会科学,2011(4).

[138] 王利明.侵害债权与不真正连带债务[M]//中国民法案例与学理研究·侵权行为篇.北京:法律出版社,1998.

[139] 王锡三.诉讼标的理论概述[J].现代法学,1987(3).

[140] 王亚新."主体/客体"相互视角下的共同诉讼[J].当代法学,2015(1).

[141] 王亚新.第三人撤销之诉原告适格的再考察[J].法学研究,2014(6).

[142]王亚新.对抗与判定——日本民事诉讼的基本结构[M].北京:清华大学出版社,2002.

[143]王泽鉴.侵权行为[M].三版.北京:法律出版社,2016.

[144]邬砚.侵权补充责任研究[M].北京:法律出版社,2015.

[145]吴从周.初探诉讼经济原则[J].兴大法学,2010(6).

[146]吴从周.民事诉讼法第56条之1强制固有必要共同诉讼与民法第828条修正前后之互动[M]//民法与民事诉讼法之对应适用(一).台北:元照法律出版公司,2008.

[147]吴明童.民事诉讼法[M].北京:法律出版社,2006.

[148]吴明轩.共同诉讼人互为诉讼代理人之委任效力[J].月旦法学杂志,2020(299).

[149]吴明轩.民事诉讼法(修订第11版)[M].台北:三民书局股份有限公司,2016.

[150]吴英姿.诉讼标的理论"内卷化"批判[J].中国法学,2011(2).

[151]吴泽勇.第三人撤销之诉的原告适格[J].法学研究,2014(3).

[152]肖建国,黄忠顺.论复数侵权责任主体间的法定诉讼担当[J].北京科技大学学报,2012(1).

[153]肖建国,黄忠顺.数人侵权诉讼模式研究[J].国家检察官学院学报,2012(4).

[154]肖建国,宋春龙.民法上补充责任的诉讼形态研究[J].国家检察官学院学报,2016(2).

[155]肖建华.论共同诉讼分类理论及其实践意义[M]//陈光中,江伟.诉讼法论丛(第6卷).北京:法律出版社,2001.

[156]肖建华.民事诉讼当事人研究[M].北京:中国政法大学出版社,2002.

[157]肖建华.现代型诉讼之程序保障[J].比较法研究,2012(5).

[158]小岛武司.诉讼制度改革的法理与实证[M].陈刚,译.北京:法律出版社,2001.

[159]新堂幸司.新民事诉讼法[M].林剑锋,译.北京:法律出版社,2008.

[160]熊建华.公司法视野下补充责任的诉讼形态研究[J].河北青年管理干部学院学报,2016(3).

[161]许士宦.民事诉讼法(上)[M].台北:元照出版有限公司,2016.

[162]许士宦.民事诉讼理论之新展开[M].北京:北京大学出版社,2008.

[163]许士宦.执行力客观范围扩张之法律构造:兼论其与既判力客观范围之异同[J].台大法学论丛,2009(1).

[164]严仁群.诉讼标的之本土路径[J].法学研究,2013(3).

[165]杨建华.多数被告间有目的手段牵连关系之共同诉讼[M]//问题研析民事诉讼法(一).台北:三民书局,1996.

[166]杨建华.多数连带债务人为共同被告时诉讼行为之效力[M]//问题研析民事诉讼法(一).台北:三民书局,1996.

[167]杨建华.民事诉讼法要论[M].北京:北京大学出版社,2013.

[168]杨建华,等.就若干诉讼实例谈民事诉讼法第五十六条第一项的适用[M]//民事诉讼法之研讨(二).台北:元照出版社,1987.

[169]杨立新.多数人侵权行为及责任理论的新发展[J].法学,2012(7).

[170]杨立新.教唆人、帮助人与监护人责任[J].法学论坛,2012(3).

[171]杨立新.侵权责任法[M].北京:北京大学出版社,2014.

[172]杨连专.论侵权补充责任中的几个问题[J].法学杂志,2009(6).

[173]杨荣新.新民事诉讼法释义[M].北京:北京出版社,1991.

[174]姚瑞光.类似必要共同诉讼问题之研究[J].法学丛刊,1982(107).

[175]姚瑞光.民事诉讼法论[M].北京:中国政法大学出版社,2012.

[176]伊藤真.民事诉讼法[M].曹云吉,译.北京:法律出版社,2020.

[177]意大利民事诉讼法典[M].白纶,李一娴,译.北京:中国政法大学出版社,2017.

[178]尹伟民.补充责任诉讼形态的选择[J].江淮论坛,2011(4).

[179]游进发.再论准公同共有债权之行使[J].月旦法学杂志,2015(246).

[180]余延满.亲属法原论[M].北京:法律出版社,2007.

[181]张定军.连带债务研究——以德国法为主要考察对象[M].北京:中国社会科学出版社,2010.

[182]张广兴.债法总论[M].北京:法律出版社,1997.

[183]张海燕.民事补充责任的程序实现[J].中国法学,2020(6).

[184]张煌军.不真正连带责任人若干程序问题探析[J].法律适用,2010(2).

[185]张晋红.中国民事诉讼法[M].北京:中国政法大学出版社,1996.

[186]张卫平.论诉讼标的及识别标准[J].法学研究,1997(4).

[187]张卫平.民事诉讼法[M].北京:中国人民大学出版社,2011.

[188]张卫平.民事诉讼法学教育与法学研究方法论[M].北京:法律出版社,2017.

[189]张卫平.民事诉讼——关键词展开[M].北京:中国人民大学出版社,2005.

[190]张卫平.诉讼构架与程式——民事诉讼的法理分析[M].北京:清华大学出版社,2000.

[191]张卫平.诉讼请求变更的规制与法理[J].政法论坛,2019(6).

[192]张卫平.中国第三人撤销之诉的制度构成与适用[J].中外法学,2013(1).

[193]张文郁.固有必要共同诉讼[M]//共同诉讼.台北:元照出版有限公司,2016.

[194]张新宝.我国侵权责任法中的补充责任[J].法学杂志,2010(6).

[195]张永泉.必要共同诉讼类型化及其理论基础[J].中国法学,2014(1).

[196]张永泉.民事之诉合并研究[M].北京:北京大学出版社,2009.

[197]章武生,段厚省.必要共同诉讼理论误区与制度重构[J].法律科学,2007(1).

[198]章武生.民事诉讼法[M].杭州:浙江大学出版社,2010.

[199]赵钢,冯勋胜.将来给付之诉论要[J].法制与社会发展,2002(2).

[200]赵盛和.论不真正连带债务请求权的诉讼形态[J].湖南社会科学,2015(3).

[201]赵信会.必要共同诉讼制度的内部冲突与制衡[J].河北法学,2004(5).

[202]赵泽君.民事争点整理程序研究——以我国审前准备程序的现状与改革为背景[M].北京:中国检察出版社,2010.

[203]郑玉波.民法债编总论[M].陈荣隆,修订.北京:中国政法大学出版社,2004.

[204]中村英郎.新民事诉讼法讲义[M].陈刚,译.北京:法律出版社,2001.

[205]中村宗雄.诉讼法学方法论[M].陈刚,译.北京:中国法制出版社,2009.

[206]周枏.罗马法原论(上)[M].北京:商务印书馆,2017.

[207]周枏.罗马法原论(下)[M].北京:商务印书馆,2017.

[208]卓泽渊.法学导论[M].北京:法律出版社,1997.

二、外文参考文献

[1]CHARLES ALAN WRIGHT. Joinder of claims and parties under modern pleading

rules[J]. Minnesota law review,1952(36):580-632.

[2]CHARLES J. MEYERS. Compulsory joinder of parties in implied covenant litigation [J]. Stanford law review,1963(16):43-74.

[3]FRANK R. LACY. Indispensable parties under ORCP 29[J]. Oregon law review, 1983(62):317-362.

[4]GEOFFREY C. JR. HAZARD. Indispensable party:the historical origin of a procedural phantom[J]. Columbia Law review,1961(61):1254-1289.

[5]HOWRAD P. FINK. Indispensable parties and the proposed amendment to federal rule[J]. theYale Law journal,1965(74):403-448.

[6]JOHN W. REED. Compulsory joinder of parties in civil actions[J]. Michigan law review,1957(55):483-538.

[7]JUNE F. ENTMAN. Compulsory joinder of compensating insurers: federal rule of civil procedure 19 and the role of substantive law[J]. Case western reserve law review,1995(45):1-80.

[8]KELLEY MANGUM. Compulsory joinder:the real thing down in Louisiana[J]. Louisiana law review,1981(42):141-208.

[9]LEON E. JR. PORTER. Compulsory motor vehicle liability insurance:joinder of insurers as defendants in actions arising out of automobile accidents[J]. Wake Forestlaw review,1978(14):200-214.

[10]NICHOLAS V. MERKLEY. Compulsory party joinder and tribal sovereign immunity:aproposal to modify federal courts' application of rule 19 to cases involving absent tribes as necessaryparties[J]. Oklahoma law review,2003(56):931-975.

[11]RICHARD D. FREER. Rethinking compulsory joinder: aproposal to restructure federal rule 19[J]. New York university law review,1985(60):1061-1111.

[12]ROBERT WYNESS MILLAR. Joinder of actions in continental civil procedure[J]. Illinois law review,1933(28):177-204.

[13]ROBIN J. EFFRON. The shadow rules of joinder[J]. The Georgetown law journal, 2012(100):759-821.

[14]ROSS D. ANDRE. Compulsory [Mis]joinder: the untenable intersection of sover-

eign immunity and federal rule of civil procedure 19[J]. Emory law review, 2011 (60):1157-1209.

[15]德田和幸.複雑訴訟の基礎理論[M].東京:信山社,2008.

[16]福永有利.複数賠償責任者と訴訟上の二、三問題[J].判例タイムズ,1979(393).

[17]福永有利.共同所有関係と固有必要共同訴訟[J].民事訴訟雑誌,1975(21).

[18]高橋宏志.必要的共同訴訟[M]//小山昇,松浦馨,中野貞一郎,竹下守夫.演習民事訴訟法.東京:青林書院,1987.

[19]高橋宏志.必要的共同訴訟論の試み(2)[J].法学協会雑誌,1975(6).

[20]高橋宏志.必要的共同訴訟について[J].民事訴訟雑誌,1977(23).

[21]高橋宏志.必要的共同訴訟論の試み(3)[J].法学協会雑誌,1975(10).

[22]鶴田滋.複数の株主による責任追及訴訟における必要的共同訴訟の根拠——既判力の人的拡張を手がかりに[J].立命館法学,2016(5,6).

[23]鶴田滋.共有者の共同訴訟の必要性——歴史的・比較法的考察[M].東京:有斐閣,2009.

[24]加藤新太郎.民事訴訟実務の基礎[M].東京:弘文堂,2011.

[25]加藤雅信.実体法学もつれた訴訟物論争[M]//新堂幸司.特別講義民事訴訟法.東京:有斐閣,1988.

[26]兼子一.民事訴訟法(一)[M].東京:有斐閣,1979.

[27]兼子一.新修民事訴訟法體系[M].東京:酒井書店,1965.

[28]今村信行.註釈民事訴訟法[M].東京:明治大学出版部,1906.

[29]井上繁規.必要的共同訴訟の理論と判例[M].東京:第一法規株式会社,2016.

[30]井上治典.多数当事者訴訟における一部の者のみの上訴[M]//多数当事者訴訟の法理.東京:弘文堂,1981.

[31]梅本吉彦.民事訴訟法[M].東京:信山社,2009.

[32]上田徹一郎.民事訴訟法[M].七版.東京:法学書院,2011.

[33]松原弘信.民事訴訟法における当事者概念の成立と展開[J].熊本法学,1987(51).

[34] 我妻栄,有泉亨. 新訂物権法民法講義Ⅱ[M]. 東京:岩波書店,1983.

[35] 五十部豊久. 必要的共同訴訟と二つの紛争類型[J]. 民事訴訟雑誌, 1966(12).

[36] 小島武司. 共同所有と訴訟共同の必要性[M]//小山昇,松浦馨,中野貞一郎, 竹下守夫. 演習民事訴訟法. 東京:青林書院,1987.

[37] 小島武司. 共同所有をめぐる紛争とその処理[J]. 判例展望,1972(500).

[38] 小山昇. 必要共同訴訟[M]//竹下守夫,今井功. 講座新民事訴訟法Ⅰ. 東京:有斐閣,1998.

[39] 新堂幸司. 共同訴訟人の手続保障[M]//訴訟物と争点効(下). 東京:有斐閣, 1991.

[40] 中村英郎. 必要的共同訴訟における合一確定——ことにその沿革的考察 [J]. 早稲田法学,1965(1).

后 记

本书是在我的博士学位论文基础上修改而成。行笔至此,回想我求学路上父母师长、领导同事、同学朋友所给予的悉心教导、无私关怀和慷慨帮助,请允许我借此机会表达对他们的感恩之情。

感谢导师李祖军教授。自2002年有幸入得老师门下开始硕士研究生阶段的专业学习,在民事诉讼法学习之路和人生成长之路上,一直以来承蒙老师关心指引,耳提面命,谆谆教诲,醍醐灌顶,受益终身。

感谢西南政法大学民事诉讼法学科导师组唐力教授、廖中洪教授、赵泽君教授、马登科教授、段文波教授、王杏飞教授、朱福勇教授、胡晓霞教授。2016年重回西政开启民事诉讼法学专业学习的新阶段,幸得各位导师点拨赐教,开阔眼界,激发思考;在博士论文写作过程中又得到导师们的悉心指导,茅塞顿开,启迪匪浅。

感谢北京大学傅郁林教授、上海交通大学王福华教授。在论文答辩过程中幸得两位老师指点,为笔者内容、结构与观点的完善提供了宝贵建议。

感谢贵州大学法学院的领导和同事。在职求学期间分身乏术,教学任务的承担有心无力,幸得各位领导和同事的充分理解与莫大支持,为论文写作争取到了宝贵时间。

感谢老同学包冰锋和李昕对论文选题与写作的建设性意见;感谢同窗李戈、尹志勇、陈元庆、马家曦、林洋、何平、刘小砚、隋璐明的关心、帮助和鼓励;感谢日本京都大学张寻博士在外文资料收集与翻译上的协助。

感谢知识产权出版社编辑王辉老师和张丽丽老师对书稿修改提出的宝贵意见,为本书的最终完成与付梓出版提供了大力帮助。

感谢我的家人。父母的养育与支持、丈夫的理解与包容、女儿的乖巧与自立永远是我前进道路上的坚强后盾和力量源泉。

博士论文的顺利完成是我民事诉讼法学习征程上的又一个新起点,成长路上凝聚着太多人的关怀、帮助和牺牲,点点滴滴,恩重如山,铭刻于心,谨献上我最诚挚的谢意!定化感恩为努力,继续前行!